Abenteuer Trekking

Nepal

In Zusammenarbeit mit

BIG PACK
Hoechst Trevira

SALOMON®

HAUSER
EXKURSIONEN
international GmbH

Bruckmann

Von Muktinath führt der Weg (Tour 1) vorbei an Jharkot, das einer Festung ähnlich mitten im Tal steht. Gegenüber sind die nördlichsten Ausläufer des Dhaulagiri Himal zu sehen. (Jharkot, 3580 m)

Abenteuer Trekking

Bernhard Rudolf Banzhaf

Nepal

Herausgegeben
von Bruno Baumann

Bruckmann

Eine Produktion des
Bruckmann-Teams, München

Umschlaggestaltung: Uwe Richter
Lektorat: Dr. Helmut Kremling
Layout-Entwurf: VerlagsService Dr. Helmut Neuberger & Karl Schaumann GmbH
Layout: Verlagsservice G. Pfeifer, Germering
Herstellung: Peter Schneider

Bildnachweis: Umschlag-Vorderseite:
Bruno Baumann, München;
alle übrigen Fotos: Bernhard Rudolf Banzhaf, Saas Fee.

Die Kartenskizzen zu den Touren und die Übersichtskarte wurden vom Ingenieurbüro für Kartographie, Heidi Schmalfuß, München, erstellt.

Umschlag-Vorderseite:
Der Weg nach Mustang führt durch die Kali-Gandaki-Schlucht, dem tiefsten Canyon der Erde, der die Himalayakette zwischen den beiden Achttausendern Annapurna und Dhaulagiri durchbricht. Der weiße Gipfel im Hintergrund ist der formschöne Nilgiri.

Umschlag-Rückseite:
Beschaulichkeit und Weltferne sind Merkmale der Hügeldörfer Nepals. Die Morgensonne erreicht Haku im Tal des Trisuli.

Gedruckt auf chlorfrei gebleichtem Papier

Die Deutsche Bibliothek – CIP-Einheitsaufnahme
Banzhaf, Bernhard Rudolf:
Nepal/Bernhard Rudolf Banzhaf.
Hrsg. von Bruno Baumann. –
München: Bruckmann, 1995
(Abenteuer Trekking)
ISBN 3-7654-2733-0

Gesamtherstellung: Bruckmann, München
Printed in Germany
ISBN 3-7654-2733-0

Inhalt

Vorwort des Herausgebers 10

Zu diesem Buch 11

Das Land

Ein topographischer Überflug 14
Im Anflug auf Nepal und den Himalaja 14
Über der Gangesebene 14
Das nepalesische Mittelland um Kathmandu 16
Landung in Kathmandu 17

Ein Rundgang durch Kathmandus Basare 18
Die ersten Eindrücke 18
Rundgang in der Altstadt 20
Ein Spaziergang durch den Basar 21

Die Volksgruppen und ihre Sprachen 21
Schematische Übersicht der Volksgruppen und deren Sprache und Religion (Tabelle) 20
Die Staatssprache Nepali 21
Völker und Kasten 22

Die Religionen 22
Staatseinigung unter dem Zeichen der Religion 24
Pilgerziele des Lamaismus 25

Die Kultur
Kunsthandwerk 26
Literatur und profane Kunst 26
Architektur 27

Politik und Wirtschaft 27
Die Voraussetzungen der Geschichte 28
Das Panchayat-System 28
Schritte zur Demokratisierung 28
Verwaltung und Wirtschaft 30
Industrie und Gewerbe 30

Der Tourismus 32
Verkehrs- und Transportwesen 32

Trekking in Nepal: Wandern mit Inhalt 34
Kontakte mit den Einheimischen 34
Das Erlebnis der Natur 34
Abstand gewinnen von der Hektik des Alltags 35

Klima und Wetter 36
Globale Lage 36
Die Perioden des Monsuns, der Sommermonsun 36
Der Wintermonsun 38
Der jährliche Wetterablauf am Himalajabogen 39
Die beste Zeit für Trekking in Nepal 40

Die Trekkingarten 41
Der Karawanen-Trek 41
Der Karawanen-Trek schafft Arbeit 41
Der Teehaus-Trek 41

Gefahren und Probleme 43
Kontrast des sozialen Lebens zwischen Stadt und Land 43
Probleme der Städte 43
Auf Trekkingtour 44
Planung der Tour 44
Anforderung an den Trekker 45
Die Gefahren unterwegs 46
Umweltprobleme 46
Soziale und politische Probleme 47

Die Trekkinggebiete 48
Der Annapurna Himal 48
Das Khumbu- oder Everestgebiet 50
Langtang und Helambu 50
Der ferne Westen 50
Dolpo 50
Der Dhaulagiri Himal 50
Mustang 50
Der Gurkha Himal 51
Der Ganesh Himal 51
Rolwaling 51
Solu 51
Das Fluß-System Arun-Barun 51
Ostnepal 51
Der Kangchenjunga Himal 51

Das Trekkingpermit 51

Die Trekkingtouren

▶ 1 Die Annapurna-Rundtour 54

Die klassische Trekkingtour – ein schöner Querschnitt durch ethnische und klimatische Stufen

Durch subtropische Niederungen 55
Durch die Marsyangdischlucht 56
Der montane Teil beginnt 59
Die ersten großen Berge und Klöster 60
Der Weg zum Thorong La 62
Der Abstieg nach Muktinath 63
Die tiefste Schlucht der Erde 64
Dramatische Veränderung 66

▶ 2 Ein Genußtrek bei Pokhara 68

Durch Rhododendronwälder und über Panoramakuppen am Südfuß des Annapurna Himal

Vom Phewa Tal zum Modi Khola 68
Auf Maultierpfaden zum Ghorapanipaß 70
Durch den Rhododendronwald 72
Ghandrung und Landrung 73
Stürmischer Ausklang 74

▶ 3 Der Hauptweg ins Khumbu 76

Über drei wuchtige Pässe und durch die tiefe Schlucht des Dudh Kosi an den Fuß des Mt. Everest

Von Jiri nach Shivalaya 77
Deorali, die erste Hürde 77
Lamjura, die zweite Hürde 80
Die ersten Sherpadörfer 82
Aufstieg durch das Tal des Dudh Kosi 84

▶ 4 Der Everest-Trek 86

Vorbei an Sherpadörfern, Klöstern und traumhaften Gipfeln zum höchsten Berg der Welt

Begegnungen in Luglha 87
Die tragenden Säulen der Karawane 87
Von Luglha nach Monjo 89
Die steile Rampe nach Namche Bazar 91
Zum Kloster Thame 92
Der Ausflug ins Gokyotal 94
Über Phortse nach Pangpoche 95
Der Weg zum Mt. Everest 97
Die Besteigung des Kala Pattar 98
Visite im Imja-Tal 98
Von Chhukhung nach Tengpoche 99
Abstieg und Rückkehr 100
Abschied 101

▶ 5 Helambu-Langtang 102

Der Trek vor den Toren der Hauptstadt – über die Gosainkundseen in ein prächtiges Hochtal

Aufstieg in die Hügel des Helambu 104
Eintritt in den Nationalpark 106
Über den Laurebina La 108
Ein langer Abstieg in die Talsohle 108
Bergsturz und Urwald 111
Das Tal wird breiter 113
Im Hochtal 114
Der Abstieg nach Dhunche 115

▶ 6 Der Rarasee 116

Ein Besuch bei den orthodoxen Hindus im bewaldeten Hügelland des Jumla-Korridors

Die Wege nach Jumla 117
Die Danpheko Lekh 119
Durch das Land orthodoxer Hindus 120
Im Rara-Nationalpark 121
Der Rückweg nach Jumla 122

▶ 7 Sagenhaftes Dolpo 124

Steile Schluchten, karge Wüsten, farbige Klöster – der Trek auf dem Dach Nepals

In der Tarap-Schlucht nach Dho 126
Über den Tshö La ins Innere Dolpo 128
Zwischen Shimen und Saldang 131
Der Weg zum Kristallkloster 132
Über den schwierigen Kang La 134

▶ 8 Das Königreich Mustang 136

Ein Augenschein an den Pforten zu Tibet – in einer klimatisch interessanten Himalaja-Ecke

Wir folgen dem Thak Khola nach Norden 138
Tsehile und der Canyon 139
Geborgenheit und Chaos 140
In Tsarang 141
Ankunft in Lho Manthang 142
Begegnung mit dem Abt des Klosters 145
Zurück zum Ausgangspunkt 145

▶ 9 Manaslu 146

Durch tiefe Schluchten und prächtige Hochtäler – die Umrundung des schönsten Achttausenders

Der Vormonsun meldet sich 148
Weiter durch die Schlucht des Buri Gandaki 148
Zwischen Namru und Sama 150
Der Hauptpaß dieser Tour: Larkya La 152
Durch das Tal des Milchflusses 153

▶ 10 Quer durch den Ganesh Himal 154

In Herzland des Tamangvolkes – Begegnungen auf stillen Pfaden

Von Trisuli zum Paldol Bhanjyang 155
Über den Pangsing Bhanjyang nach Barang 157
Wiedersehen mit dem Buri Gandaki 159
Durch das Land der Gurung 161

▶ 11 Der Pipal-Trek 162

Auf alten Handelspfaden durch die subtropischen Hügel Zentralnepals

Einkäufe in Trisuli und Aufbruch 164
Eindrücke in der subtropischen Welt 165
Der Kamm zum Gurkhaschloß 167
Entwicklung ist nicht immer Fortschritt 168

▶ 12 Rolwaling 170

Eine Tour für Alpinisten – über den schwierigen Gletscherpaß Trashi Labtsa ins Everestgebiet

Die Verwechslung 171
Schlechte Wege bis Beding 172
Im Hochgebirge 174
Aufbruch zum schwierigen Paß 175
Der Trashi Labtsa 177

▶ 13 Der Royal-Trek 178

Im Angesicht von Everest, Lhotse, Makalu und Kangchenjunga

Auf den Aussichtshügeln 178

▶ 14 Makalu – Ice Col 182

Der Extremtrek – eine Herausforderung für Alpinisten, die genügend Zeit haben

Sherpani Col 183 – Amphu Labtsa 187

▶ 15 Der Kangchenjunga-Trek 188

Auf der Grenze zu Sikkim in Tuchfühlung mit dem dritthöchsten Berg der Welt

Von Suketar ins Tal des Khabeli Khola 189
Das Yalung-Tal 190
Zum Südwall des Kangchenjunga 192
Ghunsa und sein herrliches Tal 194
Kambachen und Lhonak 196
Kangchenjunga-Basislager und Rückweg 196

Weitere Trekkingtouren

▶ 16 Durch Westnepal 198

Surkhet – Dungisor – Dhandhimandhi – Kalikot – Nangmo – Jumla

▶ 17 Entlang dem Sisne- und Kanjiroba Himal 200

Jumla – Hurikot – Kagmara La – Phoksumdo Tsho – Dunai – Juphal

▶ 18 Durch das Land der Kham-Magar 203

Jumla – Chakure Langa – Dalli – Jalja La – Bagua – Baglung

▶ 19 Pokhara – Dolpo 205

Baglung – Beni – Dhorpatan – Jang La – Tarakot – Dunai – Juphal

▶ 20 Die Dhaulagiri-Rundtour 208

Baglung – Beni – Muri – Dhaulagiri Base Camp – French Col – Dhampus Col – Marpha – Tatopani – Birethanti

▶ 21 Tansen – Dhorpatan – Pokhara 210

Tansen – Riri Bazar – Burtibang – Dhorpatan – Jalja La – Sibang – Beni – Baglung

▶ 22 Annapurna – Lamjung 212

Birethanti – Ghorapani – Tatopani – Jomosom – Thorong La – Manang – Thangja – Namun Bhanjyang – Telbrung – Ghanpokhara – Begnas Tal

▶ 23 Südlich der Gurkhaberge 214

Gurkha – Jagat – Rupina La – Dudh Pokhari – Phalesangu

▶ **24 Seitenwege im Khumbu 216**

A) Luglha – Ghat – Seongma – Lumding – Phakdingma – Luglha

B) Luglha – Zatrawala – Hinku – Tangnag – Mera La – Hunku – Amphu Labtsa – Chhukhung – Luglha

▶ **25 Zauberhaftes Solu 218**

Rumjatar – Lamje – Bhandar – Jiri

▶ **26 Von Süd nach Nord 220**

Katari – Okhaldhunga – Chhayathan – Salleri – Tragsindo La – Luglha

▶ **27 Auf und Ab 222**

Tumlingtar – Salpa Phedi – Sanam – Bung – Shibuche – Pangkongma – Luglha

▶ **28 Mayam Danda 224**

Tumlingtar – Dingla – Kimalung – Mayam Danda – Bhojpur – Chatra

▶ **29 Unbekannter Lumbasumba Himal 226**

Taplejung – Lungthung – Topke Gola – Thudam – Sempung – Munche – Tumlingtar

▶ **30 Rund um Kathmandu 228**

Nagarkot – Banepa – Panauti – Pulchoki – Pharping – Pharkhel – Thankot – Jamachok – Shivapuri – Nagarkot

Serviceteil

Wer geht auf welchen Trek? 232

Wie verhalte ich mich richtig? 232
Vorbereitung und Einkauf 232 – Verpackung 233 – Personal und Lodgebesitzer 233 – Unterwegs 234 – Schutz der Landschaft 235

Wie bleibe ich gesund? 236
Impfungen 236 – Wasser 236 – Fleisch 237 – Früchte 237 – Kleine Unpäßlichkeiten 238 – Die kleinen Tierchen 238 – Trocken ist gesund 239 – Die Sonne 239 – Die Höhenkrankheit 240 – Vorbeugung gegen die Höhenkrankheit 241

Materialcheckliste 242

Geld – in welcher Form? 243

Tariftabelle für Trekkingpermits 245
Visumgebühren 245 – Trekkingbewilligungen 245 – Eintrittsgebühren für Nationalpark und ACAP 246 – Gebühren für Trekkinggipfel 246

Statistik und Vergleiche 247
Einige Wirtschaftsdaten Nepals 247

Bibliographie 248

Karten 249

Glossar 250

Register 253

Vorwort des Herausgebers

Nepal ist das klassische Land des Trekking. Das kleine Himalaya-Königreich ist geradezu zum Synonym für diese Form des Unterwegsseins geworden. Das Trekking entwickelte sich aus der Pionierzeit des Himalayabergsteigens. Nach der Öffnung des Landes für Fremde war die Elite abendländischer Alpinisten angetreten, um die höchsten Gipfel der Erde zu erobern. Allein acht der vierzehn Achttausender liegen innerhalb des Königreiches bzw. sind von dort aus zugänglich.

Ohne die Hilfe einheimischer Träger und Führer wären die Bergsteiger nicht weit gekommen. Vor allem Angehörige des tibetisch-stämmigen Volkes der Sherpa wurden als Helfer unentbehrlich. Trotz der heiligen Scheu, die diese seit alters her den götterbewohnten Bergriesen entgegenbrachten, schleppten sie Lasten auf die Berge, bauten Lagerketten auf, legten die Spuren, in denen die »Sahibs« kraftsparend aufsteigen konnten, und opferten nicht selten ihr Leben.

Aber diese Zeiten sind längst vorbei. Heute verdienen die Sherpa ihren Lebensunterhalt überwiegend im Trekking-Tourismus: Sie betreiben in ihrer angestammten Heimat Solu Khumbu Gästehäuser, Restaurants, Ausrüstungsläden und Teeküchen. Vor allem aber arbeiten sie als Führer bei den vielen Trekking-Agenturen, die um das Geschäft mit dem »Himalaya-Schauen« buhlen. Denn immer mehr Menschen entdecken das Trekking als eine ideale Möglichkeit, Natur und Kultur gleichermaßen zu erleben.

Das Angebot ist enorm, das Spektrum reicht vom Komfort-Trekking mit entsprechender Infrastruktur an Hütten bis hin zu Touren, die in einsame, fast menschenleere Gebirgsregionen des Himalaya führen. Immer noch ist Nepal weitgehend eine Fußgängerzone, und sieht man einmal vom Annapurna- und Everest-Gebiet ab, so ist der Himalaya wenig erschlossen.

Trotz seiner Höhe war der Himalaya für die Menschen nie ein trennender Wall, sondern höchstens ein Hindernis, das Glaube und Handel überwanden. Auf jenen Pässen, die das Gebirge so großzügig dem Menschen öffnet, wurden jahrhundertelang Religionen, Ideen, Kunststile und Waren ausgetauscht. An diesen Routen entstanden Burgen, Klöster und Märkte, die heute dem interessierten Trekker einen Zugang zur Kultur vermitteln.

Bernhard Rudolf Banzhaf ist wie kein anderer dazu prädestiniert dem gerecht zu werden. Er hielt sich mehrere Jahre im Land auf und hat es zu allen Jahreszeiten erwandert. Banzhaf spricht fließend Nepali und hat längst den Standpunkt des bloßen Betrachters verlassen und sich im Land an sozialen Projekten engagiert.

Er ist imstande, ein Buch vorzulegen, das erstmals auch jene »Sperrgebiete« von Mustang, Dolpo und Westnepal einschließt, die erst in jüngster Zeit für Fremde geöffnet wurden.

Die von ihm getroffene Auswahl aus über 50 Trekkingtouren, die er im Zuge seiner langen Nepal-Aufenthalte unternommen hat, sollen die Spannweite der Möglichkeiten, die dieses faszinierende Land dem Trekker bietet, aufzeigen und ein Gefühl vermitteln für die Menschen, die es beseelen.

Namaste und Tashi Delek,
Ihr

(Bruno Baumann)

Zu diesem Buch

Unsere Vorfahren waren in der Frühzeit der Menschheit – vor Einführung des Ackerbaus – ständig auf Wanderschaft. Als Jäger und Sammler zogen sie den Herden nach und später auch den günstigen Weidegründen. Die Fähigkeiten der Menschheit, neue Wirtschafts- und Lebensformen zu entwickeln, wuchsen jedoch viel rasanter und umfassender als die biologische Anpassung des Körpers. So empfindet der heutige *»homo industrialis«* in der Sinnkrise seiner Gesellschaft und in der Naturferne seiner Tätigkeit ein altes Bedürfnis: das Wandern.

Diese naturnahe und natürliche Betätigung kennt heute viele Spielformen, deren Auslöser immer die gleichen bleiben: die Faszination des Entdeckens und Erlebens, die Aufnahme von Eindrücken mit der Langsamkeit des eigenen Schritts, die Freiheit, stehenbleiben zu können, um zu schauen, zu sehen, zu beobachten und zu lernen – sie gehören alle dazu.

Nepal entspricht diesen Bedürfnissen sehr stark. Dieses Land mit seiner friedliebenden Bevölkerung erlaubt dem Wanderer eben auch, die langen, mehrtägigen, ja mehrwöchigen Trekkingtouren problemlos durchzuführen, und dies meist fernab westlicher Einflüsse. Dabei öffnet sich ein sehr reicher und äußerst komplexer, allgegenwärtiger Kulturraum, den es zu entdecken gilt und mit dem das Wandern einen gewichtigen zusätzlichen Inhalt erhält.

Auf meinen zahlreichen Fahrten im Himalaja durfte ich auf die Mithilfe vieler fröhlicher Nepali bauen, die mich immer und immer wieder mit Begeisterung begleitet haben. Besonders hervorheben möchte ich dabei meine engsten Freunde: Sirdar Ang Temba Sherpa, Sirdar Subas Singh Lama, »Jetha« Tirtha Man Tamang, Chhatra Bahadur Gurung und Chhewang Tamang.

In Kathmandu konnte ich in all diesen langen Jahren auf die großzügige Freundschaft von Ngawang Dorjee Lama und seiner Frau Pema Namdol sowie die zuverlässige Hilfsbereitschaft von Shailendra Dhakhwa vertrauen. Ihnen und allen, die ich auf meinen Wegen angetroffen habe, möchte ich für ihre Hilfe und für das Schöne danken, das ich in Nepal erleben durfte.

Bernhard Rudolf Banzhaf
Saas Fee (Schweiz), August 1995

Träge zieht ein Arm des mächtigen Narayani
durch die subtropischen Niederungen
des Chitwan Nationalparks im Terai.
(Island Jungle, 150 m)

Das Land

Ein topographischer Überflug

Das gleichmäßige Rauschen wirkt einschläfernd. Doch der beginnende Tag weckt die Sinne zunehmend. Ruhig gleitet das Flugzeug über eine trockene Ebene fein ziselierter Flächen. In regelmäßigen Abständen sind Haufendörfer zu sehen, aus denen strahlenförmig Straßen und Wege streben. Diese etwas eintönige Landschaft wird unterbrochen von stark mäandrierenden Flüssen und Bächen. Wald ist keiner auszumachen.

Im Anflug auf Nepal und den Himalaja

»This is your captain speaking...« – Eine vertrauenerweckende Stimme meldet, daß auf der linken Seite Lucknow zu sehen sei, die Hauptstadt des 280-Millionen-Teilstaates Uttar Pradesh in Nordindien. Die Gangesebene gleitet unter uns durch, und am nördlichen Horizont erscheinen die ersten Berge – der Himalaja. Deutlich sind der Kanjiroba- und der Dhaulagiri Himal zu sehen, rechts davon die gewaltige Kerbe des Kali Gandaki. Weiter östlich schälen sich Annapurna- und Gurkha Himal aus dem Dunst, deren Hauptgipfel durch charakteristische Kondensfahnen markiert werden. Hinter dieser imposanten Bergkette, dem Hauptkamm des Großen Himalaja, befinden sich die ariden Hochebenen und Schluchten des Inneren Himalaja: Gebiete wie Mugu, Dolpo und Mustang. Weitere Talkerben tauchen auf, die sich zwischen die gewaltigen Gebirgsstöcke eingefressen haben und selbst aus dieser Entfernung noch imposant und furchterregend wirken. Durch diese Schluchten rauschen Flüsse wie Marsyangdi, Buri Gandaki und Trisuli, die die gesamte Nordseite des Mittleren Himalaja entwässern. Der Himalaja, das höchste Gebirge der Welt, ist also keine Wasserscheide. Trotz der enormen und anhaltenden Gebirgshebung gelang es verschiedenen Flußsystemen, ihre alten Läufe zu behaupten und sich schneller in das Gestein einzugraben, als dies angehoben wurde. Diese Gliederung der Hauptkette in einzelne Gebirgsstöcke setzt sich auch im Osten Nepals fort: Ganesh-, Langtang-, Jugal-, Rolwaling-, Khumbu-, Khumbakarna-, Lumbasumba- und Kangchenjunga Himal. Alle diese Teilgebirge werden von weiteren Schluchten unterbrochen. Der Innere Himalaja befindet sich allerdings im Osten schon jenseits der Grenze, im chinesisch besetzten Tibet.

Über der Gangesebene

Das Flugzeug fliegt eine leichte Schleife nach links. Unter uns hat sich die Gegend kaum verändert: immense fluviale Ablagerungen des Gangessystems, völlig ausgeebnete Agrarzonen mit starken subtropischen Akzenten. Jetzt überfliegen wir die Grenze zu Nepal. Einige den Wadis ähnliche, trockene Flußläufe ziehen sich nun von einem schwach bewaldeten Hügelzug hinunter, der das ganze Land von Westen nach Osten durchzieht. Es handelt sich um die Siwalik- oder Churiakette. Diese bis etwa 1000 Meter hohen Hügel beenden abrupt die riesige Gangesebene, eines der am dichtesten bevölkerten Gebiete dieser Erde, Wiege verschiedener Weltreiche und bedeutender Kulturen. Diese Ebene wird innerhalb Nepals Terai genannt; früher als

Papierfetzen hängen über der Marktstraße, gegenüber prangt eine Werbung in Devanagarischrift an der Wand. (Kathmandu/Asantole, 1350 m)

Beauty
Parlour
HAIR DRESING

Der Kinderreichtum widerspiegelt sich stark in den Dorfschulen. Der Morgenappell wirkt etwas militärisch. (Kimalung, 1950 m)

Urwaldgebiet und Fieberhölle bekannt, beherbergt heute der flache Gürtel des Terai gut die Hälfte der nepalesischen Bevölkerung, die nahezu zwei Drittel des Agrarertrages erwirtschaftet. Weite Teile des ehemaligen Dschungels sind gerodet worden. Nur wenige zusammenhängende Salwälder haben bis heute überlebt. Der Terai bildet so etwas wie ein Sammelbecken Nepals, wohin es die Bevölkerung aus den Hügeln und Bergen treibt, die ihre angestammten Siedlungsgebiete aufgrund des enormen Bevölkerungsdrucks verlassen und hier Felder und Arbeit zu finden hoffen. Allerdings wird diese Zuwanderung auch aus Indien stark spürbar, bestehen doch dort ähnliche Verhältnisse.

Das nepalesische Mittelland um Kathmandu

Der Captain kündigt die baldige Landung auf dem Tribhuvan Airport in Kathmandu an. Die Maschine befindet sich bereits im Sinkflug. Dabei überquert sie noch eine zweite, mächtigere Hügelkette, die Mahabharat Lekh, die sich unmittelbar an die Siwaliks anlehnt und Nepal ebenfalls von West nach Ost durchquert. Der Terai mit seinem Urwald und diese beiden Querriegel bildeten jahrhundertelang so etwas wie eine klimatische und kulturelle Barriere zwischen Indien und Nepal. Dies mag auch der Grund sein, warum sich im Himalajastaat ein durchaus eigenständiger Kulturraum bilden konnte, der trotz der Nähe des riesigen Indien ganz spezifische Eigenheiten aufweist. Die Mahabharat Lekh erreicht maximal 3000 Meter Höhe. Während das Flugzeug über die bewaldete Hügelkuppe gleitet, erkennen wir kleinere Gehöfte, Felder und Fußwege. Da und dort leuchtet ein grellgelbes Rapsfeld auf. Der erste Blick vermittelt ein Bild der Idylle und des Friedens. Dahinter folgen der Talkessel von Kathmandu und mächtige Flüsse, die relativ geradlinig nach Westen und Osten abfließen. Diese Talschaften bilden einen eigenen topographischen Lebensraum. Die Hochtäler von Surkhet, Pokhara und Kathmandu gehören ebenso dazu, wie die Täler des Bheri, Trisuli und Sun Kosi. Man könnte es als nepalesisches Mittelland bezeichnen. Unmittelbar nörd-

lich davon befindet sich die gewaltige Hügelzone, mit in Nord-Süd-Richtung verlaufenden Bergrücken und Tälern. Diese nehmen fast zwei Drittel der Oberfläche des Landes in Anspruch, und fast die Hälfte der Bevölkerung wohnt hier. Allerdings sind die Hügel nicht so ertragreich, wie der Terai, weshalb es in den meisten dieser Gebiete oft nicht einmal zur Selbstversorgung der Bewohner reicht. In wenigen anderen wird ein Überschuß produziert, der in die Märkte von Kathmandu abfließt. Die Hügel bilden auch die Vorberge des Großen Himalaja und sind somit für die Trekkingfreunde ein wichtiges Zielgebiet. Die Höhenlage variiert hier zwischen 2000 und 4500 Meter. Viele Trekkingrouten führen durch diese Landschaft oder über die Hügel zu höher gelegenen Talschaften. Eine ganze Reihe recht bedeutender Kleinstädte befindet sich in dieser subtropischen bis gemäßigten Zone.

Landung in Kathmandu

Unter uns ziehen nun in rascher Folge Reisfelder, dichte Dörfer und Ziegeleien mit rauchenden Kaminen dahin; wir sind im Kathmandutal angekommen. Dieses »Tal« ist vielmehr der Boden eines ehemaligen großen, fast runden Sees, der etwa 25 Kilometer Durchmesser hatte. Der Legende gemäß schlug Bodhisattva Manjusri mit seinem Schwert beim Ort Chobar jene Schlucht, durch die der heilige Bagmati direkt in die Mutter aller Flüsse, den Ganges, abfließen kann. So wurde der prähistorische See entleert. Übrig blieb fruchtbarer, flacher Boden, der zur Besiedlung einlud. So entstand Kantipur, oder Kathmandu, wie es heute genannt wird, die größte Stadt und das kulturelle und politische Zentrum eines faszinierenden Landes. Das Flugzeug landet auf der Piste, die Triebwerke heulen nochmals auf. Der Captain wendet die Maschine. Durch das Fenster wird der Stupa von Boudhanath sichtbar.

Ein Rundgang durch Kathmandus Basare

Die ersten Eindrücke

Zunächst beeindruckt das moderne Aussehen des Flughafengebäudes. Backsteine, Marmor und Glas fügen sich in eine architektonische Anlehnung an die Terrassenlandschaften, die dieses Land beherrschen. Auch die Prachtstraße, die vom Flughafen zur nahe gelegenen Stadt hinunterführt, vermittelt zunächst den Eindruck von Platz, Raum und Größe. Diese Autobahn, Arniko Rajmarg genannt, führt mehrspurig vorbei an einem gigantischen Kongreßzentrum neuesten Datums und etwas hinab zum Ram Shah Path. Viele Fahrzeuge rattern im Linksverkehr hin und her. Völlig zerbeulte, ehemals lindgrüne Trolleybusse pflügen sich durch das Chaos, neigen sich unter dem Gewicht der viel zu vielen Passagiere nach links oder rechts. Eng wird es im riesigen Kreisel rund um die Grünfläche von Tundikhel und Ratna Park. Westlich dieser Oase, in der sich Sportler und Kinder, aber auch beachtlich viele Soldaten tummeln, liegt die Altstadt von Kathmandu. Die Dichte des Verkehrs wird langsam unerträglich und die Situationen mehr und mehr grotesk. Völlig hilflose und überforderte Polizisten pfeifen pausenlos und geben Zeichen, die niemand versteht. Ruhig und immer etwas lächelnd steuern die Fahrer der LKWs, Busse, Autos und Motorrikschas ihre Fahrzeuge durch das Getümmel aus Fußgängermassen, Fahrrädern und heiligen Kühen, hupend und lärmend. Ein beißender Rauch, eine Wolke von Abgasen, vermischt mit Staub und Sand weht zwischen den Häuserfluchten, deren grelle Reklameschilder verblaßt sind.

Jawohl: Kathmandu ist eine Großstadt. Zum Glück ist sie in ihrem innersten Kern so eng gebaut, daß der motorisierte Verkehr stark eingeschränkt wird. Wir erreichen Rani Pokhari, einen Tempel mitten in einem künstlichen, viereckigen See, zu dem ein gemauerter Steg hinausführt. Wir steigen aus dem Taxi und zahlen dem freundlichen Fahrer jenen Betrag, den wir vor Abfahrt mit ihm ausgehandelt haben. Jedes Taxi besitzt zwar die segensreiche Erfindung eines Taxameters, für Fahrten zum und vom Flughafen jedoch wird dieser außer Betrieb gesetzt, und Angebot und Nachfrage entscheiden über den Preis. Tagsüber kann man Taxifahrten durchwegs als billig einstufen, jedenfalls,wenn der Meterpreis in konvertier-

Die Menschenmassen drängen durch die brodelnden Basare im Herzen der Hauptstadt. (Kathmandu/Asantole, 1350 m)

bare Währung umgerechnet wird. Daß dies aber besser unterlassen werden sollte, werden wir noch verstehen lernen. Wichtig in Nepal ist und bleibt die Rupie und ihre Kaufkraft im eigenen Land.

Rundgang in der Altstadt

Gleich bei Rani Pokhari beginnt der große Basar der Hauptstadt: Asantole und Indrachowk. Ein gemütlicher Gang durch diese Ladenstraßen ist selbst für Nepali vom Lande ein unvergeßliches Erlebnis, wenn nicht sogar ein prägendes Ereignis. Hier reihen sich Hunderte von Kleingeschäften aneinander, deren Angebot von der Zahnprothese bis zum Tresorschrank reicht. Schuhe, Schirme, Kleider, Gewürze, Räucherstäbchen, frische Fische, Öl, Rohzucker, Gemüse, Früchte, Reis, Linsen, Kupferkessel, Stoffe, Gebetsfahnen, Mützen, Teppiche, Tee, Butter, Seife und und und… Die Gassen quellen über mit Waren und sind prallvoll mit Menschen, von früh bis spät. Aber auch Asantole und Indrachowk erleiden das gleiche Schicksal, wie alle Straßen dieser Stadt. Nach Einbruch der Dunkelheit verlieren sie den Puls und sterben relativ schnell aus. Nach 22 Uhr wird es schwierig, noch jemand auf der Straße anzutreffen, die Stadt schläft bereits fest.

Schematische Übersicht der Volksgruppen und deren Sprache und Religion

A) Indo-Arier

Nepali	Sprache/Religion	Inder	Sprache/Religion
Bahun	(Nepali/Hinduismus)	Doti	(Nepali + Hindi/Hinduismus)
Chhetri	(Nepali/Hinduismus)	Kumaon	(Nepali + Hindi/Hinduismus)
Thakuri	(Nepali/Hinduismus)	Inder	(Hindi, Maithili, Bhojpuri/ Hinduismus, Islam, Sikh)
Sarki	(Nepali/Hinduismus)		
Damai	(Nepali/Hinduismus)		
Kami	(Nepali/Hinduismus)		

B) Mongolen

Tibeter	Sprache/Religion	Ur-Nepalesen	Sprache/Religion
Bhotia	(Tibet. Dialekte/Lamaismus)	Newar	(Newar/Buddhismus, Hinduismus)
Thakali	(Tibet. Dialekte/Lamaismus)		
Sherpa	(Tibet. Dialekte/Lamaismus)	Sunwar	(Nepali/Hinduismus)
Tibeter	(Tibetisch/Lamaismus)	Kiranti (Rai, Limbu)	(Tibeto-birmanische Dialekte/ Hinduismus)
Magar	(Tibeto-birmanisch/ Lamaismus, Animismus, Hinduismus)	Tharu	(Tharu/Hinduismus)
Gurung	(Tibeto-birmanisch/ Hinduismus, Lamaismus)	Bura	(Nepali/Hinduismus)
		Rautye	(Tibeto-birmanischer Dialekt/ Animismus)
Tamang	(Tibeto-birmanisch/Lamaismus)		

Anmerkungen:
– bei den Stammessprachen der Newar und Tharu handelt es sich um alttibetische Dialekte
– Angaben über die Verbreitungsgebiete der Volksgruppen sind im Glossar enthalten

Ein Spaziergang durch den Basar

Besonders, wenn man sofort nach Ankunft in Kathmandu den Basar besucht, kann er einen Kulturschock bewirken, sind doch die Eindrücke tausendfach und im ersten Moment alle neu und schwer verdaulich. Neben der visuellen und akustischen Kulisse kommt noch eine wahrlich beeindruckende fremde Geruchswelt auf uns zugeschwappt. Mit dieser dreidimensionalen Verunsicherung wird mancher Neuankömmling nicht so plötzlich fertig. Den Hügelbauern, der sich oft am Rande des Existenzminimums abrackert, erstaunen vor allem der immense Überfluß an angebotener Ware – und die aus seiner Sicht saftigen Preise.

Wenden wir uns doch für einen kurzen Moment vom verwirrenden Angebot ab und betrachten einmal nur die Menschen, die hier auf- und abflanieren. Da gibt es Gesichter, die man ohne weiteres in Sizilien, Sibirien, Ägypten, Griechenland, der Mongolei oder irgendwo in Südamerika sehen könnte. In Nepal wohnt ein regelrechtes Sammelsurium verschiedenster Volksgruppen, die sich hier in der Hauptstadt alle zur gleichen Zeit zeigen. Das Land bildet so etwas wie ein Sammelbecken südasiatischer Völker, Sprachen, Kulturen und Religionen. Diese wiederum begründen den stets präsenten Reichtum und die komplexe und verwirrende Vielschichtigkeit, deren korrekte Entflechtung ein Schlüssel zum Verständnis dieses Staates darstellt.

Die Volksgruppen und ihre Sprachen

Beginnen wir ganz vorne. Nepal liegt in der Berührungszone zweier Kulturkreise, dem indisch-hinduistischen und dem tibetisch-buddhistischen. Die Nepalesen haben es verstanden, das Gute von beiden Kulturkreisen zu übernehmen: Indische, manchmal etwas hinterlistige Cleverneß, Geschäftssinn, Kunstfertigkeit, Improvisationskunst, Menschlichkeit und Religiosität gehören ebenso dazu wie tibetische Gastfreundschaft, Tüchtigkeit, Toleranz, Beschaulichkeit, Humor und Lebensfreude. Fanatismus und Fundamentalismus haben in Nepal keinen Platz, wohl aber genügsame Versunkenheit und eine verblüffende Heiterkeit der Seele. Unter diesem geistigen Zelt und angesichts des ewigen Walls eisiger Berge tummeln sich auf enger werdendem Raum gut 22 Volksgruppen, die über 30 Sprachen sprechen. Mit etwas Glück und Geduld können wir auf unserem Spaziergang durch die brodelnden Basare der Hauptstadt die wichtigsten davon erspähen: Bahun, Chhetri, Thakuri, Kami, Damai, Inder, Bhotia, Thakali, Sherpa, Tibeter, Magar, Gurung, Tamang, Newar, Rai, Limbu und Tharu.

Die Ureinwohner des Kathmandutals sind zwar die Newar, aber der fortdauernde Zuzug aus allen Teilen des Landes führt zu einer Vermischung der Volksgruppen und zur Auflockerung der ethnischen Landschaft. Zudem bildet die Hauptstadt ein traditionelles Pilgerziel, was zu saisonalen Zuzügen aus weiten Teilen des Himalajabogens führt, speziell während des Winters und des Frühjahrs.

Die Staatssprache Nepali

Natürlich wäre eine Kommunikation zwischen diesen verschiedenen Völkern zumindest sehr erschwert, wäre da nicht die Einrichtung der *lingua franca* – des Nepali oder Gurkhali, das zur Staatssprache erklärt wurde. Fast die Hälfte der Bevölkerung, unter ihnen die hinduistischen Bahun und Chhetri, spricht Nepali als Muttersprache. Die anderen, in der Mehrheit die urnepalesischen und tibeto-mongolischen Volksgruppen, lernen diese Sprache in der Schule und bedienen sich unter ihresgleichen ihrer eigenen Idiome. Aus dieser Situation ergibt sich die Tatsache, daß es im Prinzip zwei Arten zu sprechen gibt: einmal das »korrekte« Sanskriti-Nepali und das stark vereinfachte, landläufig als Fremdsprache gesprochene Pahari-Nepali (Hügelbauern-Nepali), das zwar nicht immer regelkonform gehandhabt, aber eben von der Mehrheit der Leute gesprochen wird.

Völker und Kasten

Wir können zwei Hauptrassen unterscheiden: die indo-arische und die tibeto-mongolische, die jeweils in zwei Untergruppen geteilt sind. Die einzelnen Volksgruppen wiederum haben unter dem Einfluß der hinduistischen Indo-Arier das Kastenwesen übernommen und sind somit auch in Kastenhierarchien unterteilt. Das Kastenwesen macht auch vor buddhistischen, tibetisch-stämmigen Gruppen nicht halt. Diese Gruppen (z.B. Tamang, Gurung, Thakali oder auch die Newar) werden gleichzeitig von den führenden Schichten als gesamte Gruppe in ihre eigenen Kastensysteme eingestuft, wobei die Sichtweise der Bahun und Chhetri nicht immer mit jenen der eingestuften Gruppen übereinstimmen muß.

Aus diesem komplexen Gefüge heraus ergibt sich eine für Außenstehende ungemein unübersichtliche soziale Vernetzung. Das Kastenwesen, vor 4000 Jahren im Hinduismus begründet, wurde zwar offiziell abgeschafft und wird in Nepal durchaus nicht so sakrosankt gehandhabt wie im orthodoxeren Indien, aber es bildet einen integrierenden Bestandteil des Lebens. Ein Nepal ohne Kastenwesen kann sich eigentlich niemand so richtig vorstellen. Auch heute noch ist ein sozialer Aufstieg über die Kastenleiter hinweg im eigenen Land ein Ding der Unmöglichkeit, speziell für die Handwerkskasten (Sarki, Damai, Kami), die sich am untersten Ende befinden.

Die Religionen

Fahren wir zunächst fort mit unserem Rundgang durch Kathmandu.

Mitten im Basar, auf dem Platz Asan, stehen zwei kleine Pagoden. Weitere religiöse Schreine verstecken sich in den ungezählten Hinterhöfen.

Indrachowk wiederum wird beherrscht von einem bedeutenden Tempelbau, und von dort führt eine schräge Straße hinein in den Durbar Square, den riesigen Tempelplatz der Hauptstadt. Dort offenbart sich eine sehr intensive Manifestation religiösen Lebens. Pagode steht an Pagode. Es handelt sich wohlverstanden nicht um ein Museum, sondern um eine Einrichtung, die lebt, gebraucht und benötigt wird und fortdauert. Diese Anlagen wurden von den hier hausenden Newar errichtet.

Die Newar, ein bemerkenswertes Volk, entwickelten in ihrem Tal eine eigene Form des Buddhismus. In den Bergtälern

Dega **heißen die Pagoden in der Sprache der Newar. Diese hier ist Vishnu geweiht und stammt aus dem 18. Jahrhundert. (Kathmandu/Durbar Square, 1350 m)**

Sirdar Ang Temba stammt aus dem Sherpavolk, das sich dem buddhistischen Religionskreis zuordnen läßt.

und im Inneren Himalaja wird der Lamaismus gepflegt, die tibetische Form des Buddhismus, gespickt, vermischt und vermengt mit tantrischen Elementen undjenen des vorbuddhistischen Bön-Glaubens, der in einigen abgelegenen Talschaften Nordwestnepals noch anzutreffen ist.

Staatseinigung unter dem Zeichen der Religion

Die meisten Nepali – rund 80% – sind jedoch Hindu. Bahun und Chhetri, Nachkommen der nordindischen Rajputen, die im 12. Jahrhundert unserer Zeitrechnung vor einer Islamisierung durch die eingefallenen Moghulen in die Berge flüchteten, haben die hinduistische Tradition nach Nepal gebracht. Prithvi Narayan Shah, der große Gurkhakönig, vereinigte 1768 die vielen Stämme zum modernen Nepal in den heutigen Grenzen, was eine Überlagerung bestehender sozialer und kultureller Traditionen durch spezifisch hinduistische Verhaltensweisen nach sich zog. Bezeichnenderweise war dies auch das Ende der architektonischen Kreativität, und böse Zungen behaupten, der Niedergang von Kultur und Struktur hätte bereits damals mit der Machtübernahme durch die hochkastigen Hindus begonnen. Die beiden Hauptreligionen, Hinduismus und Buddhismus, begegnen sich jedoch mit großer Toleranz. Zudem bestehen keine klaren Trennlinien, vielmehr liegt zwischen ihnen ein wunderbarer Regenbogen feiner Abstimmungen. So beobachtet man Gemeinschaften, bei denen man Schwierigkeiten hat, sie in den einen oder anderen Religionskreis einzuteilen. Auch im Religionszentrum Kathmandu gibt es zahlreiche Schreine und Tempel, die für beide Glaubensrichtungen gleich wichtig sind. Die Newar-Pagoden in Kathmandu, Patan und Bhaktapur und in den vielen Dörfern des fruchtbaren Tales waren in großer Mehrheit ehemals buddhistisch, sind aber in neuer Zeit teilweise auch dem Hinduismus geweiht worden.

Pilgerziele des Lamaismus

Durch den gewaltsamen Niedergang des Lamaismus an seinem Ursprung selbst – im chinesisch besetzten Tibet – haben sich viele Zentren und Kulturtraditionen dieser Religion nach Kathmandu verlagert. So bilden z. B. die zwei großen Stupa in Boudhanath und Swayambhunath außerordentlich wichtige Pilgerziele, die an Bedeutung enorm gewonnen haben. Diese Tatsache wird durch das Vorhandensein ungezählter Klöster und Klosterschulen unterstrichen, die sich in den letzten Jahren dort angesiedelt haben. Beinahe jedes Jahr kommen neue Klöster hinzu.

Nebst dem Hinduismus und dem Buddhismus finden sich besonders in entlegenen Bergtälern noch animistische Naturreligionen und das Schamanentum. Im Terai hat der Islam, durch indische Einwanderer mitgebracht, Fuß gefaßt. Neuerdings, nach Erklärung der Religionsfreiheit im Zuge der Demokratisierung, haben sich ganze Dorfgemeinschaften, besonders innerhalb des Rai-Stammes, zum Christentum bekannt.

Die Zwergiris (*Iris kumaonensis*) bedeckt viele Hochweiden während des kurzen, aber intensiven Bergfrühlings in den Tälern des Großen Himalaja. (Kyangjing Gompa, 3749 m)

Die Kultur

Die starke Gliederung Nepals in klimatische und ethnische Zonen führte zu einem vielschichtigen und schwer überschaubaren Kulturreichtum, der, wie das ganze Leben in diesem Land, eng mit der Religion verknüpft ist. Diese Vielfalt und das Nebeneinander der Kulturen ist besonders im Kathmandutal sehr beeindrukkend, sind doch dort aufgrund einer Konkurrenzsituation zwischen den drei ehemaligen Königsstädten Kathmandu, Patan und Bhaktapur architektonische und geistige Reichtümer in geballter Form zu finden.

Die Kultur im Kathmandutal zeigt neben durchaus eigenständigen Formen auch die Einflüsse der beiden Kulturkreise, die sich hier die Hand reichen. Besonders dem indisch-hinduistischen Erbe begegnet man überall. Jedoch scheint diese sehr alte Kulturschule zu stagnieren, während aufgrund der großen Flüchtlingswelle aus dem Norden das tibeto-buddhistische Element an Boden gewinnt. Die Einwanderung der Tibeter und die trostlose Situation in Tibet selbst haben – wie schon erwähnt – zu einer Belebung und Aufwertung Nepals als Hort des Lamaismus geführt. So ist es verständlich, daß gewisse eigentlich typisch tibetische Kunstfertigkeiten heute vermehrt in Nepal ausgeführt werden. Das Malen der buddhistischen Rollbilder gehört dazu. Die Herstellung eines solchen religiösen Bildes ist ein meditativer Prozeß. Diese *thangka* werden heute aufgrund alter Überlieferungen in verschiedenen Malschulen der Hauptstadt hergestellt, die die steigende Nachfrage und die Nachholbedürfnisse zu decken suchen; und sie haben übrigens nicht viel zu tun mit der billigen Massenware, die am Durbar Square an ahnungslose Fremde verkauft wird.

Kunsthandwerk

Ebenfalls in die Kategorie der religiösen Kultur fallen die Newar-Silberschmiede, die eine führende Position bei der Herstellung buddhistischer Ritualgegenstände erlangt haben. Das Kunsthandwerk liegt ihnen besonders, davon zeugen die vielen tausend Tempel und Tempelchen im Kathmandutal, die mit einer sehr großen Liebe zum Detail ausgeführt wurden. Dieser große Kunstreichtum führte auch zu einem leider dubiosen Kunsthandel, ja Kunstraub, der besonders in der Hauptstadt mit wachsender Sorge betrachtet wird.

Literatur und profane Kunst

Aufgrund der großen Rate an Analphabeten auf dem Lande konzentriert sich das literarische Schaffen Nepals abermals auf die Hauptstadt. Besonders die junge Generation aus intellektuellen Kreisen pflegt dieses Segment mit gutem Erfolg. Auch die gestaltende Kunst in unserem Sinne findet dort mehr und mehr Anhänger. Allerdings wird der Aufschwung solcher Tendenzen durch die herrschende allgemeine Armut in rein materiellem Sinne gebremst. Die Menschen sind zu sehr mit existentiellen Nöten beschäftigt.

Landesweit sehr verbreitet und verwurzelt ist das Liedgut und die dazugehörige Musik. Die fröhliche Natur der Nepali begünstigt den Gesang, der meist in Gruppen gepflegt wird. Kein Fest in Nepal vergeht ohne eine ausgedehnte Gesangsrunde. Die Improvisation spielt dabei eine wichtige Rolle, werden doch bekannte Lieder immer wieder aus dem Stegreif durch neue Strophen ergänzt und erweitert.

Die Kunstfertigkeit der Newar verblüfft durch die Harmonie von Form und Element. (Patan, 1360 m)

Architektur

Sehr beachtlich präsentiert sich auch die reiche Vielfalt der Formen im Hausbau. Wieder einmal spielen hier klimatische und ethnische Unterschiede eine wichtige Rolle. Das Haus bildet im Leben der Nepali einen Mittelpunkt, obwohl es vor allem in den subtropischen Gebieten nur als Koch-, Eß- und Schlafstätte dient, da meist im Freien gearbeitet wird. Das große architektonische Erbe hat sich aufgrund des Traditionsbewußtseins sehr gut erhalten.

In diesem Zusammenhang muß auch die eigentliche Familienkultur erwähnt werden, die sich nicht nur auf das Weitergeben von Traditionen, die Pflege religiöser Tätigkeiten und das Erzählen von Geschichten beschränkt. Die Struktur der Familie und bei einigen Ethnien die Struktur des Clans bildet in sich eine Lebensform, die nicht nur die Ernährung als zentrale Aufgabe sieht. Auch die Erziehung erfolgt im Sinne der Kultur. Die natürliche, geduldige und antiautoritäre Art, wie die Nepali mit ihren Kindern umgehen, formt die Grundlage eines gesunden Volksgeistes, dessen innerstes Ziel die Vermehrung menschlicher Qualitäten ist. Diese tiefe menschliche Größe zu erleben, gehört zu den schönsten Erfahrungen in diesem Land.

Politik und Wirtschaft

Nepal reklamiert für sich den Anspruch, das letzte Hindu-Königreich der Welt zu sein. Die heutige Dynastie wurde 1768 durch den schon erwähnten Prithvi Narayan Shah begründet. Birendra Bir Bikram Shah Dev heißt der heutige König. Er ist das Staatsoberhaupt, aber auch eine sehr wichtige Person im religiösen Leben, stammt er doch in direkter Linie vom Hindugott Vishnu ab. Um die derzeitige politische Landschaft und Situation besser darstellen und verstehen zu können, müssen wir einen Blick auf die Geschichte werfen.

Die Voraussetzungen der Geschichte

Die Shah, wie deren Vorläufer, die Lichavi, die Malla und die vielen lokalen Fürsten, strebten eine Feudalherrschaft an. Bereits 1850 aber wurden sie durch den mächtigen Clan der Rana in ihrer Machtfülle stark eingeschränkt. Die Rana führten die Institutionen der Maharajas ein, die in Erbfolge Nepal während 100 Jahren regierten und in unerhörter Weise ausbeuteten. Zeugen davon sind die vielen neoklassizistischen Rana-Paläste in Kathmandu, aber auch in anderen Landesteilen. Zur Durchsetzung ihrer eigenen persönlichen Interessen wurde der Bevölkerung jegliche Bildung vorenthalten und das Land gegen außen absolut hermetisch verriegelt. Die Shah-Könige blieben zwar in Amt und Würden, hatten jedoch maximal repräsentative Pflichten und lebten etwa wie Kanarienvögel in goldenen Käfigen. Die zunehmende Dekadenz der Rana-Fürsten führte 1950 zu einem Umschwung unter König Tribhuvan, dem Großvater des heutigen Monarchen.

Das Panchayat-System

Mit indischer Hilfe gelang es diesem, die Ranas aus dem Sattel zu heben und die absolute Machtfülle wieder zu erlangen. Ihm folgte König Mahendra, der ein relativ kurzes demokratisches Experiment unter Ministerpräsident B. P. Koirala 1960 abblockte und das Panchayat-System einführte. Dies ist ein parteiloses Rätesystem, wobei der König in allen Fragen die Entscheidungsbefugnisse behält. Das damalige Parlament hatte nur beratende Funktion und wurde teilweise vom Volk gewählt, teilweise durch den König selbst bestimmt. Die politischen Parteien waren in dieser Epoche verboten, arbeiteten aber im Untergrund weiter. Daß dieses System Günstlingswirtschaft, Korruption, aber auch Verarmung und Niedergang in sich trug, ist verständlich. So kam es in der Folge bereits 1979, unter König Birendra, zu Studentenkrawallen, 1984 gar zu Anschlägen auf das Eigentum des Königs. Dieser ließ ein Referendum durchführen, in dem aber das Panchayat-System gegenüber einer Mehrparteien-Demokratie vorgezogen wurde, wenn auch nur ganz knapp. Natürlich wurde von Wahlfälschung gesprochen, aber die tief verwurzelten Strukturen der Feudalherrschaft schienen besonders in der schlecht erschlossenen und noch schlechter informierten Bevölkerung außerhalb der Städte ungefährdet.

Schritte zur Demokratisierung

1990 entwickelten sich erneut Unruhen; diesmal aber mit dauerhafterem Erfolg. Durch teilweise leider blutige Massendemonstrationen in Kathmandu konnte der König am 9. April 1990 bewegt werden, den Weg für die Demokratie freizumachen. Dieser Umschwung wurde von der Landbevölkerung jedoch nicht mitgetragen. Die Wahlen von 1991 gewann ein gewisser Girija Prasad Koirala, der jüngere Bruder des ehemaligen Ministerpräsidenten der fünfziger Jahre. Er war der Kandidat der Nepal Congress Party, die in den Wahlen knapp vor den Kommunisten lag. Es war offensichtlich, daß die Tradition, wichtige Posten in immer derselben Familie weiterzutragen, aufrechterhalten würde. Dafür hatte man ja im benachbarten und immer wachsamen Indien genug gute Beispiele. Die Dynastie Nehru / Indira Gandhi / Rajiv Gandhi war ja noch am Ruder. Es darf deshalb auch nicht verwundern, daß die Politik seit der Demokratisie-

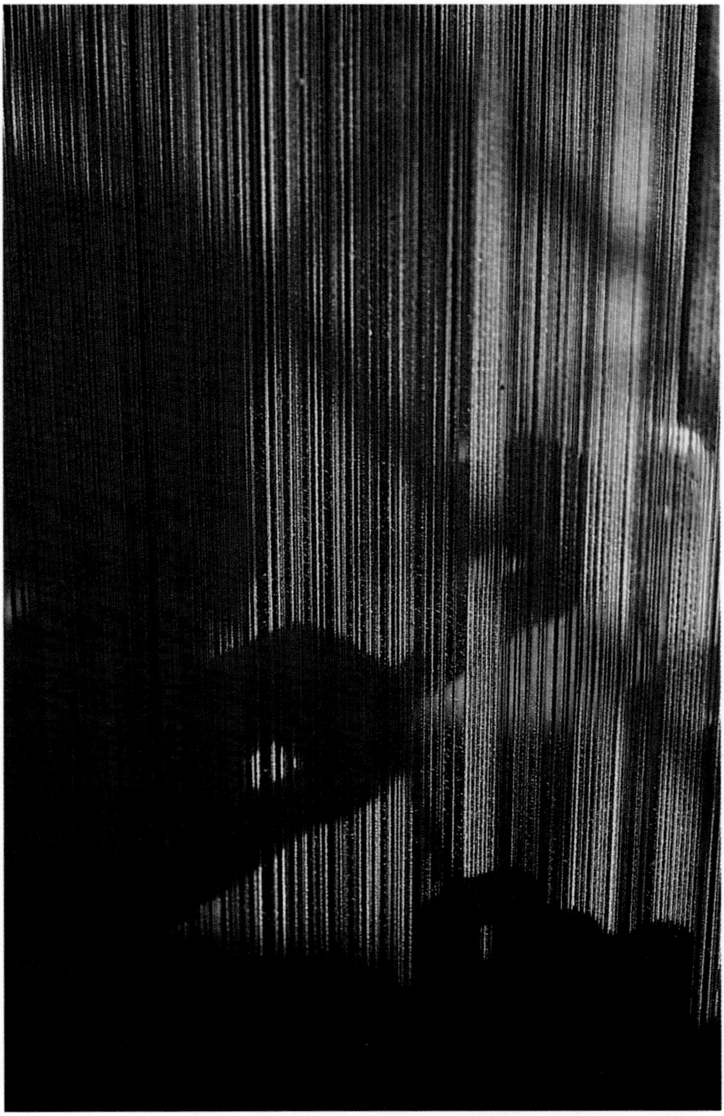

Die Verarbeitung tibetischer und neuseeländischer Wolle zu robusten und modischen Teppichen entwickelte sich in Kathmandu zur Industrie. Das Knüpfen bildet dabei nur einen der vielen Arbeitsgänge. (Patan/Jawalakhel, 1390 m)

rung keinerlei spektakuläre Änderungen erfuhr und 1994 bereits wieder gegen die zunehmend hoffnungslosen Zustände demonstriert wurde.

G. P. Koirala trat in der Folge zurück, blieb aber gleichzeitig Chef der Interimsregierung, die Neuwahlen vorbereiten sollte. Diese haben im November 1994 stattgefunden. Sehr zur Verwunderung der übrigen Welt ergab sich danach die doch etwas anachronistische und kuriose Situation, daß die Vertreter der Nepal Communist Party unter Manmohan Adhikari eine Minderheitsregierung formieren durften. Zwar nennt sich diese Gruppierung von Linksparteien auch »UML-Emale«, wobei die drei Großbuchstaben für »United Marxist-Leninist« stehen, sie verfolgt jedoch eher einen sozialdemokratischen Kurs. Dies ist vermutlich auch der Grund, warum sich »Genosse König« auf das Experiment einließ.

Die nepalesische Demokratie scheint angesichts der herrschenden Machtverhältnisse eher eine Demokratie mit dem Gewehr im Rücken zu sein. Der König kontrolliert die Armee und die Polizei. Die parlamentarische Demokratie scheint ein Privileg weniger Staaten auf der nordwestlichen Hemisphäre zu sein. Für Nepal jedenfalls bleibt sie vorerst ein Wunschtraum. Zu diesen Tatsachen gesellt sich generell erschwerend noch eine überaus komplizierte, korruptionsanfällige und extrem zentralistische Administration.

Verwaltung und Wirtschaft

Verwaltungstechnisch ist das Land unterteilt in 14 Zonen, diese in insgesamt 75 Distrikte und diese wiederum in unzählige *gabisa* (von *gaon bikash samiti* = Dorfentwicklungskomitee).

Nepal ist ein Agrarstaat. Über 90% der Bevölkerung betätigen sich als Selbstversorger. Gearbeitet wird mit mittelalterlichen Methoden. Dies hat den Vorteil, daß dieses Land weder vom Dow Jones Index, noch vom Erdölpreis oder Dollarkurs abhängig ist, sondern nur von den klimatischen Bedingungen und den daraus sich ergebenden landwirtschaftlichen Erträgen. Sollte die Welt von einer großen Wirtschaftskrise durchgeschüttelt werden – was wir alle nicht hoffen –, dann würde Nepal davon einfach nicht berührt. Trotz der schnell wachsenden Bevölkerung und der fortschreitenden Bodenerosion werden derzeit noch genügend Lebensmittel produziert, um die Ernährung sicherzustellen. Allerdings bestehen vor allem im relativ dünn besiedelten Westen Defizite, die durch Nachschub aus dem nepalesischen Terai ausgeglichen werden. Die Landwirtschaft wird, ja muß sehr intensiv betrieben werden, um den Standard aufrechtzuerhalten. In einigen fruchtbaren Zonen der Niederungen wird dreimal pro Jahr geerntet, in den Hügeln meist zweimal. Äcker sind bis auf 4400 Meter zu finden, Hochweiden bis auf 5500 Meter. Es darf deshalb nicht erstaunen, daß man in Nepal selten auf unbewohnte oder ungenutzte Landstriche stoßen wird, außer im Hochgebirge auf über 6000 Meter Höhe. Als charakteristisch für das Land präsentiert sich der Naßreisanbau auf bewässerten Terrassen. Diese prägen das Landschaftsbild zwischen dem Terai und den Hügellagen bis gut 1500 Meter. In einzelnen Regionen steigt der Reisanbau bis fast 3000 Meter Höhe, so z. B. rund um Jumla in der Karnali-Zone. In den montanen Klimagebieten zwischen 1500 und 2500 Meter werden Mais, Hirse, Weizen und Kartoffeln angebaut, darüber Buchweizen, Kartoffeln und Gerste. Letztere gedeiht in den extremen Höhenlagen des Dolpo bis beinahe 4500 Meter. Sie wird dort in sagenhaften 90 Tagen reif. Daneben sind vor allem die Bergvölker des Inneren Himalaja oft gezwungen, die kargen Erträge ihrer dürren Äcker mit Viehzucht und Fernhandel aufzubessern. So kann man manche dieser Lebensgemeinschaften durchaus dem Halbnomadentum zurechnen.

Industrie und Gewerbe

Industriell ist das Land wenig entwickelt. Neben der Holzverarbeitung, der Lebensmittelindustrie und dem Tabakanbau im Terai hat sich vor allem die Teppichproduktion einen Namen gemacht. Diese Tradition wurde von den zahlreichen tibetischen Flüchtlingen ab 1959 nach Nepal gebracht. Im Kathmandutal entwickelte sich in den folgenden Jahren für die Teppichknüpferei eine Heimindustrie, die sich dank exzellenter Qualität, gefälligen Mustern und modernen Pastellfarben auf den internationalen Märkten stark durchsetzen konnte. Eigentlich handelt es sich um tibetische Teppiche, die in Nepal geknüpft werden. Da die traditionelle Ornamentik zugunsten moderner Designs immer mehr aufgegeben wird, können wir von einem zwar westlich beeinflußten, aber eigenständigen Stil sprechen, dem sogenannten Nepal-Teppich.

Imitationen aus Indien, die in großer Masse auf die Märkte der Welt geworfen wurden, selbstverständlich zu viel niedrigeren Preisen, und auch Anpassungen in anderen Produktionsländern führten zu sehr empfindlichen Einbußen, ja fast zu einem Kollaps dieser Industrie in Nepal. Das Himalaja-Königreich hat es als eines der wenigen armen Länder – dank der Einwanderung der Tibeter – geschafft, aus eigener Initiative einen neuen und erfolgreichen Industriezweig aufzubauen, mit vielen Arbeitsplätzen und einem enormen Good-will im Ausland. Die Teppichproduktion brachte dem Land die meisten Deviseneinnahmen, mehr als der Tourismus und mehr als die Renten der Gurkhasöldner in Ruhestand. Der große Nachbar Indien hat es verstanden, diese Bemühungen zu behindern. Daraus wird die enorme wirtschaftliche Abhängigkeit Nepals von dieser Schwellenmacht deutlich, die eigentlich eher einer totalen Bevormundung gleichkommt.

Der mächtige Stupa von Boudhanath, ein erstrangiges Ziel lamaistischer Pilger, wird jeweils zum Neujahrsfest (*Losar*) mit neuen Gebetswimpeln geschmückt. (Boudhanath, 1380 m)

Der Tourismus

Im Jahr 1950 gab Nepal seinen Isolationismus auf und öffnete sich gleichzeitig den ersten Touristen. Nach langen, schwierigen Anlaufjahren entwickelte sich so etwas wie eine touristische Infrastruktur. Diese beschränkt sich jedoch auf Kathmandu, Pokhara und den Chitwan-Nationalpark im Terai. An diesen drei Orten tummeln sich die meisten Fremden. Sie begnügen sich mit deren Besuch und bewundern die Tempel und Pagoden in der Hauptstadt, die Aussicht auf die Annapurnaberge und den See von Pokhara und die Umgebung der subtropischen Urwälder mit ihren Panzernashörnern. Im Sog der großen Expeditionsvorbilder kommen auch immer mehr Trekkingtouristen ins Land, die es nicht nur oberflächlich kennenlernen möchten, sondern es erwandern, ganz unter dem Motto: Man erfährt am meisten, wenn man zu Fuß geht. Die Ströme der Wanderer konzentrieren sich auf die Gebiete Annapurna, Everest und Langtang. Der große Rest des Landes, obwohl auch zugänglich, bleibt weitgehend unberührt. Ferner scheinen alle Trekker der Welt zur gleichen Zeit nach Nepal zu pilgern, weshalb die drei Hauptgebiete speziell in den Monaten Oktober und November sehr stark frequentiert sind. Dennoch bestehen bezüglich der Gebiete und der Reisetermine sehr große Freiräume.

Ferner können die schönen Gebirgsflüsse für Schlauchbootfahrten (Rafting) genutzt werden. Dieser Sport wird vor allem auf dem Trisuli und dem Sun Kosi ausgeübt.

Verkehrs- und Transportwesen

Das Transportsystem Nepals entspricht vielleicht nicht ganz den Erwartungen, und Vergleiche mit der Heimat unterläßt man lieber. Eisenbahn gibt es keine, und die bald 8000 Kilometer Straßen befinden sich oft in einem bedauernswerten Zustand, weshalb Busreisen zu einem Erlebnis für sich werden.

Hingegen besteht in der Luft ein harter Konkurrenzkampf zwischen einem halben Dutzend interner Fluggesellschaften. Die großen Zentren und die beliebtesten Trekkingziele sind teilweise sehr gut miteinan-

der vernetzt, und die Tarife sind durchaus attraktiv, obwohl die Ausländer drei- bis viermal soviel für ein Ticket entrichten müssen wie die Einheimischen. Die meisten Carriers verfügen seit kurzem auch über Großhelikopter aus alten Sowjetbeständen, die auf einigen Linien beginnen, die Flächenflugzeuge zu verdrängen. Im ganzen Land wird generell auf Sicht geflogen. So kann es natürlich bei Nebel, Sturm, Schneefall, Gewitter oder starker Wolkenbildung zu Verzögerungen oder Ausfällen von Flügen kommen. Bei der Planung ist deshalb dringend ein zeitliches Polster einzubauen.

Kathmandu, der einzige internationale Flughafen des Landes, verfügt heute über ausgezeichnete Verbindungen. Verschiedene Fluggesellschaften fliegen ab Europa direkt dorthin, ansonsten bestehen zahlreiche Verbindungen über süd- oder ostasiatische Flughäfen.

Kalte Nebel streichen durch die Salwälder des Terai. Die Betreuer der Reit- und Arbeitselefanten bemalen ihre Schützlinge mit kraftvollen Ornamenten, damit diese sich nicht erkälten. Begum Kali, die große Elefantenkuh, scheint sich ihrer Schönheit voll bewußt. (Island Jungle/ Chitwan, 150 m)

Linke Seite – der Kontrastreichtum der Landschaft überwältigt: Eisriesen, krachende Gletscher und Bananenstauden. (Begnas Tal, 889 m)

Trekking in Nepal: Wandern mit Inhalt

Nepal kann als das Trekkingland schlechthin bezeichnet werden. Neben den fabelhaften landschaftlichen Voraussetzungen und dem durchweg milden Klima bezaubern den Naturliebhaber die sympathischen Menschen und die Unerschlossenheit weiter Gegenden. Das Land besitzt für seine Größe nur sehr wenige Straßen, die meisten davon sind im Terai zu finden. Daneben führen Stichstraßen zu den wichtigsten Städten und Marktflecken, so nach Kathmandu, Pokhara, Surkhet, Tansen, Gurkha, Jiri, Hile und Taplejung. Zwar sind überall im südlichen Teil des Königreichs Straßen im Bau, der größte Teil der Hügel (Vorberge des Himalaja), der Große Himalaja und die Gebiete dahinter sind jedoch nur mit Fußwegen erschlossen, also verkehrsfrei. So ist es möglich, daß man in diesem Land zwei oder drei oder sogar noch mehr Wochen wandern kann, ohne mit den typischen Attributen der industriellen Welt in Konflikt zu kommen: Auto, Lärm, Gestank, Hochspannungsleitungen, Fabriken, Telefone, Computer und Medien. Irgendwie wird eine Trekkingtour hier auch zu einer Zeitreise. Das reizvolle daran mag die Tatsache sein, daß wir hier noch einer Zeitepoche begegnen können, die bei uns weitgehend überlebt, ja sogar vergessen ist. Genauer gesagt: wir bewegen uns hier in unserer eigenen Vergangenheit.

Kontakte mit den Einheimischen

In den Bergen leben die Menschen von dem, was sie selbst produzieren, und tragen aufgrund der topographischen Hindernisse ihre Ware, ihr Saatgut und ihre Ernte tagtäglich oft über weite Strecken. Die Nepali sind ein Volk von Trägern, denn Tragtiere können wegen der Beschaffenheit von Wegen und Brücken nur in wenigen Gegenden eingesetzt werden. Das Tragen gehört also unabdingbar zum Beruf des Selbstversorgers. Beim Wandern in den Hügeln und Bergen des Himalajastaates kommt der Fremde automatisch und unausweichlich in Kontakt mit diesen Menschen, sei es auf ihren Höfen, in ihren Dörfern – oder auf dem Weg. Es liegt nun am Fremden zu entscheiden, wie er diesen Kontakt gestalten will, denn die Nepali sind sehr offene, direkte und unkomplizierte Leute. Sprachliche Barrieren sind hier keine Ausrede, denn die Sprache der Menschlichkeit wird überall verstanden. Man teilt mit diesen Menschen die Wege und die Erlebnisse darauf. Die Begegnung spielt deshalb beim Trekking in Nepal eine große Bedeutung, und kontaktfreudige Besucher werden dabei völlig neue und ungeahnte Dimensionen entdecken.

Das Erlebnis der Natur

Bei den meisten Touren wechselt der Eindruck zwischen zwei verschiedenen Betrachtungsebenen. Da ist einmal die Ferne, die Sicht auf die großartige Berglandschaft, wo nicht selten Schneeberge von großer Schönheit und Anmut zu bewundern sind. Nahe den Wegen befinden sich andererseits meist Landschaften, die von Menschen mitgeformt und gestaltet worden sind. In den Hügeln wird ein großer Teil der landwirtschaftlichen Produktion auf Terrassen getätigt. Diese typischen Terrassenkulturen sind ein Produkt unermüdlicher und generationenlanger Arbeiten am

Kein Museum, sondern ein religiöses und soziales Zentrum stellt der große Tempelplatz von Kathmandu dar. Newarmänner haben sich zu einem Schwatz auf der Stufe der Jaganath *dega* versammelt. (Kathmandu/ Durbar Square, 1350 m)

Gelände. Wir sehen also größtenteils eine künstliche Landschaft, aber eine Kunst-Landschaft, die den Rhythmus der zueinanderfolgenden Hügelreihen aufnimmt

Abstand gewinnen von der Hektik des Alltags

Daneben bilden die interessante Vegetation, die scheue Fauna und die architektonischen Besonderheiten der Dörfer und Weiler ergiebige Studienobjekte. Trekking in Nepal vermittelt demnach eine Fülle von Erlebnissen und Eindrücken auf verschiedensten Ebenen. Diese Fülle von visuellen, zwischenmenschlichen, auch geruchlichen und akustischen Erfahrungen ist sehr groß und intensiv. Das Tempo des eigenen Schritts jedoch macht es möglich, die Empfindungen laufend zu verarbeiten. Die Eindrücke stürzen nicht auf den Wandernden ein, sondern kommen gemächlich und dosiert. Welch ein wohltuender Kontrast zu unserer Welt, wo es nicht schnell genug gehen kann und wo nichts mehr zählt, außer die Sensation! Wir werden daheim mit einer negativen Berieselung konfrontiert, die wir nicht verarbeiten können und die sich deshalb in uns aufstaut. Beim Trekking besteht die Möglichkeit, sich dagegen abzuschirmen und selbst Vergangenes und bislang Unbewältigtes langsam abzutragen und einzuordnen. Diese »Psychohygiene« trägt unter anderem zum Wohlbefinden bei, das viele Fremde in Nepal spüren und weshalb sie auch wiederkehren möchten. Durch das Vordringen in Räume, die mit modernen Kommunikationsmitteln nicht erschlossen sind, entzieht sich der Urlauber in Nepal jenen Belastungen, die ihn zu Hause unbewußt beschäftigen. Es mag eigenartig klingen, aber nach einer Rückkehr in die Welt von Fernsehen, Radio, Fax und Tagespresse hat man auch nach mehreren Wochen das Gefühl, nichts, aber auch gar nichts verpaßt zu haben. Aber man wird dann das Krähen der Hähne, das Rauschen der Baumwipfel, den Geruch der Rhododendren, das Lachen der Kinder, die Lieder der Jungen und Alten, das durch seine Einfachheit so gute Essen, die Hilfsbereitschaft der Menschen und das Zirpen der Grillen vermissen.

Trekking in Nepal, sei dies als Selbstzweck oder beim Anmarsch in ein Basislager, hat also nicht nur sportliche Hintergründe. Ich würde sogar behaupten, der sportliche Anreiz steht hintenan, denn das Erlebnis der Menschen und der Natur, die sie bewohnen und mit ihrer Kultur bereichern, geht tiefer, bildet schließlich jenen Stoff, von dem lange gezehrt werden kann. Schöne Erinnerungen können nicht gestohlen werden und sind deshalb als bleibende Werte zu betrachten.

Klima und Wetter

Wir wir gesehen haben, ist Nepal ein sehr vielschichtiges Land. Dies betrifft die Gesellschaftsstrukturen und auch die Religion. Der Übergang vom Hinduismus zum Buddhismus geschieht nicht in einem Schritt, vielmehr zeigen sich unzählige Zwischenstufen. Durch die starke topographische Gliederung des Landes verhält es sich mit dem örtlich vorherrschenden Klima ähnlich. Der Wechsel vom feuchtheißen Terai zum arktischen Hochgebirgsklima des Großen Himalaja erfolgt in ebenso vielen, sehr kleinen und unscheinbaren Zwischenschritten. So kann jeder Höhenstufe zwischen dem stark subtropischen Flachland, das teils weniger als 100 Meter über dem Meeresspiegel liegt, und dem Gipfel des Mt. Everest (8846 m) ein spezifisches Klima zugeteilt werden. Entsprechend vielfältig und reich präsentieren sich die Flora und die Fauna.

Globale Lage

Nepal liegt auf demselben Breitengrad wie Florida, die Kanarischen Inseln, Oberägypten oder Südchina. Es erstaunt deshalb wenig, daß das Klima als subtropisch mild und ausgeglichen bezeichnet werden kann. Selbst im kältesten Monat, dem Januar, kann bei schöner Witterung in Kathmandu, auf 1400 Meter, mittags ohne weiteres draußen im Garten oder auf der Terrasse gespeist werden. Das Thermometer zeigt in der Hauptstadt nur ganz selten unter Null Grad an. Schnee ist dort seit Menschengedenken nicht mehr gefallen.

Die Perioden des Monsuns, der Sommermonsun

Der gesamte Wetterablauf wird durch die Monsunwinde stark beeinflußt. Wir unter-

Holz – die große Mangelware. Im steilen Wald werden Bretter für ein Schulhaus gesägt. Sirdar Subas Singh Lama kontrolliert die Stückzahl genau. (Kimalung, 1950 m)

Bei jedem Wetter sind die Nepali unterwegs. Ihre phänomenale Tragtechnik und Trittsicherheit beeindrucken sehr. (Phortse, 3840 m)

scheiden zwischen einem sehr starken Sommermonsun und einem schwachen Wintermonsun. Der Sommermonsun setzt ab April langsam ein und bedeckt das Land zunehmend mit sehr feuchten Luftmassen, die vom Bengalischen Meer (Südosten) nach Kaschmir (Nordwesten) drängen. Ostnepal gerät demnach schneller unter den Monsuneinfluß, der seine Regen- und Schneemassen größtenteils an der Südabdachung des Himalajabogens loszuwerden pflegt. Die Gebiete im Inneren Himalaja sind gegen Monsunregen weitgehend abgeschirmt, und die Niederschlagsmengen sind dort entsprechend gering. Der Monsun setzt seinen unaufhaltsamen Zug nach Nordwesten bis in den September hinein fort, bevor sich die Regen langsam zurückziehen. Die Regenzeit ist die Zeit des Reisanbaus, der großen Entfaltung der subtropischen Flora, der Erdrutsche und Überschwemmungen. In Nepal findet eigentlich genau genommen der Winter im Sommer statt, fallen doch zwischen Mai und September die größten Schneemengen in den Bergen. Der Mt. Everest erscheint im Juli weiß, im Januar jedoch ist er vom Schnee blankgefegt und zeigt sein grauschwarzes Felskleid.

Der Wintermonsun

Im Zeitraum von Dezember bis Februar muß mit dem Wintermonsun gerechnet werden. Dieser besteht aus der Umkehrung der Luftströme von Nordwest auf Südost. Er wird vor allem auf der Nordseite der Hauptkette wirksam und fällt in Westnepal stärker aus als im Osten, wo er meist nur ganz schwach wirksam wird. In dieser Zeit erhalten auch die ariden Bergwüsten des Inneren Himalaja den Großteil ihres Niederschlags, und manches Tal ist von der Außenwelt abgeschnitten. In Dolpo gibt es Orte, die sechs bis acht Monate nicht erreicht werden können, da die zu ihnen führenden Pässe zugeschneit sind. Es erstaunt deshalb nicht sonderlich, daß die Einwohner solcher Gebiete die kalte und unfreundliche Zeit dazu benutzen, ihre jährlichen Pilgerreisen nach Kathmandu, Lumbini, Sarnath, Sravasti, Benares und Bodhgaya zu unternehmen. Im südlichen und östlichen Nepal offenbart sich der Winter als mäßig kühle Trockenzeit, oft mit klarer Sicht auf die Berge. Der Winter ist für Reisen nach Nepal ein echter Geheimtip. Nun wäre es jedoch etwas ver-

messen, hier generelle Angaben über die beste Reisezeit zu machen. Diese kann sich je nach Gebiet etwas verschieben, weshalb in den Beschreibungen der Trekkingrouten spezifische Empfehlungen zu finden sind.

Der jährliche Wetterablauf am Himalajabogen

Werfen wir noch einmal einen Blick auf den jährlichen Wetterablauf. Der Frühling beginnt sehr früh. Bereits ab Ende Januar ist eine Erwärmung der Temperaturen festzustellen, die bis in den Mai stets fortschreitet. Im März und April steigt die Neigung zu Dunst, Hitze, Nebel, Gewitter und sogar anhaltenden Niederschlägen. Mit den ersten Regenfällen kommen die ersten Blumen zum Vorschein, die mitunter für die mangelnde und schlechte Fernsicht entschädigen. Die hohen Bergtäler werden von den feuchtwarmen Luftmassen viel langsamer erfaßt, weshalb Reisen in diese Gebiete im Frühjahr durchaus zu empfehlen sind. Meist präsentiert sich das Wetter dort freundlich und warm. Trotzdem muß in Höhenlagen über 3500 Meter sogar mit einzelnen Schnee- und Graupelschauern gerechnet werden. Der Mai ist der heißeste Monat im Jahr. Im Terai kann das Quecksilber auch einmal 40 °C erreichen, und selbst in den großen Höhen der Himalajakette setzt die Schneeschmelze ein. Gesellen sich noch ergiebige Gewitterregen dazu, dann können Bäche und

Flüsse bereits zu ernsthaften Hindernissen werden. Jetzt beginnt auch der Sommer. Charakteristisch für die Monate von Juni bis September sind die großen und regelmäßigen Monsunregen. Meist freundliche Vormittage werden von bewölkten und bedeckten Nachmittagen abgelöst. Der größte Teil der Niederschläge fällt jedoch nachts. Der Himalaja wirkt als Barriere für die Monsunwolken, weshalb auf Wanderungen an dessen Nordseite – wie beispielsweise in Mustang oder Dolpo – nicht mit sehr viel Niederschlag gerechnet werden muß. Die Südseite der großen Berge jedoch wird arg in Mitleidenschaft gezogen. Es ist die Zeit des Schlamms und der unterbrochenen Wege, der weggeschwemmten Brücken, der Blutegel und der Moskitos.

Nach den Sommermonaten folgt eine lange herbstliche Trockenzeit, die im Oktober einsetzt und bis Ende Dezember dauert. Klare Sicht und milde Temperaturen sind die Merkmale des Herbstes, der zu den beliebtesten Reisezeiten gehört. Die meisten Trekkingtouristen sind in der Folge zwischen Mitte Oktober und Mitte November anzutreffen. In diese Zeit fallen aber auch die Reisernte und die großen hinduistischen Festwochen des Dasain und Tihar, weshalb der Warennachschub aufgrund des Mangels an Trägern etwas problematisch wird. Auch muß im Herbst mit lokalen Überbelegungen der Lodges und Zeltplätze gerechnet werden, dies jedoch nur in den drei Hauptreisegebieten Annapurna, Everest und Langtang. Das Ende des Monsuns gestaltet sich von Jahr zu Jahr anders. Normalerweise kann spätestens ab Mitte Oktober mit trockener Witterung gerechnet werden. Gegen Ende des Jahres werden die Tage etwas kürzer, und die Temperaturen sinken besonders nachts und in höheren Lagen bisweilen erheblich unter den Gefrierpunkt. Der Winter jedoch ist kurz und mit dem unsrigen nicht zu vergleichen. Im Januar setzt der kurze Wintermonsun ein, der von Westen nach Osten stetig abnimmt. Doch auch in großen Höhen werden die Tage oft ansprechend warm, um dann bei Untergang der Sonne um so empfindlicher kalt zu werden. Die Kälte ist jedoch trocken und am Körper wenig spürbar. Doch muß für einen Schutz der Extremitäten gesorgt werden.

Die beste Zeit für Trekking in Nepal

Unter Berücksichtigung dieser Tatsachen können Wanderungen in Nepal im Zeitraum zwischen Oktober und Mai durchgehend angegangen werden. Ein schneereicher oder kalter Winter verhindert bisweilen die Besuche in den großen Höhen über 4000 Meter oder die Überschreitung hoher Pässe. Diese sind jedoch ab März oder April meist ohne Probleme zu begehen oder sogar schon weitgehend schneefrei. Die Monate zwischen Mai und Oktober eignen sich für Reisen in den Inneren Himalaja, wo der Einfluß des Monsun nur sehr gering ist. Für die hohen Gebiete an der Südabdachung werden am besten die Monate kurz vor und kurz nach dem Monsun gewählt und für die mittleren und tieferen Lagen die Winterzeit.

Wie überall auf der Welt verläuft auch in Nepal das Wetter nicht nach starren Regeln. Diese Erkenntnis und die Tatsache, daß der Himalaja das höchste Gebirge der Welt ist, erklärt die immer wieder zu erlebenden Überraschungen durch das Wetter. Die oben gemachten generellen Angaben sind Mittelwerte, die aus einer Statistik stammen und die es folglich in der Realität gar nicht gibt. Ausnahmen, die diese Regeln bestätigen, sind also immer zu erwarten.

Die Trekkingarten

Der Karawanen-Trek

Die klassische Trekkingart in Nepal ist der sogenannte Karawanen-Trek. Diese Methode erlaubt es Einzelreisenden oder Gruppen, in alle Gegenden des Landes vorzustoßen, ist jedoch teurer als der individuelle Teehaus-Trek. Beim Karawanen-Trek führt ein Sherpa-Führer (Sirdar) die Gruppe an, die neben den Teilnehmerinnen und Teilnehmern auch aus einem einheimischen Koch, Küchenjungen, Sherpa und Trägern besteht. Alles wird mitgetragen, vom Kerosinkocher über die Eßwaren und Zelte bis zum persönlichen Gut. Träger, manchmal auch Trägerinnen, im Khumbu auch Tragtiere, sorgen für den Nachschub, und die begleitenden Sherpas passen auf, daß unterwegs nichts und niemand verlorengeht. Die täglichen Arbeiten, wie kochen, Wasser holen, Zelte aufstellen, Geschirr abwaschen, Lasten packen usw., übernehmen der Koch und seine Helfer beziehungsweise die Trekking-Sherpa. Die ganze Organisation ist hierarchisch durchstrukturiert und recht umfangreich. In Gegenden, wo es nichts oder nur wenig zu kaufen gibt, muß sehr viel Material mitgenommen werden. Es kann also durchaus vorkommen, daß pro Teilnehmer vier bis fünf Sherpa und Träger benötigt werden. In besser erschlossenen Gebieten reduziert sich diese Zahl auf zwei bis drei Personen. Der Karawanen-Trek mutet für uns zu Beginn etwas übertrieben an, ja hat sogar einen leicht kolonialistischen Anhauch. Es ist aber auch jene Art des Reisens, die von Beamten oder reichen Nepali bevorzugt wird, mit der Ausnahme vielleicht, daß jene nicht in Zelten, sondern in Häusern am Weg übernachten. Hat man sich einmal an die Spielregeln und den Tagesrhythmus gewöhnt, fällt es schwer, auf die Annehmlichkeiten dieser Reiseform zu verzichten. Ein weiterer Vorteil liegt sicher in der sehr guten Kontaktmöglichkeit mit dem Personal und den Trägern.

Der Karawanen-Trek schafft Arbeit

Der Nebenerwerb durch die Arbeit auf einem Trek bedeutet für viele Nepali eine willkommene soziale Absicherung. Zudem hat der Trekkingtourismus eine ganze Anzahl von Berufen geschaffen, die heute nicht mehr wegzudenken sind. Diese beginnen bei den Reise- und den Trekkingbüros und deren Angestellten, den Busunternehmen und -fahrern, dem Trekkingpersonal, den Teehauswirten und Lodge-Besitzern und hören auf bei den Saumtiertreibern und Verbindungsoffizieren.

Der Teehaus-Trek

Wie schon erwähnt, ermöglicht die Karawanen-Methode den Besuch der abgelegenen Zonen des Landes. Dort existieren weitgehend keinerlei touristische Infrastrukturen, ganz im Gegensatz zu den eher bekannten Trekkinggebieten Annapurna, Khumbu und Langtang. Dort besteht für Touristen die Möglichkeit, individuell von Hütte zu Hütte zu wandern. Diese Methode nennen wir den Teehaus-Trek. Die Teehäuser sind eine traditionelle Einrichtung in diesem Land. Es wird bisweilen behauptet, gut ein Viertel der Bevölkerung sei immer unterwegs. So begreift man das Bedürfnis der Einheimischen nach Verpflegungsstätten und Unterkünften. Traditionell werden diese *chiyaa pasal* (Teeladen,

Zahlreiche sehr schöne *thangka* werden in den Malschulen der Hauptstadt gefertigt.

Teehaus) oder *bhatti* (Herberge) genannt. In den erschlossenen Gebieten sind daraus salonfähige Lodges oder Hotels geworden. Sie weisen meist den Standard einfacher Berghütten auf. Dort kann sich der Fremde verpflegen und übernachten. Die Auswahl solcher Lodges ist in den Hauptgebieten beeindruckend groß, und die Distanzen zwischen den einzelnen Gasthäusern sind meist sympathisch kurz. Jedoch während der Hauptreisezeit im Oktober und November reicht manchmal selbst diese Dichte nicht ganz aus, um alle Touristen zu beherbergen. Die Wirtinnen und Wirte dieser teilweise sehr behaglichen Unterkünfte sprechen meist Englisch oder verstehen diese Sprache wenigstens. Für positive Überraschungen sorgen die reichhaltigen Menüs, die weit über die einfache, aber nahrhafte nepalesische Küche hinausgehen. Von »Swiss Rösti« über »Spring Rolls« bis zu den »Spaghetti Bolognese« wird der hungrige Wanderer beinahe alles finden, was sein Herz begehrt. Die Qualität der Nachtlager erstreckt sich von einfachen Massenlagern bis zum getäfelten Doppelzimmer. In den meisten Lodges fehlt fließendes Wasser, aber auch der elektrische Strom. Jedoch sind in Khumbu die cleveren Sherpa dazu übergegangen, ihre Hotels mit Glühbirnen auszuleuchten, deren Strom aus Kleinkraftwerken oder sogar Solarzellen stammt. Die Kraft der Sonne wird auch zunehmend für die Aufbereitung von heißem Wasser ausgenutzt, weshalb eine Dusche in einer solchen Lodge nicht unbedingt mehr automatisch mit einem schlechten Gewissen bezüglich des Holzverbrauchs verbunden sein muß. Gekocht wird aber in den meisten Lodges auch heute noch mit Holz. Im Moment findet allerdings aufgrund diverser neuer Auflagen von Seiten der Verwaltungen von Nationalparks und Naturschutzzonen eine allmähliche Umstellung auf Kerosinbrenner oder sogar elektrische Herde statt, um den Holzverbrauch in Grenzen zu halten. Bis diese Umstellungen jedoch realisiert werden, muß der Gast noch in den verrauchten Stuben der herkömmlichen Bleiben ausharren.

Die Preise in diesen Unterkünften können als sehr human bezeichnet werden. Natürlich steigen die Tarife in den hintersten und zugleich obersten Talschaften, da sich der Nachschubweg entsprechend verlängert. Es sind hauptsächlich Träger, die für die Versorgung der Hütten sorgen. Darum ist es eine irrige Meinung zu behaupten, beim individuellen Teehaus-Trek würde man auf Träger verzichten. Selbst jene, die tapfer das ganze eigene Gepäck selbst tragen, hängen zumindest von den Tragdiensten der Lodgeversorgung ab. Diese beschafft vornehmlich Flaschengetränke, Biskuits, Reis, Zucker, Salz, Öl,

Fleisch, Gewürze, Teigwaren, Fertigsuppen, Brennstoff usw. teilweise aus Kathmandu oder aus dem nächstgelegenen Marktflekken. Im kulinarisch ebenfalls recht fortschrittlichen Everest-Gebiet stammen zum Beispiel nur noch die Kartoffeln aus dem eigenen Feld, alles andere muß von außen zugekauft, mit anderen Worten hinaufgetragen werden. Flugzeuge und Helikopter spielen bei diesen erheblichen Transportleistungen eine untergeordnete Rolle, sind doch die Flugtarife für Transporte relativ hoch und die Kapazitäten sehr beschränkt. Im Vergleich dazu ist der Transport durch die menschliche Arbeitskraft günstiger.

Der Teehaus-Trek kann aufgrund des fehlenden Personals preislich günstiger gestaltet werden als der Karawanen-Trek. Jedoch beschränkt sich der Aktionsradius dabei auf die genannten drei Hauptgebiete, die eine entsprechende Infrastruktur aufweisen.

Gefahren und Probleme

Zunächst muß Grundsätzliches vorausgeschickt werden: Nepal ist und bleibt eines der freundlichsten, ungefährlichsten, interessantesten und günstigsten Reiseziele Asiens, wenn nicht sogar der ganzen Welt.

Besonders aktive, kulturell interessierte und kontaktfreudige Menschen werden vom Nepalfieber regelrecht angesteckt und äußern beim Abschied oft den Wunsch, möglichst bald wiederzukehren. Jenen, die am liebsten im abgeschirmten Luxushotel dem verfeinerten Konsum huldigen, kann dieses herrliche Land nicht unbedingt vorbehaltlos empfohlen werden, denn die Differenz zwischen der Scheinwelt und der Realität vor den bewachten Pforten des Hotels bedrückt. Nepal ist etwas für aktive und positiv denkende Menschen.

Kontrast des sozialen Lebens zwischen Stadt und Land

Die Statistiken internationaler Organisationen besagen, daß Nepal eines der ärmsten Länder der Welt sei. Natürlich bedingt ein Besuch eine gewissenhafte Vorbereitung, um dieser Tatsache, die sich zumindest in städtischen Ballungsräumen visuell, akustisch und geruchsmäßig tausendfach manifestiert, gelassen genug entgegentreten zu können.

Besonders der Trekker wird spätestens nach der ersten oder zweiten Marschstunde ein anderes, scheinbar heiles, ländliches Nepal entdecken. Die Unterschiede zwischen Städten wie Kathmandu, Patan, Pokhara, Biratnagar, Nepalganj einerseits und den unerschlossenen und stillen Berggebieten andererseits könnten in der Tat nicht größer sein. Das städtische Nepal gleicht eher einem völligen Chaos und zeigt die sozialen Stufen, ja auch das Elend, mit brutaler Härte, während das Bergland eher harmonisch in sich selbst zu ruhen scheint: weltfremd und abgeschieden, vergessen und darum unbelastet von den Errungenschaften der Moderne.

Probleme der Städte

Die Gefahr eines Kulturschocks beschränkt sich deshalb auf die Hauptstadt, die sich besonders in den letzten fünf Jahren (zwischen 1990 und 1995) in einer dramatischen Art fehlentwickelt hat und sich völlig planlos in das grüne Tal hineinfrißt. Kathmandu, von seinen kulturellen Schätzen

Das Kloster Tengpoche wurde 1989 ein Raub der Flammen. Der prächtige Neubau konnte bereits 1994 eingeweiht werden. (Tengpoche, 3867 m)

einmal abgesehen, vertritt jene Art von Drittweltstädten, die eine Infrastruktur für 50 000 Menschen aufweist, aber über eine Million Einwohner hat. Diese Tatsache bedingt natürlich eine gewisse Vorsicht, zum Beispiel beim Essen. In den Ballungszentren weist das Trinkwasser oft eine mindere Qualität auf. Konsequente Verhaltensregeln sind deshalb angezeigt, um gesundheitliche Probleme zu vermeiden. Dazu sind im Anhang die wichtigsten Tips aufgeführt.

Auf Trekkingtour

Einmal unterwegs auf dem Trek, verringern sich die Gefahren auf ein Minimum. Natürlich gelten die Gesundheitsregeln auch auf dem Lande, aber die sonstigen Risiken halten sich effektiv in engen Grenzen. Zwar erinnern die Wege zuweilen an ausgewaschene Geröllfelder, die zudem mit allerlei Hindernissen gespickt sind, manchmal schlängeln sie sich bedrohlich ausgesetzt die Felswände entlang oder führen auf schwankenden Hängebrücken hoch über reißende Flüsse. Besondere technische Anforderungen werden jedoch an den Wanderer auf den gängigen Pfaden nicht gestellt. Ein ausdauernder, trittsicherer Wanderer wird nicht bis an sein Limit gehen müssen. Die Voraussetzung dafür ist aber eine vernünftige und gemütliche Routenwahl. Eine große Gefahr besteht darin, zuviel in zu wenig Zeit mitnehmen zu wollen. Zu Hause in der warmen Stube sieht auf der Karte alles so einfach und problemlos aus, in Wirklichkeit verwandeln sich relativ harmlose Hindernisse oder Aufstiege in ernsthafte Prüfungen. Bei Trekkings in größeren Höhen muß zudem mit dem Risiko einer Höhenkrankheit gerechnet werden.

Planung der Tour

Also, bitte nicht zu ehrgeizig planen. Auch genügend Reservetage werden oft vergessen. Diese Unterlassung kann schon bei schlechtem Wetter zu zeitlichen Engpässen führen. Benutzt man einen internen Flug, so muß damit gerechnet werden, daß dieser infolge schlechten Wetters ausfällt oder verschoben wird. Diese Probleme sollten bei der Planung nicht vergessen werden. Generell darf der Zustand oder das Fehlen der elementarsten Infrastrukturen für Kommunikation, Transport, Energieversorgung, allgemeine Dienstleistungen, medizinische Versorgung nicht

mit den Verhältnissen in der Heimat verglichen werden. Nepal verkörpert jenen typischen Drittweltstaat, in dem dauernd bei den uns völlig selbstverständlichen Dingen Mängel, Hindernisse und Pannen auftauchen. Geduld und Nachsicht sind deshalb gefragt. Damit wären wir bei den Anforderungen für eine Trekkingtour angelangt.

Anforderung an den Trekker

Der ideale Trekker ist gesund, gut vorbereitet (körperlich und gedanklich), ausdauernd, trittsicher, tolerant, anpassungsfähig, improvisationsfreudig, verständnisvoll, offen, spricht zumindest etwas Englisch und hat Freude an der Natur, an fremder Kultur und deren Menschen. Die Anforderungen variieren natürlich je nach Länge der Tour, den zu erwartenden technischen Schwierigkeiten und der maximalen Höhe. Dabei gilt es zu bedenken, daß ein Trek vornehmlich eine Ausdauerleistung darstellt. Deshalb muß eine solide Grundkondition vorhanden sein. Da Fernwanderungen in unseren Breitengraden nicht zu den verbreitetsten Tätigkeiten gehören, wird man sich erst während des Treks selbst auf die veränderten Lebensgewohnheiten umstellen können. Das fängt beim Essen an und hört bei den langen Nächten auf. Das Wandern in der klaren Luft des Himalaja, untermalt von kultureller und menschlicher Bereicherung, garniert mit einer einfachen, aber um so gesünderen Frischkosternährung und abgerundet mit langen Ruhephasen, gehört zu den erholsamsten Urlaubsbeschäftigungen. Dazu kommt die mental-psychische Entlastung durch das Fehlen der negativen Berieselung durch die Medienindustrie. Das dadurch verursachte Wohlbefinden läßt die eigentlichen Anstrengungen in den Hintergrund treten, ja man nimmt sie um so weniger wahr, je länger der Trek dauert. Gelenkschmerzen treten dabei bei gesunden Personen eher selten auf, und wenn, dann sind sie oft das Produkt zu ambitionierter Planung. Zu hoch gesteckte Ziele verleiten auch zu hohem Marschtempo. Dieses kann besonders auf heiklen Wegstücken und in größeren Höhen gefährlich werden. Der Geist eines Treks sollte jener der Beschaulichkeit sein und bleiben.

Die Gefahren unterwegs

Eine Hilfestellung von außen kann in Nepal besonders in den abgelegenen Gegenden nicht erwartet werden. Der Tourist steht dabei auf seinen Füßen und auf jenen seiner Sherpa und Träger. Eine Helikopterrettung als unmöglich oder ausgeschlossen zu betrachten, wäre falsch. Aber bis eine solche in Gang gesetzt wird, müssen vielfältige Hürden überwunden sein. Da bestehen einmal Kommunikationsschwierigkeiten, weiter muß der Flug im voraus bezahlt werden und drittens muß der Pilot den Ort finden, wo sich das Unglück ereignet hat. Der Zeitaufwand für einen solchen Einsatz beträgt oft mehrere Tage und kann bei schlechter Witterung nochmals verzögert werden. Dagegen gestaltet sich der Abtransport von Kranken oder Verletzten aus den Hauptgebieten meist einfacher, da sich dort entweder Flugfelder befinden, oder die Avisierungsmöglichkeiten durch die Funkstationen der Polizei oder der Armee – neuerdings auch durch Funktelefone – eher gegeben sind. Solche Rettungen betreffen in der Mehrzahl Höhenkranke. Da diese Krankheit jedoch durch die Einhaltung der Akklimatisationsphasen weitgehend verhütet werden kann, dürfte sie für jene, die vernünftig und angemessen planen und diese Pläne dann an Ort und Stelle auch strikt einhalten, keine akute Gefahr darstellen.

Umweltprobleme

Nun zu den Problemen, mit denen das Land und seine Bevölkerung generell kämpfen. Bevor wir im Detail auf sie eingehen, müssen wir uns die bedrückende Tatsache vor Augen halten, daß Nepal diese Probleme mit praktisch allen anderen Entwicklungsländern teilt. Unser Zielland bildet dabei also keine Ausnahme, weder im positiven noch im negativen Sinn.

Im Jahr 1960 zählte man in Nepal 9 Millionen Einwohner, heute (1995) sind es ca. 22 Millionen. Diese Bevölkerungsexplosion wird verursacht durch ein jährliches Wachstum von fast 3 Prozent. Die Bevölkerung verdoppelt sich also einmal in 30 Jahren. Dieser massive Geburtenüberschuß wird begünstigt durch den schnellen Generationswechsel und durch das Fehlen sozialer Vorsorge. Eigene Kinder sind die einzige Absicherung im Alter. Daneben bestehen gegenüber einer vernünftigen Familienplanung auch religiöse Bedenken und Hindernisse. Dies führt zu massivem Raubbau an den Ressourcen, besonders dem Wald. Holz wird für den

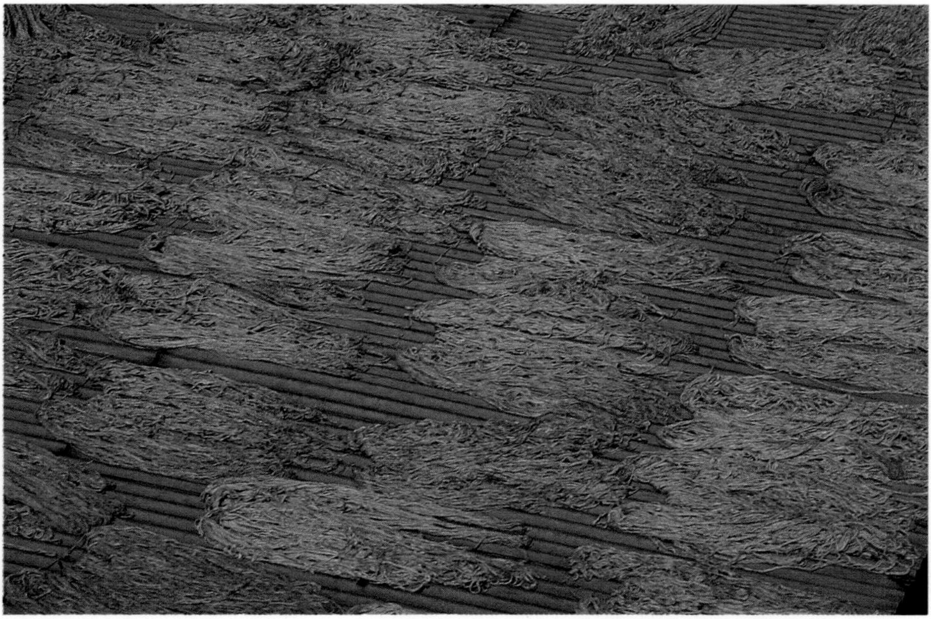

Gefärbte Wolle trocknet auf dem Dach einer Teppichmanufaktur. (Jawalakhel, 1390 m)

Hausbau und als Brennstoff verwendet. Der Holznutzungsgrad ist jedoch äußerst gering. Brandrodung wird zur Gewinnung neuer Anbauflächen betrieben, dies besonders in Ostnepal. Folgen der Entwaldung sind zum Beispiel: Rückgang bei den Trinkwasserquellen und eine massive Bodenerosion während den regenreichen Monsunmonate. Stellenweise steigert sich die Erosion in Erdrutsche, ja regelrechte Bergstürze. Letztere werden auch durch die geologische Jugend des Himalajagebirges begünstigt.

Soziale und politische Probleme

Es bestehen nur wenig moderne Kommunikationsmöglichkeiten und keine schnellen Verbindungswege. Die bestehenden Straßen decken nur einen kleinen Teil der Fläche ab und sind zudem meist in einem schlechten bis fast unbrauchbaren Zustand. Das Bildungswesen wurde unter den feudalen Herrscherdynastien bewußt vernachlässigt. Rund 75 Prozent der Nepali kann weder lesen noch schreiben. Archaisch muten die Anbaumethoden an und entsprechend gering fallen die Erträge aus. Dazu kommt noch ein viel zu großer Nutztierbestand und die damit verbundene Weidenot, die den Druck auf die Wälder nochmals erhöht. Kein Interesse an positiven Veränderungen scheint die äußerst kompliziert strukturierte Verwaltung zu haben. Dagegen bereichern sich viele Beamte persönlich, wo immer es geht. Die Korruption gehört in Nepal zu jenen Dingen, die am besten entwickelt sind. Generell geht dem Nepali einmal das Verständnis größerer Zusammenhänge ab, und auch der Sinn für das Gemeinschaftsinteresse scheint zu fehlen. Letzteres führt dazu, daß viele durch ausländische Hilfe errichtete Infrastrukturen gar nicht unterhalten werden und dem allmählichen Verfall geopfert werden. Mangelnde Hygiene, fehlende medizinische Versorgung und teilweise akute Lücken in der Trinkwasserversorgung drücken die Lebenserwartung auf nur knapp über 50 Jahre. Nepal erhält aus dem Ausland viel Hilfe, kaum ein Land erfreut sich derart massiver Unterstützung. Dazu kommen die Erträge aus dem Export, dem Tourismus und den Renten der in Pension gegangenen Gurkhasoldaten. Trotzdem scheint das Land im Stillstand zu verharren. Fortschritte lassen sich nur langsam realisieren, und ein Rückfall in frühere Zeiten muß dauernd befürchtet werden.

Viele der anstehenden Fragen erfordern dringendes und konsequentes Handeln. Die Verflechtungen der einzelnen Probleme sind jedoch groß, es hat sich ein regelrechter Problemkreis gebildet, in dem Ursachen und Wirkungen nicht mehr getrennt werden können. Die Folgen dieser Situation sind soziale Ungerechtigkeit, Verarmung, Verelendung, Abwanderung.

Ich erwähne diese düsteren Realitäten nicht, um dem Leser die Lust an einer Reise nach Nepal zu nehmen. Vielmehr möchte ich auf diese Dinge speziell aufmerksam machen, um falsche Erwartungen und falsche Verhaltensweisen zu verhindern. Trotzdem kann ich empfehlen, das Land zu besuchen, um zu trekken, denn jeder Tourist wird zwangsläufig täglich viele Leute beschäftigen und diesen damit gewisse existentielle Nöte abnehmen. Auch hilft der enge Kontakt mit den Einheimischen, ihre Bedürfnisse und Nöte verstehen zu lernen, ihnen bei deren Bewältigung vielleicht sogar mit Rat und Tat zu helfen.

Zu guter Letzt möchte ich nochmals an die grundsätzliche Bemerkung zu Beginn anknüpfen: Nepal ist und bleibt eines der freundlichsten, ungefährlichsten, interessantesten und günstigsten Reiseziele Asiens, wenn nicht sogar der ganzen Welt. Besonders seine Bewohner werden beim Touristen in guter bis sehr guter Erinnerung bleiben. Sie machen mit ihrem offenen und warmherzigen Charakter eine der ganz speziellen Faszinationen aus. Ihr Charme und ihre entwaffnende Selbstlosigkeit können uns als Vorbild dienen. Ihr Humor und ihre Religiosität werden sehr ansteckend wirken, und ihre Toleranz und ihre Lebensfreude sind beispielhaft. Die größte »Gefahr« in Nepal besteht darin, daß man von diesen Qualitäten eingewickelt wird und dort – wenigstens im Geist – hängenbleibt.

Die Trekkinggebiete

Nepal hat eine Fläche von 147 181 km^2, ist fast 900 Kilometer lang und zwischen 150 und 240 Kilometer breit. Der größte Teil dieses Territoriums kann im Prinzip als Trekkinggebiet bezeichnet werden. Die folgende Auswahl zeigt die wichtigsten Gegenden auf. Bei einigen Trekkings können zwei oder auch mehrere dieser Regionen miteinander verbunden werden. Im Prinzip ist es jedem Trekker freigestellt, seine Kreativität walten zu lassen und eigene Routen zu erfinden.

Die am stärksten frequentierten Gebiete (Annapurna, Khumbu, Langtang) weisen auch die beste Infrastruktur auf und sind relativ gut erreichbar.

Der Annapurna Himal umfaßt das Massiv des gleichnamigen Berges und die subtropische Zelle um Pokhara. Diese Region bietet sowohl sehr beschauliche als auch lange und anstrengende Routen. Sie besticht durch eine große Vielfalt klimatischer und ethnischer Art, vermit-

Dies ist wohl die bekannteste Paßhöhe Nepals, der Thorong La. Angesichts der Chuluberge steigen wir bei milden Temperaturen nach Manang ab. (Thorong La, 5416 m)

telt damit einen großen Querschnitt durch das Land.

Das Khumbu- oder Everestgebiet zieht ebenfalls zahlreiche Naturliebhaber an, verbindet es doch einen guten Einblick in das Leben der Sherpa, die hier wohnen, mit dem Besuch in einer der großartigsten Hochgebirgsregionen der Welt.

Die Wege führen jedoch sofort in Höhen über 3500 Meter, was eine gute Akklimatisation voraussetzt. Eine schöne Attraktion bildet der Aussichtsberg Kala Pattar, von wo aus der Everest in ein paar Kilometer Distanz gesehen werden kann.

Langtang und Helambu Dicht vor den Toren Kathmandus beginnt das Trekkinggebiet, wo sowohl sehr kurze Wanderungen als auch schwierigere unternommen werden können. Besonders anziehend sind dort die Kammwege und das wunderschöne Hochtal von Langtang.

Ein Tamang-Mädchen im Helambu beobachtet, wie wir unseren Lagerplatz räumen. (Gul Bhanjyang, 2125 m)

Der ferne Westen gehört zu den sehr verwaisten Zonen und wird von Fremden kaum besucht. Dabei sind dort, unter anderem auf den Wanderungen zum Rarasee und zwischen Surkhet und Jumla die größten Freiräume zu finden. Hier befindet sich das eher orthodoxe hinduistische Nepal, bewaldete Hügel, aber nur wenige Schneeberge. Vorübergehend wurde die Möglichkeit eröffnet, den Kailas in Tibet von Simikot (Humla) aus zu besuchen. Die chinesische Verwaltung verhindert diesen Trek aber immer wieder.

Dolpo ist unterteilt in einen äußeren und einen inneren Teil. Beide befinden sich »hinter« dem Hauptkamm des Himalaja und weisen ein arides Bergklima auf. Trotz der Abgeschiedenheit und der hohen Gebühren lohnt sich der Besuch im vielleicht einsamsten und faszinierendsten Eck des Landes. Auch hier dominiert ein kultureller Schwerpunkt. Hier ist es der Einfluß des buddhistischen Tibet, der spürbar wird.

Der Dhaulagiri Himal offeriert einmal eine schwierige Umgehung des Massivs, aber auch zahlreiche weniger anspruchsvolle und einsame Routen im Vorland. Es handelt sich um eine sehr wilde Region mit eher tief eingeschnittenen und bewaldeten Schluchten, aber auch spektakulären Pässen.

Mustang wiederum gehört zu den stärksten Kontrasten, die dieses Land zu bieten hat. Dieses sehr trockene und tibetisch beeinflußte Hochtal war sehr lange verschlossen und gehört deshalb zu den exklusiven Regionen des Landes. Die Wanderungen in Mustang entsprechen eher der leichteren Kategorie, obwohl die Höhe beträchtlich ist. Die Gebühren für die Permits dieses Gebiets sind beträchtlich.

Der Gurkha Himal wurde vor ein paar Jahren aufgewertet, indem man jetzt auch für die Umrundung des Gebirgsstocks eine Bewilligung erhält. Daneben finden sich an seinem Südhang weitere schwierige bis einfache Routen. Die ganze Region gehört zu den ursprünglichsten des Königreichs.

Der Ganesh Himal präsentiert sich weniger bekannt und sehr zurückgezogen. Von der Hauptstadt aus gut zu sehen und zu erreichen, warten die bewaldeten Hügel und die interessanten Dörfer auf Besuch. Die Trekkingrouten hier sind nicht schwierig und führen nicht in große Höhen.

Rolwaling gehört zu den kleinsten Gebieten. Meist wird Rolwaling in Zusammenhang mit einem Trek im Khumbu besucht. Diese Überschreitung gehört jedoch zu den schwierigsten Unternehmungen. Das Tal selbst ist nur dünn besiedelt, vermittelt aber einen guten Eindruck von der kolossalen Auffaltungswucht, die den Himalaja erstehen ließ.

Solu Dieses Gebiet befindet sich südlich des Khumbu und bildet eine eigenständige Hügelregion mit zahlreichen Sherpadörfern und wenig begangenen Pfaden, besitzt aber eine relativ gute Infrastruktur für Individualreisende. Meist wird das Solu als Anmarschgebiet für das Khumbu bereist. Die traditionellen Routen können auf der Straße erreicht werden.

Das Fluß-System Arun-Barun bildet den Zugang zum Makalu. Diese erst kürzlich zum Nationalpark erklärte Region strahlt eine große Wildheit aus. Es ist kaum möglich, näher an einen Achttausender heranzukommen als hier an den Makalu.

Ostnepal wiederum ist ein sehr weitläufiges Gebiet. Es umfaßt mehrere Teilregionen, die allesamt wenig bekannt sind. Besonders die herrlichen Kammwanderungen zwischen Hile und Chainpur, aber auch die weit abgelegenen Zonen des Lumbasumba Himal gehören dazu.

Der Kangchenjunga Himal kann der Kategorie der einmaligen Hochgebirgsregionen zugeordnet werden. Die Täler, die das Massiv einfassen, können auf mehreren Wegen untereinander verbunden werden.

Das Trekkingpermit

Für einen Trek in alle diese Gebiete ist ein Trekkingpermit erforderlich. Diese Bewilligungen sind in Kathmandu erhältlich. Die je nach Gebiet unterschiedlichen Auflagen und Tarife sind im Anhang aufgelistet.

> Im folgenden Tourenteil finden sich Beschreibungen der wichtigsten Trekkingtouren in den obengenannten Gebieten mit weiterführenden Angaben. Die in den Infokästen enthaltenen Zeiten sind reine Marschzeiten (ohne Pausen), die teilweise mehrmals genau gemessen wurden. Die dazugehörige Kilometerzahl beruht in den meisten Fällen auf Schätzungen, da eine genaue Ermittlung aufgrund der feinen Gliederung des Landes und fehlender Karten sehr schwierig ist.
>
> Denken Sie aber bitte daran: Nicht die Gesamtzahl der Kilometer oder der Höhenmeter sind maßgeblich für einen Trek, sondern jeder einzelne Meter davon. Der Weg soll immer das Ziel bleiben.

Der Machhapuchhare, 6997 m, hier von Westen gesehen, ist vielleicht die bekannteste Berggestalt des Himalaja. Sein Gipfel liegt in nur 30 Kilometer Luftliniendistanz von Pokhara entfernt. (Tadapani, 2670 m)

Die Trekkingtouren

1 Die klassische Trekkingtour – ein schöner Querschnitt durch ethnische und klimatische Stufen

Die Annapurna-Rundtour

!!

Der Annapurna Himal gehört neben dem benachbarten Dhaulagiri- und dem Gurkha Himal zu jenen Gebirgsstöcken, die ganz innerhalb der Grenze von Nepal liegen. Im Jahr 1950 wurde die Annapurna I, 8091 m, als erster Achttausender der Welt bestiegen. Das gesamte Massiv wird von zwei mächtigen Tälern zangenartig umfaßt, dem Marsyangdi- und dem Kali-Gandaki-Tal. Diese Route benutzt diese ethnisch und klimatisch verschiedenartigen Täler, die durch einen einzigen Hauptpaß, den Thorong La, miteinander verbunden sind. Gewöhnlich wird die Umrundung gegen den Uhrzeigersinn ausgeführt, obwohl es dafür eigentlich keine zwingenden Gründe gibt.

Wo ist der Wind, wenn er nicht weht?
Tibetisches Sprichwort

Die Dämmerung erreicht Bensisahar. Kalte Nebel wogen durch die Häuser und Bäume. Hunde bellen, und ein Mann im Erdgeschoß unserer Bleibe räuspert sich unangenehm laut. Unser Zimmer geht zu den Feldern hinaus. Bambusgeflecht umgibt ein viereckiges Loch, das Fenster. Auf der anderen Seite des Hauses befindet sich die Straße. Busse und LKWs dröhnen vorbei, hupend und rumpelnd. Auf einem Bus stehen Schafe und Ziegen, auf einem anderen sitzen Hühner in Bambuskörbchen. Der Nebel macht Bensisahar viel trostloser, als es eigentlich ist. »Dies ist ein typischer Distriktshauptort«, erklärt Ang Kami, unser Sirdar, »seit es diese Straße gibt, ist er stark gewachsen.« Diese Straße führt von Dumre nach Bensisahar und stellt die Verbindung nach Kathmandu und Pokhara sicher, die ab Dumre den hochtrabenden Namen »Prithvi Highway« trägt. Hätte der alte Prithvi Narayan Shah wohl eine Freude an seiner Straße? Eine Autobahn ist es ja nicht gerade. Vorgestern brauchten wir fast fünf Stunden, um die 145 km von der Kapitale bis Dumre zu bewältigen, und gestern folgte eine Tortur von gut sechs Stunden für die restlichen 37 km.

Kurzcharakteristik

Auf dieser schönen klassischen und beliebten Route wird das gesamte Annapurnamassiv vollständig umrundet. Das größte Hindernis bildet dabei der 5416 m hohe Thorong La.
Besonders eindrücklich präsentieren sich die ethnische und die klimatische Vielfalt: ein echter und großer Querschnitt durch Nepal.
Beste Jahreszeit: Die Monate März bis Mai und Oktober/November bieten sich dafür an.
Gesamtgehzeit: Etwa 18 Tage.
Kartenskizze: Siehe Seite 65.

Vor dem Hotel stehen neun vermummte Gestalten. Ang Kami und Lopsang, unser zweiter Sherpa, verhandeln mit ihnen. Einige scheinen zu schlottern, und blaue Lippen zittern unter den wollenen Kopftüchern. Mit diesen Leuten sollen wir den Thorong La überschreiten, einen fast 5500 Meter hohen Paß? Die meisten tragen kurze Hosen und Plastikschlappen, die wir bestenfalls am Strand anziehen würden. Mir kommen Zweifel. Ich schaue mich an: Hemd, Pullover, lange Hose, dicke Socken, Bergschuhe. Einer der Träger lächelt mich an. Er heißt Ram Bahadur.

Die Lasten sind gepackt, und nach einigen Gläsern süßen Gewürztees brechen wir auf. Pema Yangzin, eine hübsche Sherpani, legt sich den Tragriemen um den Kopf und hebt ihren Korb an. Ang Kami bedeutet uns, mit ihr aufzubrechen. »No problem«, meint er mit einem Blick auf die Träger. Etwas skeptisch überqueren wir einen Seitenbach auf abgerundeten Steinen.

Durch subtropische Niederungen

Trekking in Nepal! Zu Hause haben wir uns vorbereitet, sahen dabei die Gletscher und die verschneiten Flanken, die eisigen Windfahnen der mächtigen Gipfel des Großen Himalaja. Jetzt wandern wir durch ein breites Tal, ein schier endloses, grünes, heißes Tal. Der Weg ist breit und gut, aber flach und langweilig. Links und rechts steht der fast reife Reis, teilweise noch grün, teilweise schon etwas goldbraun getönt. Mitten in den Feldern sehen wir einzelne Frauen, grazile Schönheiten. Auf dem Weg wandern wir mit vielen Leuten, Trägern, Schülerinnen und Schülern, Bau-

Vor dem Teehaus von Aekle Bhatti im Windkanal des Thak Khola stehen drei mit herrlichen Reitteppichen gesattelte Pferde, deren Reiter sich wohl drinnen stärken. (Aekle Bhatti, 2840 m)

ern, Frauen und Mädchen. Alle tragen etwas. Viele wandern mit uns, viele kommen uns entgegen. Ein Strom von Menschen wogt hin und her.

Dann und wann lädt ein Pipalbaum zum Verweilen ein. In seinen Schatten stellen die Nepali ihre Lasten auf ein spezielles Podest, *chautaara* genannt. Neben diesen Rastplätzen finden sich Teestuben. Dort wird auf verputzten Lehmherden Tee gekocht, süßer, würziger Tee, stundenlang. Es ist heiß, die Luft flimmert, der Nebel hat sich längst aufgelöst. Ang Kami bestellt Tee für uns. Mit anderen Reisenden unterhält er sich. »Wonach hast du diesen Mann gefragt?« möchte ich wissen. »Nach dem Reispreis weiter oben im Tal und nach dem Zustand des Wegs.« Ang Kami schlürft seinen Tee in sich hinein und bläst von Zeit zu Zeit den Dampf weg. Grillen zirpen auf dem großen alten Baum, Baumgrillen. »Wo sind die Berge?« frage ich unseren Sirdar. »Nicht weit weg, nur etwa eine Woche von hier«, antwortet Ang Kami seelenruhig. Seine japanische Armbanduhr steht still. Offenbar ist die Batterie erschöpft. Zeit hat hier einen anderen Wert, einen geringen.

Einige Mädchen lächeln und betrachten uns aus sicherer Distanz. Eines kommt näher und stellt jene Frage, die ich seit 17 Jahren nun schon mehrere tausend Mal beantwortet habe: »What is your country?« – »Switzerland.« – »Sisserl...« – »Yes.«

Ram Bahadur setzt seinen Korb auf die Plattform und betrachtet uns mit seinem ansteckenden Lächeln. Schweiß rinnt über sein Gesicht, das er sich mit dem Wollschal abwischt. Ang Kami meint, die Träger würden hier essen. Ram Bahadur geht in das Teehaus. Schon kommt er zurück und deutet mit den Händen eine riesige Portion an. »*Bhaat*«, sagt er verschmitzt. »Reis«, übersetzt der Sirdar. Die Träger essen früh, um zehn Uhr, wie alle Nepali, die gewöhnlich früh und ohne feste Nahrung die Tagesarbeit beginnen. Dann vertilgen sie eine riesige Portion Reis, dazu Gemüse oder Linsen. Diese Nahrung muß bis zum Abend ausreichen.

Durch die Marsyangdischlucht

Zwei Tage später steigen wir steil hinauf nach Bahundanda. Weihnachtssterne säumen den Weg zu diesem Dorf, das auf einem Paßübergang liegt. Die flachen Gefilde des Marsyangditales liegen hinter uns. Die Hitze jedoch verfolgt uns weiterhin. Jede Nacht hat es bis jetzt geregnet, was frühmorgens eine unangenehme Feuchtigkeit zurückläßt. Alles ist feucht, Zelt, Schlafsack, Kleider, Schuhe, Rucksack. Kommt die Sonne durch, so glüht diese unangenehm durch den Dunst. Unterwegs unterhalten wir uns oft mit Kindern, die auf dem Schulweg sind und ihre Englischkenntnisse in die Praxis umsetzen möchten. Dabei schnappen wir auch Brocken von Nepali auf: »*Bhainsi*« – der Bube zeigt auf eine Wasserbüffelkuh. »*Kukhura*« – Huhn, »*Biraalo*« – Katze. In Nepal ist die Sprache sehr wichtig. Die meisten Nepali sind extrovertiert, sprechen gerne und viel. Die Konversationen wiederholen sich oft, da immer ähnliche Fragen gestellt werden: »Woher kommst du?« – »Wohin gehst du?« – »Bist du verheiratet?« Falls die letzte Frage positiv beantwortet wird, folgt: »Wieviel Kinder hast du?« – Falls negativ: »Warum?« Die Heirat ist in Nepal selbstverständlich. Unverheiratete werden gefühlvoll bemitleidet. Bei uns ist es eher umgekehrt.

Im Checkposten sitzt ein junger Polizeimann in ziviler Kleidung. Er breitet ein großes Buch vor sich aus, und wir meinen schon, er würde uns daraus die Leviten lesen. Nichts von alledem. Er schiebt uns den Schmöker zu und bittet uns, unsere Namen, Land, Paßnummer, Trekkingbewilligungsnummer, Herkunftsort und Bestimmungsort in die dafür vorgesehenen Reihen einzutragen. Der Polizist redet nicht viel. Dafür bedeutet er uns, das wir ohne weiteres im Büro übernachten könnten, sofern wir dies wünschten. Ang Kami kommt mit dem Bescheid zurück, der Boden sei »zu hart für ein Camping« – was immer das bedeuten mag. Schon tragen die Träger die Lasten in die Stube des Polizisten, der eine Kerosinlampe in Gang setzt. Diese Operation dauert gut zwanzig Minuten. Gegenüber hocken zwei Schneider im Kerzenschein vor ihren Nähmaschinen, die mittels Schwungrad angetrieben werden. Ich gehe hin und beobachte ihre flinke Arbeitsweise. Beide schneidern Hosen aus einem dicken Wollstoff. Ang Kami gesellt sich dazu. »Für unsere Träger. In ein paar Tagen wird es kälter.« Sarki ruft zum Nachtessen. Wir essen am Tisch des Polizisten etwas Blumenkohl, Linsen und Reis. Danach bringt uns Sarki Guava, längliche, wohlschmeckende Früchte mit einer bitteren Schale. Ram Bahadur zeigt uns, wie man diese entfernt.

Am Morgen steht Sarki als erster auf. Zusammen mit Pema bereitet er das Frühstück: Tee, Brotfladen, ein Omelett. Die Hände wirbeln flink, die Arbeit geht schnell und ohne Kommentar vor sich. Die Fremden werden mit einer Tasse Tee geweckt. »Good morning, tea!«, gleichzeitig ertönt das vertraute Geräusch sich öffnender Reißverschlüsse – zuerst der Schlafsack, dann der Zelteingang. Die besorgte Frage nach dem Wetter wird von Sarki mit einem absolut souveränen »*Raamro!*« – »Schön!« beantwortet. Die Träger tauchen auf, in ihre Kopftücher gehüllt, teilweise hustend, teilweise rauchend. Sie warten auf die Seesäcke und die Zelte, die von Lopsang und Ang Kami blitzschnell abgeräumt werden. Dann packen die Träger ihre Lasten und wandern von dannen, wortlos. Jetzt essen wir das Frühstück, putzen die Zähne mit dem abgekochten Wasser und marschieren in jene Richtung, in die die Träger gegangen sind. Sarki, Pema, Ang Kami und Lopsang räumen die Küche auf und kommen dann nach. Der Sirdar bespricht mit dem Koch noch das Mittagessen und bestimmt, was heute unterwegs noch eingekauft werden soll.

Inzwischen haben wir die ersten (beziehungsweise letzten) Träger überholt. Sie warten am Wegrand auf einen Freund, der im Busch verschwunden ist. Bald schon vernehmen wir das vertraute Klappern der Küchenkörbe, und schon sind Sarki und Pema an uns vorbeigerannt. Ang Kami kommt auch bald. Lopsang bleibt bei den

Nützliche Hinweise:

Anreise / Rückreise: Bensisahar erreicht man mit täglichen Bussen ab Kathmandu, entweder direkt oder mit Umsteigen in Dumre, Dauer 1 bis 2 Tage. Nach dem Trek besteigen wir einen Bus von Naya Phul nach Pokhara (ca. 1 Std.), danach eine der vielen Direktlinien nach Kathmandu oder das Flugzeug (Ticket und Buchung aus Kathmandu mitbringen und in Pokhara bestätigen lassen).
Übernachtung: Diese Tour eignet sich vorzüglich für den individuellen Trekker. Überall sind Lodges und Gaststätten zu finden. Bei den angegebenen Übernachtungsplätzen sind auch Zeltplätze vorhanden.
Karten: Mandala Map »Pokhara / Jomosom / Manang«; ACAP Map »Annapurna«.

Trägern, die wir nun alle überholt haben. Es ist wieder heiß geworden, doch nach der großen Hängebrücke, die vor uns liegt, werden wir wieder im Schatten wandern. Sarki und Pema eilen voraus, um den Mittagsplatz herzurichten. Kaum sind wir dort, wird schon wieder Tee gereicht. Nach einer guten Stunde folgt das schmackhafte Essen – Bratkartoffeln, Blumenkohl, Spinat. Die Träger hatten unterwegs gegessen und überholen uns jetzt, wo wir essen. Später, nach weiteren Tassen dampfenden Tees und einer kurzen Siesta, brechen wir auf, nach uns die Sherpa. Nun wiederholt sich der Vormittag. Wir überholen die Träger, die Sherpa überholen uns. Sie eilen voraus, um den Lagerplatz herzurichten, Zelte aufzustellen, das Nachtessen vorzubereiten. Am vereinbarten Ort verziehen wir uns entweder ins Zelt oder an das Feuer der Küche. Die Träger gehen ins nahe Dorf und suchen dort Quartier. Sie sorgen und kochen für sich selbst. Unsere Sherpa jedoch schlafen in Zelten und werden von unserer Küchenmannschaft verköstigt. Meist essen wir gegen sieben Uhr, die Sherpa nehmen ihr spezielles Mahl zusammen und nach uns ein. Es ist sinnlos, die Sherpa zum gemeinsamen Mahl mit den Fremden einzuladen. Sie würden es nicht annehmen. Die soziale Abgrenzung wird strikt eingehalten. Wir

Der Anblick der Himalajaberge gehört zu den stillen, aber sehr spektakulären Eindrücken. Der Lamjung Himal, 6983 m, schließt das Annapurnamassiv im Osten ab. (Ghanpokhara, 2240 m)

sind die Bedienten, und sie dienen. Dienen hat aber für sie nichts mit Unterwürfigkeit zu tun, sondern mit dem *dharma*, dem Glauben. Einem anderen Menschen einen Gefallen zu erweisen, macht dem Sherpa Freude. Sie, die selbstlosen Lamaisten, sind bestrebt, in ihrem Leben gute Taten anzuhäufen. Einem Fremden ein gutes Essen zu kochen und ihn zu umsorgen, damit sich dieser wohl fühlt, ist in den Augen der Sherpa eine freiwillige gute Tat und geschieht nicht aufgrund eines Befehls oder Zwangs.

Dementsprechend frei agieren die Sherpa, und dementsprechend viel positive Freude strahlen sie aus.

Der montane Teil beginnt

Wir sind in Tal. »*Tal*« bedeutet See. Zwar rauscht der Marsyangdi an uns vorbei, aber von einem See ist nichts zu sehen. Erahnen kann man ihn jedoch. Ein riesiger Erdrutsch muß in grauer Vorzeit den Fluß aufgestaut haben, was zur Bildung der Ebene führte, auf der das Dorf steht. Links und rechts türmen sich riesige Felswände in den Sternenhimmel. Dann, um drei Uhr nachts, geschieht das Unglaubliche: Der Vollmond geht derart strahlend über uns auf, daß die Hähne zu krähen beginnen. In Tal befindet sich der Anfang einer anderen Welt. Es wird trockener, montaner. Koniferenbestände säumen die steilen Flanken, und da und dort begegnet uns eine Gruppe von Menschen, die nicht mehr jenen grazilen Typus darstellt, den wir zwischen den Reisfeldern weiter unten angetroffen hatten. Dort waren wir im Land der hinduistischen Chhetri und Bahun, hier wohnen Gurung, und auf dem Weg lachen uns die rauhen, breiten Gesichter der buddhistischen Manang-bhot an, wilde Gestalten in derben schwarzen Wollröcken, ihr langes Haar in einem Zopf um den markanten Kopf geschlungen. Silberne Dolche baumeln von den Gürteln aus gewobenem Band, und Türkise und Korallen funkeln an Ringen und Halsketten. Unterwegs bestaunen wir eine aus Zweigen und Ästen geflochtene Hängebrücke. Diese Gattung stirbt jedoch aus, denn heute werden wesentlich längere Stege mit Drahtseilen über die Schluchten gespannt. Kurz nach Dharapani trauen wir unseren Augen nicht ganz. Da steht in einem Seitental wirklich der erste Schneeberg vor uns, ein Ausläufer des Gurkha Himal.

Der Weg schlängelt sich einen bewaldeten Steilhang entlang. Steile Aufstiege werden von steilen Abstiegen abgelöst. Der Mischwald scheint aufgrund seines Artenreichtums alles zu übertreffen, was ich bis dahin gesehen hatte: Tränenkiefern, Roxburghkiefern, Hemlocktannen, Birken, Wacholder, Stecheichen, Eiben, Rhododendron, Bambus, Efeu, zahlreiche Büsche und allerlei Unterholzgestrüpp, Flechten und Moose. Überall leuchten sanfte Farbpunkte verwelkender Blätter. An vielen Ästen hängen lange Girlanden von Bartflechten.

Die ersten großen Berge und Klöster

Das Marsyangdital wendet sich nun nach Westen, verschwindet damit »hinter« der Annapurnakette. Bald schon taucht ein gewaltiger Berg auf, die Annapurna II, mit 7937 m der höchste Siebentausender des Königreichs. Dieser läutet eine weitere Klimastufe und einen ethnischen Wechsel ein. Jetzt befinden wir uns im stark tibetisch geprägten Hochtal von Manang. Es wird noch einmal trockener, denn bis hierher reicht die volle Wucht des Monsuns nicht. Lediglich im Sommer zeigen sich einzelne Regenwolken. Der Wintermonsun bringt jedoch teilweise erstaunliche Schneemengen. Dies ist ein Grund, warum die Bewohner von Pisang, Ngawal, Braga, Manang und Khangsar ihre Dörfer im November in Richtung Pokhara und Kathmandu verlassen. Dieser jahreszeitliche Exodus kommt uns entgegen. Karawanen von Zokpyo kreuzen uns, mit allerlei Tauschgut beladene Tragtiere, die wärmeren Tallagen zustreben. Dahinter folgen übermütige Menschen in tibetischer Kleidung. Die Frauen tragen, wie unsere Sherpani Pema, die klassische Streifenschürze und eine breite Silberspange über dem Gürtel. Der Klang der Dorfnamen verändert sich, hier wird ein tibetischer Dialekt gesprochen und Nepali in einem auffällig singenden Ton genäselt. »*Nammassitee…*« – »*Nammassikaar…*«, grüßen die gut aufgelegten Mädchen. Staub liegt in der Luft, der sich auf die roten Blätter der Berberitzen senkt.

Pisang ist einem unangenehmen thermischen Wind ausgesetzt. Nur mit größter Mühe gelingt es Ang Kami und Lopsang, unsere Zelte im Windschatten eines Hauses aufzustellen. Dieses Haus gleicht eher einer Burg: ein fensterloser Kubus aus rohen Steinen, zwei Dachterrassen sind mit Brüstungen aus Brennholz verziert. In deren Schutz arbeiten die Menschen, hier wird die Gerste getrocknet und starkes Tuch gewoben. Die Leute sind sehr gastfreundlich und verbreiten einerseits einen herben, fast derben Charme, andererseits eine Duftaura aus Rauch, Yakbutter, Schweiß und Gerstenbier.

Pisang besteht aus zwei Dorfteilen. Einer klebt am steilen, staubigen Hang und ist umrahmt von Kartoffeläckern. Wir befinden uns im unteren Teil, durch den der Hauptweg führt. Gebetsmauern und Gebetsfahnen, *chörten,* und Gebetszylinder säumen ihn. Der trockene, durchdringende Wind wirbelt Sand und Staub durch die Luft. Wohlig warm hingegen ist es im Inneren der Häuser, das dunkel und karg wirkt. Das Zentrum stellt die Feuerstelle dar, um die sich Jung und Alt schart.

Etwas weiter hinten im Tal liegt Braga, angelehnt an die ausgehöhlten Reste eines prähistorischen Bergsturzes. Der Weg dorthin folgt dem nun sehr jungen Marsyangdi, der nur noch wie ein lustiges Bergbächlein vor sich hermurmelt. In Braga, einer unglaublich kompakten Siedlung, befindet sich ein altes Kloster mit einer wunderschönen Buddhastatue, deren Lächeln ebenso ansteckt, wie jenes von

Tourenprofil Tour 1

Strecke		Höhe	Gehzeit	Entfernung	Pässe/Bemerkungen
Start: Bensisahar		750 m	–	–	Straße von Kathmandu/ Dumre
1.	Khudi	840 m	2½ Std.	9 km	–
2.	Shyange	1150 m	5½ Std.	17 km	Bahundanda, 1310 m
3.	Tal	1710 m	4½ Std.	14 km	–
4.	Bagarchap	2150 m	5 Std.	15 km	–
5.	Chame	2651 m	5½ Std.	15 km	–
6.	Pisang	3353 m	5 Std.	14 km	–
7.	Manang	3505 m	4½ Std.	16 km	Ongre, 3400 m (Flugplatz)
8.	Manang	3505 m	–	–	Akklimatisationstag
9.	Thorong Phedi	4200 m	4 Std.	12 km	–
10.	Muktinath	3670 m	6–9 Std.	10 km	Thorong La, 5416 m
11.	Kagbeni	2880 m	2½ Std.	8 km	–
12.	Marpha	2667 m	4 Std.	16 km	Jomosom, 2743 m (Flugplatz)
13.	Kalopani	2510 m	4 Std.	15 km	–
14.	Dana	1448 m	4½ Std.	17 km	–
15.	Sikha	2012 m	4½ Std.	15 km	Tatopani, 1189 m (Schwefelquelle)
16.	Ghorapani-Deorali	2835 m	3 Std.	9 km	Poon Hill, 3170 m (+ 1½ Std.)
17.	Birethanti	1037 m	5 Std.	15 km	–
18.	Naya Phul	1030 m	1 Std.	3 km	Straße nach Pokhara
Ende: Naya Phul		1030 m	–	–	
Total etwa:			71–74 Std.	220 km	

Ram Bahadur, unserem Träger. Die Nischenlage bewirkt hier eine geringere Windbelästigung, dafür brennt die Sonne um so stärker vom stahlblauen Himmel herab. Gegenüber leuchten, ja blenden die Gletscher von Annapurna III und IV, von Gangapurna, Khangsar Kang und Tilicho. Unter diesen breitet sich bis auf gut 4000 Meter Höhe ein alter Bergwald aus, in den hinein sich stellenweise Gletschermoränen gefressen haben.

Erstaunlich groß ist das letzte Dorf auf der Route zum Thorong La: Manang. Diese Ansammlung vieler massiver Steinhäuser erstaunt in einer solchen Wüstenei. Dürres, windgepeitschtes Land liegt um uns herum, abgeerntete Äcker und Ödland mit kargem Buschbewuchs, in denen kleine Ziegen etwas Freßbares suchen. Manang liegt auf einer Terrasse aus fluvialem Schutt, voll den Elementen ausgesetzt. Die Häuser sind gegen den Wind hin geschlossen, gegen Westen hin aber offen. Wieder sehen wir den Flachdachbau, der in diesen regenarmen Regionen üblich ist. Im Windschatten der Balkone wird gearbeitet. Einige Leute sind dabei, Hausrat und Saatgut zu verstauen, da sie demnächst den Weg talab unter die Füße zu nehmen gedenken. Auffallend in dieser Höhe – wir befinden uns auf 3500 Meter – sind die enormen Temperaturdifferenzen zwischen Tag und Nacht oder Sonne und Schatten. Bei Windstille klettert das Thermometer unvermittelt in schweißtreibende Sphären, während ein paar Meter daneben, im Schatten eines Hauses vielleicht, Schneereste einen eisigen Schlaf genießen. Die ideale Höhe von Manang eignet sich für einen Akklimatisationsruhetag. Ausflüge nach Braga oder Khangsar sorgen dabei für die nötige Aktivität.

Der Weg zum Thorong La

Oberhalb von Manang verliert sich der Weg in einer öden Landschaft, die nur durch Wacholder- und Berberitzenbüsche etwas aufgehellt wird. Der Pfad ist nicht steil, doch die Höhe macht sich bemerkbar. Am Fuß des Passes finden sich einige Lodges und ein flacher Platz, wo wir unsere Zelte hinter schützende Steinmauern hinstellen. Auch hier in Thorong Phedi läßt uns der Wind keine Ruhe. Ständig gleiten weiße Wolken über die Annapurnaberge, vorbei am Thorong Kang und den Chulubergen, hinein nach Tibet. Hier auf 4200 Metern sind die Nächte bereits bitterkalt, doch die Trockenheit der Luft mindert, ja verhindert das Frösteln des ganzen Körpers. Man empfindet die Kälte nur an den Extremitäten, die es entsprechend zu schützen gilt. Unsere Träger marschieren in ihren schmucken Hosen und tragen Mützen und Handschuhe. Die fröstelnden und schlotternden Gestalten aus Dumre sind an ihrer Aufgabe sichtlich gewachsen und klagen nicht. Bei der Rast liegen sie in den Windschatten der Körbe und Seesäcke und bedeuten uns, das gleiche zu tun.

Der Thorong La, 5416 m, ist vielleicht der bekannteste der hohen Pässe in Nepal. Er verbindet das Tal des Marsyangdi mit dem des Thak Khola oder Kali Gandaki. Technisch bietet er keinerlei nennenswerte Schwierigkeiten, aber er ist hoch und liegt in einem Gebirge, das für seine wechselnden Verhältnisse berüchtigt ist. Heute kann der Thorong La »trockenen Fußes« auf sanft steigenden Wegen überschritten werden, die von der Sonne erwärmte Geröllhalden durchziehen. Morgen liegt vielleicht ein halber Meter Schnee, weht ein steifer Wind oder die Sicht ist auf das Minimum reduziert, und schon verwandelt sich der Paß in ein ernsthaftes, gefährliches Hindernis. Besonders die Träger und Personen, die keine besondere Hochgebirgserfahrung besitzen oder schlecht gekleidet sind, sollten dann in den sicheren Hütten am Fuß des Passes verweilen, bis die Verhältnisse besser werden. Auch hat es keinen Sinn, den Paß herauszufordern, wenn die Akklimatisation nicht optimal war. Der Weg über die Kuppe ist lang und mühsam, jedoch lohnend und ein unvergeßliches Erlebnis, wenn man sich fit fühlt. Vor allem begeistert die fast unheimliche Klarheit der Luft, die eine vernünftige Einschätzung der Distanzen nicht zuläßt.

Es gilt, sofort einen gemächlichen, aber stetigen Rhythmus zu finden, was von Manang her nicht einfach ist, denn der Weg steigt kurz nach Phedi zunächst unangenehm steil an. Je höher man kommt, desto flacher wird er und desto weiter reicht der Blick in die Runde. Auf der Paßhöhe liegen graue Schutthalden, in die drei kleine Seen eingebettet sind. Meist sind diese aber mit dickem Eis bezogen. Auf einem Steinhaufen flattern einige Gebetsfahnen. Sonst herrscht große Stille.

Der Abstieg nach Muktinath

Auf der anderen Seite ändert sich die Landschaft nicht wesentlich. Gemächlich steigt man auf einem etwas ruppigen Weg in die Tiefe. Bald verliert die vegetationslose Hochgebirgswüste ihre Bedrohlichkeit, die glänzenden Gletscher des Thorong Kang verschwinden hinter uns. Gräser, Flechten und Stauden werden sichtbar. Auf den ersten Hochweiden stehen einige Teehäuser. Nach kurzweiliger Wanderung gelangen wir schließlich nach Muktinath.

Dieser Pilgerort beherbergt eine eigenartige Attraktion. Dort verlassen fließendes Wasser und eine bläuliche Erdgasflamme zusammen ein Erdloch. Das Heiligtum kann im buddhistischen Kloster gesehen werden. Muktinath ist aber vor allem für die Hindus ein Ort von großer spiritueller Bedeutung. Die Verschmelzung von drei Elementen des Kosmos – Erde, Wasser, Feuer – kann als einmalig bezeichnet werden. Jeden Sommer wandern Hundertschaften von Pilgern aus dem ganzen indischen Subkontinent den beschwerlichen Weg durch die Kali Gandaki-Schlucht, um die Tempel von Muktinath zu besuchen. Eine hinduistische Pagode steht umgeben von Weiden und Pappeln. Einhundertacht Brunnen umgeben sie. Aufgrund der Bewölkung sinkt die Temperatur auf unangenehm tiefe Werte, weshalb wir uns in einem Hotel mit dem klangvollen Namen »Chhindring« niederlassen. Sarki kocht schon wieder. Unsere Träger haben wir in einem schwarzen Yakhaarzelt gefunden. Dort laben sie sich an *chang*. Einige haben glänzende Augen und lächeln etwas verlegen. Ram Bahadur ist auch dabei.

Die Landschaft rund um Muktinath zeigt graubraune Pastelltöne, sanfte Kup-

Einen recht urtümlichen Charakter hat Jharkot aus der Nähe. Große, palastähnliche Häuser trotzen dem ariden und kontinentalen Klima des Inneren Himalaja. (Jharkot, 3580 m)

pen und ausgewaschene Konglomeratfelsen, deren bizarre Formen an riesige Orgelpfeifen erinnern. Bewässerungskanäle durchziehen die Hänge, auf denen überraschend viele Pferde weiden. Auch auf den breiten Wegen sind diese anzutreffen, struppige, wendige Gäule, deren Sättel mit Teppichen in den herrlichsten Farben geschmückt sind. Sie traben geschwind, während die Reiter relativ steif sitzend irgendeine Peitsche oder einen Stecken ins Gesichtsfeld des Tieres halten, ohne diesen aber ernstlich einsetzen zu wollen. Unterhalb von Muktinath liegt Jharkot, eine der urtümlichsten Siedlungen dieses Treks. Einer riesigen Festung gleich thront das Dorf auf einem Sporn ausgewaschener Ablagerungen. Hohe Mauern haben es vermutlich jahrhundertelang gegen alle Anstürme räuberischer Eindringlinge geschützt.

Die tiefste Schlucht der Erde

Nun biegen wir in das Kali Gandaki oder Thak Khola ein. Aride, steile Flanken beherrschen das breite Tal, in dessen Mitte der träge Fluß in immensen Geröllmassen mäandriert. Dort unten liegt Kagbeni, wo Sarki einmal mehr eine nette Bleibe in Form einer Lodge findet.

Nun muß sofort klargestellt werden, daß die thermischen Winde rund um Manang nur Vorboten dessen waren, was uns hier erwartet. Jomosom, der Hauptort des Mustang-Distrikts, liegt auf 2743 Meter, mitten im Windkanal. Etwa um elf Uhr beginnt es von Süden her zu wehen. Sand- und Staubsäulen wälzen sich talauf und zwingen Menschen und Tiere, sich gegen den Sturm zu schützen. Nach Einbruch der Dunkelheit hört der Spuk auf. Die Konsequenz der hier ansässigen Bhotia und Thakali äußert sich in den architektonischen Formen der Häuser. Traditionell dem Fernhandel – vor allem mit tibetischem Salz – verpflichtet, bauten die Thakali riesige viereckige Flachdachhäuser, in deren Mitte ein großer Innenhof Schutz gegen die Kraft und Kälte der Winde bietet. Dort spielt sich das Leben ab und dort wurden die Karawanen abgeladen, die Waren gegeneinander getauscht und neue Karawanen beladen. Dieses Treiben fand nach 1959 ein jähes Ende, als die Partner in Tibet von der Roten Armee überrollt wurden. Die Grenze wurde geschlossen, was für die Bevölkerung dieser Talschaft ernsthafte wirtschaftliche Folgen hatte. Viele Thakali sind nach Pokhara, Kathmandu oder ins Terai ausgewandert. Erst das Aufblühen des Tourismus und damit die Erwerbsmöglichkeiten im Tal veranlaßten manche zur Rückkehr, was viele der großen Karawansereien vor dem sicheren Untergang bewahrte. Jomosom, das politische Zentrum des Tales, glänzt zwar nicht durch Schönheit und klimatische Vorzüge, nennt aber eine Militärgarnison und ein Flugfeld sein eigen. Auf letzterem landen täglich mehrere Flugzeuge aus Pokhara und Kathmandu. Der Wind verhindert aber Flüge am Nachmittag.

Bald wird man weiterer Attraktionen gewahr. Zunächst sind da die großen Maultierkarawanen, die den Nachschub aus Pokhara sicherstellen, dann bestaunen wir die großen Obstkulturen und deren Produkte – Früchte und Gebranntes. Von Jomosom wandern wir gegen den penetranten Wind in einer unbeschreiblichen Öde flußabwärts nach Marpha. Entgegen landläufiger Meinung wird der Name dieses Schmuckstücks von Dorf Marp-ha (nicht Marfa) ausgesprochen, da es im Nepali das »F« in unserem Sinne nicht gibt. Das werden Sie sehr schnell merken, wenn Ihnen im Basar ein Händler eine Ware zu 55 Rupien anbietet: »Very cheap, only pipty-pipe…«.

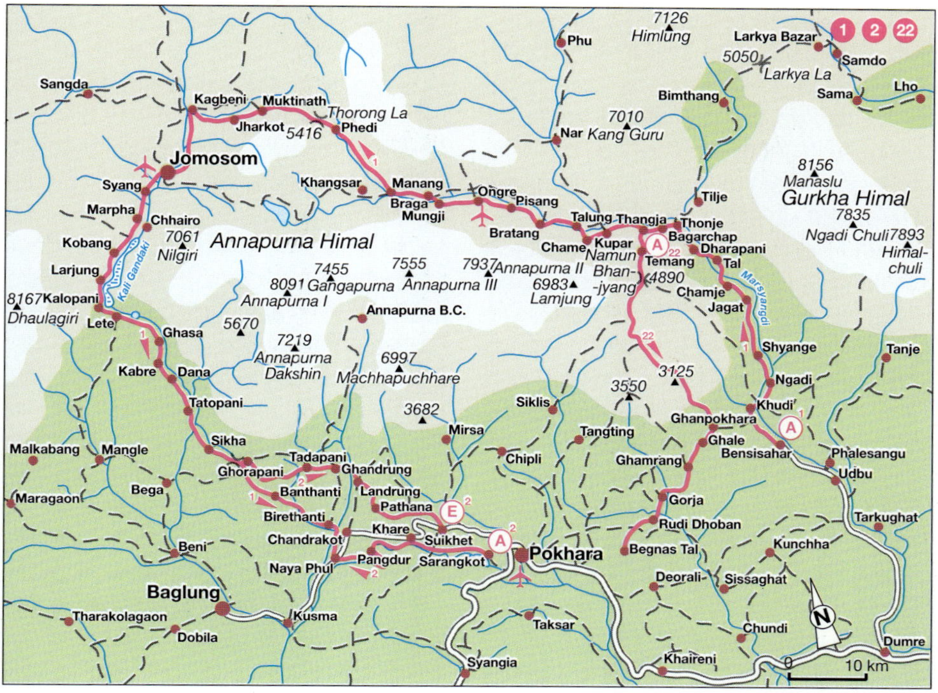

Marpha liegt – wie Braga auf der anderen Seite – in einer Felsnische, die Schutz vor den Sandstürmen bietet. Das Dorf hat eine beachtliche Größe, ist aber auf engstem Raum zusammengeschachtelt, um ja keinen fruchtbaren Boden zu vergeuden. Oasenwirtschaft herrscht hier vor, denn ohne Bewässerung wächst nichts. Der Hauptweg ist mit prächtigen Steinplatten gepflastert. Schmucke, weiß und hellbraun getünchte Steinhäuser säumen ihn. Ein altes Kloster wartet auf Besucher, und eine etwas verwegen angelegte Einsiedelei wacht über das Treiben in den engen Gassen. Hoch über dem Tal türmen sich im Osten Tilicho und Nilgiri, im Westen Tukuche Peak und der mächtige Klotz des Dhaulagiri. Marpha beherbergt auch den Sitz des großen Landwirtschaftsprojekts, dank dem heute Äpfel und Aprikosen in die tieferen Talgegenden verkauft werden können, vor allem an die dort auftauchenden Touristen.

Wie an einer Perlenkette reihen sich nun die Dörfer auf: Tukuche, Khobang, Larjung, Kalopani. Sie befinden sich alle noch im Windkanal des Kali Gandaki. Es lohnt sich, die vornehmen Karawansereien von Tukuche oder den drolligen Hauptweg in Larjung anzusehen, der wie ein Tunnel unter den Häusern hindurchführt. Hier befindet sich auch noch ein Bön-Po-Kloster, allerdings scheint diese vorbuddhistische Religion hier auf dem Rückzug zu sein. Die Thakali sind ein tibeto-mongolischer Volksstamm und sprechen einen tibetischen Dialekt, allerdings haben sie sich in punkto Kleidung eher an nepalesische Traditionen angelehnt.

Die meisten unserer Träger kennen diesen Weg sehr gut, gehört doch dieses Tal zu den bekanntesten und beliebtesten Trekkinggebieten dieser Welt. Zudem sind ihre Lasten aufgrund des stetigen Lebensmittelverbrauchs ständig leichter geworden. Es darf deshalb nicht verwundern, daß sie uns nun beständig vorausrennen. Nur dann und wann sehen wir sie beim Mittagessen in einem Gasthaus. Jetzt gibt es wieder Reis, und je näher wir an dessen Anbaugebiete im südlichen Teil des Tales gelangen, desto billiger wird er. Immer wieder begegnen uns lange Maultierkarawanen. Sie tragen Reis und Zement in Richtung Norden, angetrieben von jeweils wenigen, eher rohen und grobschlächtigen Männern. Die Nepali gehen mit den ausdauernden Tragtieren nicht besonders fein um. Die Maultiere werden meist mit derben Schlägen und gezielten Steinwürfen, Fußtritten und Peitschenhieben angetrieben. Dieses Verhalten steht eigentlich in einem krassen Gegensatz zur üblichen Sanftmütigkeit dieses Volks. Es muß sich aller Wahrscheinlichkeit nach hier um eine berufsbedingte Deformation handeln, die vom Meister zum Lehrling weitergegeben und nicht weiter hinterfragt wird.

Dramatische Veränderung

In Kalopani ändert sich einiges. Einerseits findet das flache Geröllbett des Flusses ein Ende, das Tal wird steiler. Andererseits wechselt es die Richtung: von Nord-Süd auf West-Ost. Wir erleben, wie sich das Klima schlagartig ändert. Vorbei ist die Herrschaft des strengen Windes, der wüstenhafte Charakter weicht Bäumen und Wäldern und grünen Hängen. In Kalopani befindet sich effektiv die Nordgrenze des Monsuns. Ang Kami und Sarki kochen im Haus einer alten Frau, die ihr Dasein an dieser Karawanenstraße fristet und aufgrund der Verdienstmöglichkeiten bei Beherbergung und Verpflegung ihr Leben auch ohne eigenes Land zu meistern weiß. Es ist in Nepal durchaus üblich, daß die Trekkingsherpa in einer Lodge oder einem Privathaus kochen und ihre Gäste verpflegen. Dafür zahlen sie der Wirtin oder dem Wirt eine Gebühr für die Benutzung der Räumlichkeiten. Daneben wird natürlich eine solche Rast meist benutzt, um die Vorräte zu ergänzen, was den Leuten vor Ort weiteren Verdienst beschert. Nach ausgiebigem Mahl geht es über die Talstufe nach Lete und Ghasa hinunter, beides sehr sehenswerte Dörfer mit Karawansereien und Rastplätzen für Maultiere. Satteldächer sind in diesen niederschlagsreicheren Zonen wieder üblich. Über den Dächern erkennen wir das Haupt der Annapurna I, 8091 m. Es handelt sich um eine der seltenen Ansichten dieses kolossalen Berges, der sich sehr scheu hinter verschiedenen Reihen von Vorbergen versteckt.

Es wird wärmer. Die typische Vegetation der Subtropen übernimmt langsam, aber sicher wieder ihre dominierende Rolle. Was wir vor kurzem im Aufstieg durch das Marsyangdital erlebten, rollt jetzt in umgekehrter Reihenfolge ab. Dennoch sind die Unterschiede zwischen den beiden Tälern, die das Annapurnamassiv einer Zange gleich umschließen, recht groß. Während im Marsyangdi das Tal durch seine Enge und Steilheit auch wilder wirkt, wird man hier eine eher geschundene, übernutzte Landschaft gewahr. Folgen von Abholzung, intensiver Beweidung und zunehmender Bevölkerungsdichte zeigen sich in Form größerer und kleinerer Erdrutsche. Diese bedrohliche Situation führte zur Gründung des ACAP (Annapurna Conservation Area Project). Dieses Projekt bemüht sich redlich, die Naturschönheiten in einem vernünftigen Maße zu erhalten und ein Gleichgewicht zwischen Natur, Bevölkerung, Nutzung und Tourismus herzustellen. Dabei bilden Auseinandersetzungen zwischen den verschiedenen Interessengruppen einen Dreh- und Angelpunkt, ist es doch mitunter nicht einfach, die Anliegen der Bauern – mehr Kulturland, Elektrifikation, bessere Verkehrsver-

40 Kilogramm Kiefernnadeln trägt jedes dieser Mädchen nach Hause. Die Ausdauer und Fröhlichkeit der Menschen steht im Kontrast zur harschen Umgebung, in der sie leben. (Manang, 3505 m)

bindungen – mit jenen der Naturschützer unter einen Hut zu bringen.

In Dana essen wir Mandarinen, die noch vor ein paar Minuten an den Bäumen hingen, und in Tatopani fühlen wir uns aufgrund des üppigen Angebots bereits im Schlaraffenland. Diese Ortschaft, lange ein Paradies für Hippies aus aller Welt, wurde im Jahr 1987 brutal aufgerüttelt. Ein Hochwasser des Kali Gandaki schwemmte einen großen Teil dieses touristischen Knotenpunktes hinweg. Der Schock dieses Naturereignisses sitzt den Leuten dort noch heute in den Knochen. Damals wurde ein großer Teil der prächtigen Orangenplantagen ebenso ein Raub der entfesselten Elemente wie auch 22 Häuser der Siedlung. Hier teilen sich die Wege – geradeaus folgt man dem Kali Gandaki nach Beni und Baglung. Die Hauptroute überquert aber nach links den Ghorapanipaß in Richtung Pokhara. »Jetzt besteht die Möglichkeit, den Trek bereits in Birethanti zu beenden, von wo Busse auf der neuen Straße nach Pokhara verkehren«, erklärt unser Sirdar. Diese Straße führt heute bis Baglung und soll dereinst bis Mustang hochgezogen werden. Bis dahin allerdings wird noch viel Wasser den heiligen Fluß hinunterrauschen. Solche Straßenprojekte sind heute tägliche Gesprächsthemen. Die Nepali erhoffen sich dabei schnellere Zugangswege zu den Märkten, wo sie ihre Produkte zu verkaufen hoffen. Andererseits sorgen sie in wenig entwickelten Gegenden zu unkontrollierbaren Nebeneffekten. Auch der Trekkingtourismus, der heute die Haupteinnahmequelle für zahlreiche Wirte und Hoteliers, Träger und Tiertreiber darstellt, würde durch eine solche Straße empfindlich beeinträchtigt. Andererseits wäre es vermessen, Ländern wie Nepal eine Modernisierung – und Straßen sind sicherlich ein Teil davon – zu verweigern.

Ram Bahadur sitzt am Wegrand und stopft sich Kautabak zwischen Zähne und Backe. Sein freundliches Lächeln erfreut uns, die wir schwitzend den letzten Aufstieg bewältigen.

2 Durch Rhododendronwälder und über Panoramakuppen am Südfuß des Annapurna Himal

Ein Genußtrek bei Pokhara

Pokhara gehört zu den touristischen Zentren des Landes. Die Stadt liegt in einem von Seen gespickten, stark subtropischen Tal, nur 30 bis 40 Kilometer von der Annapurnakette entfernt. Aufgrund der Nähe der Schneeberge und der malerischen und milden Landschaft zu ihren Füßen hat sich das Gebiet zu einem großen Beliebtheitsgrad aufgeschwungen. Untermalt wird die landschaftliche Schönheit durch herrliche Dörfer und überraschend viel Wald. Die Wege sind recht gut und bestehen im wesentlichen aus alten und immer noch stark benutzten Maultierpfaden. Sie führen durch landwirtschaftlich genutzte Zonen und über bewaldete Bergkämme, von denen spektakuläre Blicke auf die Hauptgipfel des Annapurnamassivs immer wieder zum Verweilen einladen.

Ein schlechter Weg führt zu schlechten Menschen, ein guter Weg führt zu guten Menschen.
Sprichwort aus Himachal Pradesh

Baidam am Phewa Tal (See) beherbergt das eigentliche touristische Zentrum von Pokhara. Berühmt wurde die Gegend wegen ihres milden Klimas, der Seen und der beachtlichen Nähe der Schneeberge, der Annapurnakette, unter denen sich der Machhapuchhare, 6997 m, besonders hervorhebt. Der »Fisch-Schwanz« gehört zu jenen faszinierenden Berggestalten, die auch Leute, die sich sonst wenig aus Bergen machen, begeistert und entzückt.

Vom Phewa Tal zum Modi Khola

Nach einem kräftigen Frühstück in »Ganesh's Bakery« schlendern wir die Seepromenade entlang. Bald schon zweigen wir von der Fahrstraße nach rechts ab und gelangen an den Fuß des bewaldeten Hügels, dessen Haupt von einem Mast verziert wird. Dort oben liegt Sarangkot, unser erstes Ziel. Die wunderbare Rundsicht muß aber erst durch den steilen Anstieg bei beachtlicher Hitze erkauft werden. Zum Glück finden sich unterwegs einige

Kurzcharakteristik

Diese genußvolle Tour im Vorland der Annapurnaberge führt zum Aussichtsberg Poon Hill, 3170 m. Unvergeßlich werden die Einblicke auf die nahen Eisriesen und die Wanderungen durch die Rhododendronwälder bleiben.
Beste Jahreszeit: Aufgrund der relativ geringen Höhenlage kann sie ab Oktober bis Mai durchgehend angegangen werden. Die Blütezeit findet im März und April statt.
Gesamtgehzeit: Etwa 9 Tage.
Kartenskizze: Siehe Seite 65.

Teestuben, wo unter Sonnenschirmen oder im Schatten von Pipalbäumen und hohen Bambusstauden Flüssiges angeboten wird. Unter uns scheint der seichte Phewa Tal (See) zu entschwinden, und das Kräuseln auf seiner Oberfläche kann vom bloßen Auge nicht mehr wahrgenommen werden. Dafür sehen wir einige Ruderboote von den Ufern in Richtung der kleinen Insel streben, wo sich ein von Tauben bevölkerter Hindutempel befindet. Die schwarzen Punkte am Ufer sind wohl Wasserbüffel, die auf den abgeernteten Reisfeldern friedlich grasen. Auch die Stadt Pokhara und der Flugplatz sind im Morgendunst noch erkennbar. In Sarangkot weht ein herrlich kühler Wind, und während wir mit dem Fernglas in die Berge schauen, denken wir an die Leute weit unter uns, die wohl die Hitze des Mittags unerträglich finden müssen. Im Sucher der Kamera zeigt sich die Annapurna I mit ihrer schrecklichen Größe, und die Bedrohlichkeit wird durch die eisige Kondensfahne noch unterstrichen, die sich unablässig nach Osten ausdehnt. Die Winterstürme haben eingesetzt, der den ganzen Erdball umziehende Jet-stream senkt sich bis in die Gipfelhöhen dieses Gebirges nieder, das den Namen der Göttin des Überflusses – Annapurna – trägt. Annapurna heißt eine der gütigen Erscheinungsformen von Parvati, der Gefährtin des hinduistischen Zerstörergottes Shiva. Eine ihrer schrecklichsten Formen heißt Kali. Der Kali Gandaki trägt ihren Namen.

Nach dem Mittagessen, das wir in einer Lodge einnehmen, buckeln wir unsere Rucksäcke und wandern auf dem Bergkamm, vorbei an Feldern, Wäldern und herrlich gelegenen Dörfern bis nach Naudanda. Die neue Straße von Pokhara nach Baglung hat dieses ehemals sehr schöne Dorf buchstäblich wegentwickelt. Einige

Aufgrund der Bemühungen des ACAP konnte ein großer Teil des Waldes in der Nähe des Ghorapani-Passes weitgehend erhalten werden. Von den ursprünglich riesigen Waldgebieten des Himalaja ist aber leider wenig übrig geblieben. (Banthanti, 2650 m)

wenige trostlose Häuser stehen noch am alten Weg. Alle anderen Behausungen mußten dem Fortschritt weichen. Dieser neue Fahrweg muß aber lediglich dreimal überquert werden. Der alte Maultierpfad existiert noch. In Khare schwenken wir nach Westen ab und erreichen durch Wald den Paßort Bhadaure Deorali. Dahinter schlagen wir eine nordwestliche Richtung ein und durchstreifen ein paar außerordentlich schöne Dörfer, bevor wir steil nach Naya Phul absteigen. Dort sehen wir die Straße noch einmal, bevor wir auf den Maultierpfad einschwenken und bei Birethanti angesichts des Machhapuchhare den Modi Khola überqueren. Dieser stattliche Bach entwässert das Annapurna Deuthal und gräbt zwischen Hiunchuli und dem »Matterhorn Nepals« eine tiefe Schlucht. Weiter unten, bei Kusma, fließt er schließlich in den Kali Gandaki.

Auf Maultierpfaden zum Ghorapanipaß

In Höhenlagen unter 1500 Metern hat man in Nepal während des ganzen Jahres das Gefühl, es sei heiß. Dieses Gefühl wird durch die Tatsache noch verstärkt, daß man wandert und dabei noch einen zuweilen schweren Rucksack trägt. Kommt eine Maultierkarawane entgegen, so ist dies meist ein Grund für eine kurze, aber willkommene Pause. Dabei ist es ratsam,

Selbst die weniger bedeutenden Gipfel geben phantastische Kulissen ab. Der Hiunchuli, 6336 m, zeigt seine Südwand. (Tadapani, 2670 m)

sich auf der Bergseite des Weges aufzuhalten, da einen die guten Lasttiere glatt den talseitigen Abhang hinunter zu stoßen drohen.

Bis Tirkedhunge folgt der Weg dem Bhurungdi Khola. Danach kommt der steile und heiße Aufstieg über staubige Kehren zum herrlichen Magardorf Ulleri, das sich durch seine kunstfertig und zweckmäßig gebauten Steinhäuser auszeichnet. Besonders die Dächer aus massiven Steinplatten tragen zum positiven Erscheinungsbild des Ortes bei.

Weniger steil und bald durch etwas kühleren Wald gelangen wir nach Banthanti. Dort kehren wir in die Lodge eines »Ex-Serviceman« ein. Sein Name ist Prem Bahadur Pun. Die Familie der Pun ist in dieser Gegend sehr verbreitet, was auch zur englischen Bezeichnung »Poon Hill« für den Aussichtshügel oberhalb des Ghorapanipasses geführt hat. Die Magar teilen ihre Volksgruppe in verschiedene Clans auf, wobei sich die Zugehörigkeit am Namen der Person ablesen läßt. Unser Wirt hatte in der Britischen Armee gedient und ist nun im Ruhestand. Mit der Rente kann er gut leben, und dank Landkauf und dem Bau der Lodge am Hauptweg kann er es sogar sehr gut. Erstaunlicherweise kehren die meisten Gurkhasoldaten nach Beendigung ihres Dienstes wieder in ihr Dorf zurück, obwohl sie während ihrer Söldnertätigkeit in so mondänen Orten wie Hongkong, Singapur, Brunei oder London gelebt haben. Während wir Prems Geschichte lauschen, balgen sich draußen zwei junge Hunde.

Bei absolutem Prachtwetter steigen wir tags darauf durch die herrlichen Wälder zum Ghorapanipaß auf. Dieser alte Übergang sichert den schnellen Zugang nach Tatopani und von dort durch die Schlucht des Kali Gandaki nach Jomosom und weiter nach Mustang.

Eigentlich heißt dieser Paß Guranspani, weil eine Wasserquelle *(pani)* unter einem Rhododendronbaum *(gurans)* hervorsprudelt. Da jedoch dauernd ungezählte Maultiere (*ghora* = Pferd) von hüben nach drüben queren, wurde der ehrenwerte Name regelrecht verhunzt. Die Maultiere, Sprosse von Eselhengsten und Pferdestuten, werden in Nepali übrigens *khachchar* genannt. Auf der Paßhöhe ist in den letzten 25 Jahren ein regelrechtes Dorf entstanden, was die Bedeutung dieser Route unterstreicht. Andererseits dokumentieren solche Siedlungen auch den nepalesischen Drang nach oben. Die Siedlungsgrenze verlagert sich dauernd in höhere Gebiete, wobei im Falle von Ghorapani gerechterweise betont werden muß, daß der Tourismus wesentlich zur Entwicklung der Siedlung. beigetragen hat. Sofort beziehen wir eine Lodge und trinken Tee, essen ein echtes *dal bhaat* und starten zum Poon Hill. Auf dem Weg dorthin erkennen wir leider massive Quellwolken, hinter denen sich die Bergriesen teilweise zu verstecken suchen.

Am nächsten Morgen jedoch machen wir einen zweiten Anlauf – und siehe da, vom Dhaulagiri bis zum Gurkha Himal ist alles zu sehen. Natürlich bestreicht die Sonne zunächst die höchsten Gipfel, bevor sie die ganze Szenerie erhellt. Besonders eindrücklich präsentieren sich die Südostwand des Dhaulagiri und der relativ nahe stehende Annapurna Dakshin. Ganz deutlich erkennt man die Gliederung der Hauptkette in verschiedene Gebirgsstöcke, die sich nach dem Gurkha Himal im Osten fortsetzt. Im Westen jedoch stehen hinter dem Dhaulagiri lediglich noch der Kanjiroba und Sisne Himal, bevor im sogenannten Jumla-Korridor eine gut 150 km breite Lücke entsteht, in der das schneebedeckte Hochgebirge einfach fehlt.

Durch den Rhododendronwald

Zurück auf dem Paß und nach einem guten Frühstück brechen wir in Richtung Ghandrung auf. Zunächst steigen wir durch einen Wald auf einen Kamm, von dem die Berge ebenso schön zu sehen sind wie vom Poon Hill. Hier überwiegen die *Rhododendron arboreum*, die Baumform des Rhododendron, der zwischen März und April blüht. Nach dem Teehaus mit dem hochtrabenden Namen »Deorali Towertop« folgt ein steiler Abstieg durch Wald, der im Winter oft vereist und deshalb heikler einzustufen ist. Der nächste Ort heißt Banthanti, nicht zu verwechseln mit dem Übernachtungsort auf dem Aufstiegsweg. Dort laden einige nette Lodges und ein Bergbach zum Verweilen ein. Der Nachmittag bringt noch etwas Auf und Ab, bevor schließlich in Tadapani Annapurna Dakshin und Hiunchuli in beachtlicher Größe vor uns stehen. Wir sind heute näher an sie herangekommen. Auch der Machhapuchhare scheint beständig zu wachsen, bewegen wir uns doch ebenfalls auf ihn zu.

Die Lodge strotzt nur so vor Gemütlichkeit. Ein weiß getünchter Aufenthaltsraum, mit einem Kanonenofen geheizt, wirkt sehr einladend. Die Küche ist gleich

Nützliche Hinweise:

Anreise / Rückreise: Baidam liegt am Phewa-See, nur zwei Kilometer von Pokhara und dem Flughafen entfernt. Täglich gibt es Dutzende von Direktbussen und einige Direktflüge ab Kathmandu dorthin. Die Fahrt ab Suikhet nach Pokhara geschieht mit regelmäßigen Lokalbussen oder im Taxi. Von dort Rückreise per Bus oder Flugzeug nach Kathmandu (Ticket und Buchung vor dem Trek in Kathmandu oder Pokhara besorgen und rechtzeitig bestätigen lassen).
Übernachtung: Auf dem ganzen Weg finden sich viele Lodges und Restaurants. Ideal für Individualtouristen. Die angegebenen Übernachtungsorte weisen allesamt auch Zeltplätze auf.
Karten: Mandala Map »Pokhara / Jomosom / Manang«; ACAP Map »Annapurna«.

Tourenprofil Tour 2

Strecke		Höhe	Gehzeit	Entfernung	Pässe/Bemerkungen
Start: Pokhara / Baidam		915 m	–	–	Straße, Flughafen Pokhara
1.	Naudanda	1458 m	4 Std.	13 km	Sarangkot, 1676 m
2.	Bhadaure Deorali	1690 m	3 Std.	12 km	–
3.	Lamduali	1230 m	4½ Std.	15 km	Naya Phul, 1030 m, Straße
4.	Banthanti	2260 m	3 Std.	10 km	–
5.	Ghorapani Deorali	2835 m	2½ Std.	7 km	Poon Hill, 3170 m
6.	Tadapani	2670 m	5 Std.	15 km	Deorali Towertop, 3040 m
7.	Landrung	1700 m	4 Std.	12 km	Ghandrung, 1980 m
8.	Pathana	2050 m	3 Std.	13 km	Bhichuk Deorali, 2170 m
9.	Suikhet Phedi	1170 m	2 Std.	8 km	Straße nach Pokhara
Ende: Pokhara / Baidam		915 m	–	–	Straße, Flughafen Pokhara
Total etwa:			31 Std.	105 km	

nebenan und im ersten Stock befinden sich die einfachen Schlafzimmer und Massenlager. Die Wirtin, eine freundliche Gurung-Frau, scheint den Gästen deren Wünsche von den Augen abzulesen.

Erstaunlicherweise sind in dieser Region noch sehr große und schöne Wälder zu sehen, was aufgrund der Besiedlungsdichte nicht selbstverständlich ist. Zudem hält nun das ACAP (Annapurna Conservation Area Project) seine schützende Hand über diese Schätze der Natur. Der Hauptsitz dieser Organisation befindet sich übrigens in Ghandrung, das wir am folgenden Tag nach einer schönen und kurzweiligen Wanderung erreichen.

Ghandrung und Landrung

Der Manager erklärt uns, daß derzeit die Einnahmen von den Trekkingtouristen rund 15 Millionen Rupien (ca. DM 500 000) betragen. Etwa 23 000 Fremde besuchen jährlich das Naturschutzgebiet und zahlen dabei pro Person NRs 650,– Eintritt. Dies ist für nepalesische Verhältnisse eine ganz erkleckliche Summe, wenn man die allgemeinen Kosten und die landesüblichen Löhne betrachtet. In Ghandrung wohnen hauptsächlich Gurung. Die Größe der Paharihäuser beeindruckt sehr. Optisch wird ihre Behäbigkeit durch die großen, mit Steinplatten belegten Vorplätze noch verstärkt. Ghandrung liegt auf einer geneigten Terrasse hoch über dem Modi Khola. Steil geht es über unzählige Steintreppen hinunter zu diesem Bach, mit dem wir vor einigen Tagen schon Bekanntschaft geschlossen haben. Ein Fischer steht in den kalten Wassern und wirft behend sein Netz. Die gefangenen kleinen Fische befördert er in einen kleinen Kelch aus Bambusgeflecht. Allerdings muß er das Netz einige Male werfen, bis sich etwas darin verfängt. Nun folgt das Unvermeidliche: So steil wir hinuntergekommen sind, so steil müssen wir wieder nach Landrung aufsteigen. Ghandrung und Landrung liegen sich gegenüber, wie so manch anderes Dorfpaar in Nepal. Obwohl sie ähnliche Namen tragen und dauernd auf Sichtweite miteinander leben, sind doch gewisse feine Unterschiede festzustellen. Ghandrung ist größer und die Häuser massiger und reicher. Landrung macht derweil eher einen etwas schmuddeligen Eindruck. Während Ghandrung sich dauernd herausputzt und elektrifiziert wurde, ist Landrung etwas verrufen, da man dort oft für irgendwelche Spenden angerempelt wird, ohne daß die dubiosen Projekte und die bedürftigen Objekte, wie Sanitätsposten, Schule oder Wege, gebaut oder verbessert worden wären. In ganz Nepal können immer wieder stark abweichende Dorfcharaktere beobachtet werden, obwohl die Siedlungen vielleicht nur ein paar Minuten auseinanderliegen. Die Unterschiede können manchmal schon aufgrund des Zustandes des Weges erahnt werden.

Nach Landrung geht es fast flach talaus. Andere Trekker kommen uns entgegen, ein alltägliches Bild auf den Wegen rund um Pokhara. Wir reden mit ihnen und erfahren, daß sie ins Deuthal hinein wollen. Da jetzt ein neuer Weg von Landrung über Chhomrong dorthin führt, erübrigt sich das zweimalige Begehen der gleichen Strecke auf dem Hin- und Rückweg. Vor uns liegt ein kleiner Paß im Wald. Nach ungefähr 400 Metern Aufstieg trinken wir Tee auf dem Bhichuk Deorali. Eine kleine Teestube linker Hand ist mir von einem früheren Besuch her bekannt, und die Wirtin erkennt mich auch sofort wieder. Die Nepali sind eigentlich von Grund auf nette Leute, diese natürliche Freundlichkeit schlägt jedoch dann in Freude und tiefe Herzlichkeit um, wenn man sich die Mühe nimmt, alte Bekannte wieder aufzusuchen. Natürlich können dabei sprachliche Hürden auftreten, aber die Sprache der Menschlichkeit wird auf der ganzen Welt verstanden. Zudem beinhalten sprachliche Hürden auch den Ansporn, diese zu überwinden.

Nepali kann glücklicherweise zu den eher einfachen Sprachen gezählt werden, weshalb das Erlernen mehr Spaß als Kopfzerbrechen bereiten wird. Die Sprache ist der Schlüssel zu den Menschen, speziell zu den einfachen.

Stürmischer Ausklang

Als wir also mit der Wirtin plaudern, Tee trinken und Biskuits essen, während die Hühner die Krümel aufpicken, braut sich ein Gewitter zusammen. Wir verlassen den freundlichen Ort und steigen durch den Wald nach Pathana ab. Schon erfaßt uns das Unwetter, und mit Schirmen bewaffnet streben wir dem Zielort zu. Ein Blitz kracht ganz in der Nähe in einen Baum, Graupelkörner prasseln hernieder, und der Waldboden verwandelt sich in ein unschuldiges Weiß. Bald ist der Spuk vorbei, und am nächsten Morgen sind wir Zeugen eines phantastischen Sonnenaufgangs. Pathana liegt auf einem prächtigen Aussichtspunkt. Auf der einen Seite stehen die ewigen Annapurnaberge und auf der anderen reihen sich die Hügel in die Unendlichkeit. Einmal mehr verabschieden wir uns von den rührigen Wirtsleuten, die uns auch hier prächtig umsorgt haben. Es folgt ein kurzer Tag. Nach gemächlichem Abstieg stärken wir uns mit einigen Gläsern Tee in Dhampus, bewundern noch einmal die Bergkette im Norden und steigen steil hinunter in die heiße Ebene von Suikhet Phedi, wo wir einen Bus nach Pokhara erwischen.

Neugierig, aber etwas skeptisch betrachtet dieses Mädchen das Treiben der Fremden. (Ramghai/Lamduali, 1230 m)

3 Über drei wichtige Pässe und die tiefe Schlucht des Dudh Kosi an den Fuß des Mt. Everest

Der Hauptweg ins Khumbu

Das topographische Gebiet der Hügel weist die Besonderheit auf, daß Kämme und Täler von Norden nach Süden laufen. Auf dieser Tour bewegt man sich jedoch von Westen nach Osten, die respektablen Bergrücken und die tief eingeschnittenen Flußläufe werden also gequert. Dabei eröffnet sich dem Wandernden ein stetiger Wechsel der Klimastufen und die ethnische Zusammensetzung der Siedlungen. Bei zunehmender Dauer gelangt man immer mehr in das Siedlungsgebiet des Sherpavolkes. Neben den landschaftlichen Reizen bildet die Begegnung mit diesen sympathischen Menschen und deren Kultur und Religion die große Attraktion.

Wieder fühlte ich das zufriedene Glück, mit Menschen unterwegs zu sein, deren Gedanken und Handlungen, auch wenn sie einer mir fremden Kultur entsprangen, mich in wunschlose Harmonie hüllten.
Herbert Tichy,
»Land der namenlosen Berge«

Phurba Sherpa steigt in den überfüllten Bus in Balaju, dem Buspark von Kathmandu. Er zwängt sich auf den Sitz, den er mit seinen Freunden Pasang und Wangchuk teilt. Ihr Gepäck, ein Rucksack und zwei Körbe mit Küchenutensilien, ist auf dem Dach verstaut. Eine lange, ermüdende Fahrt steht ihnen bevor. Irgendwann spät heute abend werden sie gerädert in Jiri aussteigen. Nach längerem Hin und Her, viel Diskussion und Aufregung setzt sich das Fahrzeug endlich in Bewegung. Unterwegs überlegt sich Phurba, wie viele Male er wohl schon diese Strecke gefahren sei. Seit die Straße 1984 fertig wurde, bildet Jiri so etwas wie das Tor zum Sherpaland. Früher mußten die Sherpa von Lamosanghu aus wandern, noch früher sogar aus dem Kathmandutal. Der Zugang vom Terai wurde im Winter oft benutzt. Einerseits fand in Katari ein großer Markt statt, andererseits war der Weg aufgrund der geringeren Höhen sicherer und schneller. Die anschließende Busfahrt nach Kathmandu war wiederum teurer und sehr lang. Die Jiri-Straße hat in dieser Beziehung eine Erleichterung gebracht.

Kurzcharakteristik

Klassischer, akklimatisationsfördernder Zugang ins Everestgebiet, permanente Höhendifferenzen. Diese lohnende Tour kann als Vorbereitung für einen Everest-Trek sehr empfohlen werden.
Neben ethnisch-klimatischer Vielfalt und Vogelreichtum bietet die Gegend einige interessante buddhistische Klöster.
Beste Jahreszeit: Ideal sind die Monate Oktober bis Juni.
Gesamtgehzeit: Etwa 6 Tage.
Kartenskizze: Siehe Seite 80.

Von Jiri nach Shivalaya

Jiri hat sich stark entwickelt, ist größer und schmutziger geworden, seit es die Straße mit dem Rest der Welt verbindet. Phurba packt seinen Rucksack und zahlt dem Wirt für die Übernachtung und das Essen, das er, Pasang und Wangchuk gestern abend noch genossen haben. Der Wirt, ein Verwandter von Phurba, möchte nichts dafür, und es gelingt Phurba erst nach mehrmaligem Insistieren, seine Rupien loszuwerden. Seine zwei Freunde haben die Körbe bereits gebuckelt und streben von dannen. Phurba verabschiedet sich ohne große Worte, trinkt noch ein großes Glas Tee, das der Wirt ihm zum Abschied offeriert, trinkt noch ein zweites und folgt ihnen.

Vorgestern hatten die drei von Ang Tembas Trekkingagentur Bescheid bekommen, sie müßten über Jiri nach Luglha, um dort für eine Gruppe bereitzustehen, die demnächst per Flugzeug eintreffen wird. Sie waren soeben von einem Trek rund um die Annapurna zurückgekehrt. Einerseits sind sie etwas müde, andererseits freuen sie sich, schon wieder eine ansprechend bezahlte Arbeit zu haben. Des weiteren sind sie natürlich erfreut, in ihre engere Heimat zurückzukehren. Dies ermöglicht vielleicht einen Abstecher nach Hause. Sicher ist für sie aber ein Trek zum Everest ein »Heimspiel«, das ein Wiedersehen mit vielen Verwandten bringt.

Gleich hinter Jiri muß die erste Hürde überwunden werden, die Patashe Danda, 2380 m, ein windiger Paß. Beim ersten Rastplatz inmitten von Tränenkiefern holt Phurba seine Begleiter ein. Weiter oben kehren sie kurz in die Teestube des Onkels von Wangchuk ein, wo sie *chang* offeriert bekommen. Seit dem Bau der Straße haben sich einige geschäftstüchtige Sherpa am Wegrand niedergelassen, um dort vom Durchgangsverkehr zu profitieren. Unterwegs sind die drei in ein Gespräch vertieft. Obwohl sie nun bald zwei Monate auf diversen Treks unterwegs waren, scheint ihnen der Gesprächsstoff nicht auszugehen. Sie sprechen Sherpa untereinander. Im Kontakt mit anderen Nepali sprechen sie jedoch fließend deren Sprache. Viele Sherpa wachsen praktisch mit beiden Sprachen auf oder erlernen Nepali spätestens in der Schule mit einer gewissen Leichtigkeit. Ein gesundes Gespür für Sprachen ist ihnen angeboren.

Sie steigen ab nach Shivalaya, wo sie resolut in eine der vielen Lodges schreiten und sich ein Mittagsmahl bestellen. Es ist kurz nach elf Uhr morgens. Ein klarer Tag begleitet sie und ein angenehmer Wind erfrischt das Tal des Khimti Khola. Natürlich wurden auch hier verwandtschaftliche Beziehungen ausgenutzt. Pasangs Schwester eröffnete diese Lodge vor zwei Jahren. Im Nu sitzen sie hinter je einem riesigen Teller voller Reis, Gemüse und Linsen und essen diese Portionen im Handumdrehen. Die Trekker am gegenüberliegenden Tisch schütteln nur ungläubig ihre braungebrannten und etwas struppigen Häupter, als Pasangs Schwester mit einer großen Kelle wuchtig nachschöpft. Die Trekker knabbern derweil an ihren Frühlingsrollen und fragen Phurba, ob es noch weit sei bis Jiri. »Not so far«, sagt Phurba vielsagend und greift in den Reis. Die Sherpa essen, wie die meisten Nepali, mit Vorliebe mit den Händen. »Es schmeckt so besser«, versichert Phurba den Fremden auf ihre diesbezügliche Frage.

Deorali, die erste Hürde

Die Körbe stehen draußen an der Sonne auf einem Rastplatz. Einige Träger stellen gerade einige bunte Seesäcke dazu, wohl die Habseligkeiten der Fremden im Gast-

Traditionell sind die Pässe in lamaistischen Gebieten mit Steinhaufen (*labtsa*) und Gebetswimpeln (*lung ta*) geschmückt. (Lamjura, 3530 m)

haus. Ohne sich eine weitere Pause zu gönnen, besteigen unsere drei Sherpa wie Gemsen den steilen Hang in Richtung des zweiten großen Passes des heutigen Tages. Dabei überholen sie einige Leute, die mit schweren Körben dem gleichen Ziel zustreben. Diese haben in Jiri Reis eingekauft und tragen diesen nun zu ihrem Dorf im Solu. Phurba erkundigt sich nach den Preisen.

Wenn Sherpa in solchem Auftrag unterwegs sind, bewältigen sie teilweise erstaunliche Wegstrecken innerhalb kürzester Zeit. Ein Trekker würde wohl froh sein, auf dem 2705 Meter hohen Paß seine Tagesetappe von Jiri her zu beenden. Phurba und die Seinen jedoch halten auf dem Deorali nur kurz an, um einen Tee zu trinken. Ohne sichtliche Eile schauen sie zu, wie zwei Nepali Karambol spielen. Wangchuk trifft jemand aus seinem Dorf, das sich zwischen Luglha und Namche Bazar befindet. Er erfährt damit den neuesten Klatsch aus Ghat. Oft staunt man, wie diese Leute ohne Telefon, Rundfunk und Fernsehen, ohne Zeitung und Briefpost über alles Wichtige sehr schnell Bescheid wissen. Die Buschtrommel funktioniert ausgezeichnet. Sie steigen nun nach Bhandar ab. Dies ist das erste Sherpadorf auf ihrem Weg an den Fuß des Everest. Am oberen Ende der Streusiedlung stehen zwei mächtige *chörten*, über denen mehrere Leinen mit flatternden Gebetsfahnen befestigt sind. Nach einer kurzen Rast gehen sie weiter nach Tharo Khola. Dort sehen sie an einem Baum längliche Früchte hängen. Diese werden *bimbiraa* genannt. Ein kleiner, sehr saurer Kern wird von einer weichen, süß-bitteren und eßbaren Schale umschlossen. Phurba kauft eine dieser Zitrusfrüchte und zerteilt sie mit dem *khukuri*, dem Allerweltswerkzeug der Gurkha. Während sie wie immer schwatzend weitermarschieren, schmatzen sie mit sichtlichem Vergnügen diese heißbegehrte Frucht der Subtropen. Der Weg führt entlang des Likhu Khola, der auf einer langen, schwankenden Hängebrücke überquert wird. Auf der anderen Seite erreichen sie bald Kenja, ein Marktflecken am Fuß des Lamjura. Die Gassen sind mit großen Granitplatten ausgelegt und machen einen sauberen, ja gepflegten Ein-

druck. Vor dem Polizeiposten am Eingang dieser kompakten Siedlung steht ein schönes Reitpferd.

Hier wohnen Angehörige mehrerer Volksgruppen: Kami, Sarki, Damai, Newar, Chhetri, Bahun und Sherpa. Phurba schaut zum Himmel und sieht die Sonne knapp über jenem Hügel, hinter dem sie wohl in wenigen Minuten verschwinden wird. Nach einem Glas *chang* und etwas *chiuraa* verlassen sie auch noch diesen gastlichen Ort und steigen abermals auf. Der Weg glitzert richtig, er besteht aus Glimmersand. Hoch über ihnen liegt Sete. Dorthin wollen sie noch. Die Ausdauer dieser Leute scheint keine Grenzen zu haben. Nun profitieren sie noch von der Tatsache, daß der Aufstieg in den kühlen Abendstunden einfacher vonstatten geht als tagsüber in der glühenden Hitze. Phurba geht voraus, da er weniger trägt als die beiden Küchenboys, die jeder für sich doch ihre 30 Kilo tragen. In Sete, auf fast 2600 Meter, wohnen wiederum Sherpa. Sie werden die folgenden Dörfer dominieren, mit Ausnahme von Jubing, dessen Ausnahmeerscheinung wir noch kennenlernen werden.

Die Hauptnahrung dieses Bergvolkes besteht aus Kartoffeln. So verwundert es nicht, daß Phurba heute solche zum Nachtessen bestellt. Üblicherweise gibt es dann Pellkartoffeln, die zusammen mit einer scharfen Sauce gegessen werden. Manchmal wird dazu auch ganz einfach ein Gewürzpulver gereicht, dessen Basis aus Salz und *yermang* besteht. Letzteres findet sich im Wald. Es handelt sich um die Fruchtkapsel eines Busches, der in Höhen zwischen 2500 und 3500 Meter anzutreffen ist. *Yermang*, im übrigen Nepal *timbur* genannt, eignet sich auch vorzüglich für den Einsatz gegen die lästigen Blutegel, die während des Monsuns zu Millionen das ganze Land bis in Höhen von rund 3500 Meter überfluten.

Lamjura, die zweite Hürde

Die Nacht ist kalt und ruhig in Sete, einige Pferde grasen und das wehklagende Singen eines einsamen Schakals ist zu hören. Nach einer Tasse Tee brechen unsere drei Freunde auf. Sie steigen hinauf auf den Gratrücken, den sie bei Dakchö erreichen. Nun verschwinden sie in einem schönen Mischwald, dessen Vogelreichtum sprich-

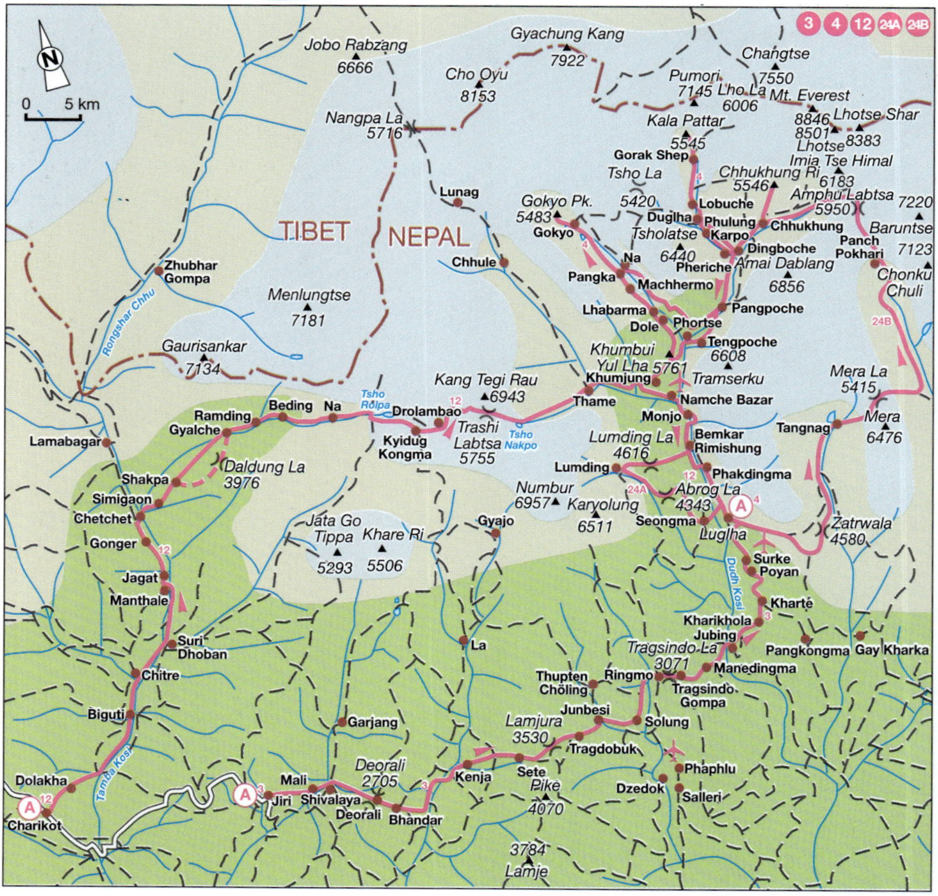

wörtlich ist. Im Frühling blühen hier die großen Rhododendren in allen Farben. Einige Manimauern liegen mitten im Weg. Phurba, Pasang und Wangchuk gehen links daran vorbei, so wie sie es auch bei einzelnen Gebetsfahnen oder *chörten* tun. Die Sherpa sind Buddhisten, pflegen den Lamaismus, die tibetische Form dieser Glaubensrichtung, die sie aus ihrer ehemaligen Heimat Osttibet mitgebracht haben. Als solche umgehen sie diese Manifestationen des Glaubens immer in der Richtung des Uhrzeigers. Natürlich werden auch Klöster oder mit Gebeten vollgemeißelte Felsblöcke immer links umgangen, was zuweilen auf dem Pfad zu kuriosen Umwegen führt. Mit dem bewußten Umkreisen religiöser Mahnmale erinnert sich der Gläubige seines *dharma*.

Der Weg verläßt nun den sonnigen Kamm und führt durch Rhododendronwald und über Weiden fast flach zur Paßhöhe des Lamjura, 3530 m, wo ein mit Gebetsfahnen bestückter Steinhaufen die Reisenden empfängt. Phurba wirft einen Stein darauf und murmelt Gebete. Einige Träger kommen uns mit leeren Körben entgegen. Sie waren auf den Märkten von Salleri und Namche. Sofort werden natürlich wieder die Neuigkeiten und Marktpreise ausgetauscht. Die Träger gehen nach Jiri zurück und holen Nachschub für eine Lodge in Namche Bazar.

Wie üblich gehen Pasang und Wangchuk voraus, während Phurba noch mit den Marktgängern spricht. Er hebt seinen Rucksack auf und macht den Umweg links um den Steinhaufen mit den Gebetswimpeln, die in den Farben Blau, Weiß, Gelb, Rot und Grün im Wind hin- und herwehen. Es ist ein milder, angenehmer Tag. Weit weg am Horizont sind einige Schneeberge zu sehen. Ein Flugzeug fliegt relativ knapp über den Paß in Richtung Kathmandu. Vermutlich kommt es aus Luglha. Der Wald ist dunkel und mächtig, der Weg aber breit und stark ausgetreten. Hundertschaften von Trägern und Trekkern wandern hier durch. Allerdings sind es nicht so viele Touristen wie im oberen Teil des Khumbu wo sich die hohen Berge befinden. Der Marsch von Jiri nach Luglha nimmt sechs Tage in Anspruch. Dazu kommt die Busfahrt von Kathmandu zum Ausgangspunkt, das gibt zusammen eine Woche. Der Trek zum Fuß des Everest dauert nochmals 10 bis 16 Tage, je nachdem, welche Seitentäler noch besucht werden.

Tourenprofil Tour 3

Strecke		Höhe	Gehzeit	Entfernung	Pässe/Bemerkungen
Start: Jiri		1860 m	–	–	Straße von Kathmandu
1.	Deorali	2705 m	5 Std.	15 km	Patashe Danda, 2380 m
2.	Sete	2575 m	5½ Std.	14 km	–
3.	Junbesi	2675 m	5 Std.	15 km	Lamjura, 3530 m
4.	Manedingma	2250 m	5 Std.	16 km	Tragsindo La, 3071 m
5.	Poyan	2770 m	6 Std.	18 km	–
6.	Luglha	2834 m	3½ Std.	12 km	–
Ende: Luglha		2834 m	–	–	Flugplatz
Total etwa:			30 Std.	90 km	

Damit erreichen viele Fremde jene Schallgrenze an Urlaubstagen, die eine Kombination beider Treks nicht mehr zuläßt. In diesem Fall verzichtet man auf den Anmarsch und fliegt nach Luglha. Dies tun auch Phurbas zukünftige Gäste. Die Agenturen setzen dann in der Regel Personal ein, das sich schon vor Ort befindet. Ist dies nicht der Fall, so werden Leute vorausgeschickt, wie unsere drei Freunde. In dringenden Fällen werden Sherpa mit oder kurz vor den Gästen eingeflogen, was aber aufgrund der notorischen Überbuchungen auf dieser Linie kein einfaches Unterfangen darstellt.

Die ersten Sherpadörfer

Bald sieht Phurba die ersten Felder und Weiden und eine Lodge, wo er auf Pasang und Wangchuk trifft. »Essen wir hier oder in Tragdobuk?« fragen sie Phurba. Sie gehen weiter zum nächsten Dorf, aber auch dort gehen sie vorbei und landen schließlich in Junbesi, wo sie natürlich wieder Verwandte haben. Phurbas Bruder wohnt hier. In dessen Haus, ganz in der Nähe des großen Klosters, werden sie verpflegt. Die Schwägerin, eine sehr lustige und fröhliche Sherpani, hat *shakpa* auf dem Feuer, das klassische Sherpa-Eintopfgericht aus Gemüse, Kartoffeln und Teigtaschen.

Ganz hier in der Nähe liegt das bedeutende Kloster von Thupten Chöling. Dort residiert der vielleicht höchste Würdenträger des Solukhumbu, der Trulshig Rimpoche. Dieser hohe Lama wird auch als der »Herr der Tänze« bezeichnet, brachte er doch die Tradition der Mani Rimdu-Mönchstänze von Tibet hierher. Diese Festivitäten werden jedes Jahr in den Klöstern Thame (Frühling), Tengpoche und Chiwong (Herbst) durchgeführt und ziehen eine Menge Schaulustiger aus nah und fern an.

Phurbas Eltern wohnen eigentlich ganz in der Nähe in einem Dorf mit dem Namen Korea. Im Scherz fragen wir manchmal Phurba, ob er aus Süd- oder Nordkorea stamme.

Frisch gestärkt an Leib und Seele steigen die Sherpa behend durch die Tränenkiefernwälder hinauf nach Solung, wo auf einmal die ganze Pracht des Khumbu Himal sichtbar wird. Der Everest zeigt sich scheu und zurückgezogen hinter seinen Vorbergen, nur seine mächtige Kondensfahne verrät ihn. Die Sherpa gehen ihres Wegs und beachten das Bild nicht. Diese Schneeberge, das ist für sie der Alltag. Die meisten von ihnen wissen nicht einmal

Nützliche Hinweise:

Anreise / Rückreise: Jiri verfügt über tägliche Busverbindungen mit Kathmandu. Die Reise dauert 8 bis 12 Stunden. Der Flugplatz von Jiri wird jedoch nicht mehr für Passagierflüge bedient. Von Luglha aus bietet sich zunächst der Trek ins obere Khumbu (siehe Tour 4) oder ins Aruntal (siehe Tour 27). Ferner fliegen zwischen 6 und 12 Flugzeuge und Helikopter täglich nach Kathmandu (Ticket vor Trek in Kathmandu beschaffen und in Luglha bestätigen lassen).
Übernachtung: Die ganze Route ist mit guten Lodges und Teestuben ausgezeichnet abgedeckt. Auch sind überall Plätze für die Zelte zu finden, sei es auf abgeernteten Feldern, Wiesen oder bei den Lodges.
Karten: »Schneiderkarten« 1:50 000: Nr. 5 Shorong / Hinku und Nr. 6 Tamba Kosi / Likhu Khola.

Beim Abstieg vom Tragsindo La führt der Weg durch Terrassen, auf denen Weizen, Mais, Hirse und Kartoffeln angebaut werden. (Manedingma, 2250 m)

deren Namen und nennen sie einfach »Himal« – Schneegebirge.

Solung liegt außerordentlich schön auf einer Sonnenterrasse hoch über dem Tal. Unten kann man das Flugfeld von Phaphlu erkennen und gegenüber den Tragsindo La, das nächste Hindernis. Wieder geht es leicht hinunter nach Ringmo, das für den Anbau köstlicher Äpfel berühmt ist. Natürlich sind dort auch verarbeitete Produkte zu finden, wie getrocknete Apfelringe, Apfelsaft und Apfelschnaps. Von Ringmo führt übrigens ein Bergpfad zum heiligen See von Dudh Kunda, jeden Sommer der Ort eines großen Gebetsrituals, an dem neben buddhistischen Mönchen auch Schamanen teilnehmen. Über Ringmo winkt der letzte große Paß der Reise. Phurbas Delegation erreicht diesen schon. Sie sind vom Dorf direkt aufgestiegen, ohne den kleinen Umweg über die kleine Käserei zu machen. Auf der anderen Seite des Passes geht es kurz hinunter zur Tragsindo Gompa, einem prächtigen Kloster in schönster Lage. Wangchuk geht voraus und begrüßt im Klosterhof seinen älteren Bruder, den er hier zu treffen hoffte. Viele Sherpafamilien senden zumindest einen ihrer Söhne ins Kloster, entweder im Khumbu selbst oder in Kathmandu. Der Bube tritt mit fünf bis sieben Jahren ein und erhält einen neuen Namen, den er bis an das Ende seiner Mönchstage trägt. Wanchuks Bruder wird demnächst Tragsindo verlassen und seine Studien in Kathmandu fortsetzen. Natürlich werden die drei bewirtet, und die Dämmerung hat sich schon stark entwickelt, als sie sich schließlich durch den etwas willkürlich durchforsteten Wald nach Manedingma hinunterbegeben, wo sie den heutigen Tag beschließen.

Jeden Samstagvormittag findet in Salleri ein großer Wochenmarkt statt, der Anbieter und Käufer aus der Region zusammenführt. (Salleri, 2320 m)

Aufstieg durch das Tal des Dudh Kosi

Der Abstieg geht weiter bis zum Talboden, der durch den schäumenden Dudh Kosi gebildet wird. Eine große Hängebrücke überspannt diese Wasser, die von den Südabdachungen des Everestgebirges stammen. Interessanterweise erfolgt die Entwässerung der nördlichen Hänge ebenfalls in Richtung Sapt Kosi und Ganges. Der mächtige Arun, wohin auf der tibetischen Seite die Wasser fließen, durchschneidet nämlich den Hauptkamm zwischen Khumbakarna- und Umbhak Himal, fließt also östlich des Makalu auch nach Süden. Auf der anderen Seite des Stegs glaubt man sich zunächst in einer anderen Welt. Mandarinenbäume, Reisfelder und Bambusbüsche säumen den Weg in Jubing, wo auch keine Sherpa wohnen, sondern Rai. Das Hauptsiedlungsgebiet dieses urnepalesischen Stammes befindet sich gerade südöstlich des Khumbu.

Die drei Sherpa verlieren nicht viel Zeit und steuern zielstrebig nach Kharikhola, wo wieder Leute ihresgleichen wohnen. Viele nette Lodges stehen dort, und statt Reis werden hier Kartoffeln und Mais angebaut. Mitten im Dorf steht ein alter *chörten*, dessen Augen die Wanderer zu fixieren scheinen. Gleich nach dem kleinen Seitenbach steigt der Weg steil nach Bupsa an, wo sich auch eine stattliche Anzahl Lodges befindet. Danach geht es weiter im Wald, stetig ansteigend und hinein in diverse Mulden, bevor das markante Seitental von Poyan erreicht wird. Die eine Seite bleibt dort bewaldet, auf der anderen hat sich ein kleines Dorf gebildet, dessen Existenz in diesem schattigen Tal ein wenig dem Strom hungriger und durstiger Trekker zu verdanken ist. Auch die zahlreichen Marktfahrer, die Reis und Mais aus südlichen Gefilden in Richtung Namche Bazar tragen, oder die ebenfalls vielen Träger für die Lodges weiter oben, sie alle erfreuen sich der Annehmlichkeiten des hiesigen Angebots. Hat man einmal das Tal

verlassen, folgt sofort wieder ein steiler Abstieg nach Surke. Dort teilen sich die Wege. Die Trekker, die nach Namche und von dort weiter möchten, gehen geradeaus in Richtung Chaunrikharka und Phakdingma. Unsere drei Sherpa Phurba, Pasang und Wangchuk steigen kurz nach Surke auf einer steilen Treppe nach rechts hoch und erreichen bald darauf Luglha und sein berühmtes Flugfeld, das von weitem eher wie ein Kartoffelacker und von nahem eher wie eine Geröllhalde aussieht. Phurba steigt hoch zur Bleibe, wo er sich melden soll. Dawa Tsering und Nang Lhamo empfangen ihn freundlich. Nach einigen Tassen Tee erfährt er, daß die Gruppe bereits am morgigen Tage eintreffen soll. Pasang und Wangchuk wärmen sich am Feuer des Herdes und essen Pellkartoffeln.

4 Vorbei an Sherpadörfern, Klöstern und traumhaften Gipfeln zum höchsten Berg der Welt

Der Everest-Trek

Der Mt. Everest, in Nepali Sagarmatha und in Tibetisch Chomolungma genannt, bildet mit seinen 8846 Metern die höchste Erhebung der Erdkruste. Dieser 1953 erstmals bestiegene Berg ist umgeben von einem Meer anderer Bergriesen. In diese eingebettet liegt das Herzland der Sherpa, das Khumbu. Diese Hochtäler gehören zu den höchsten Siedlungsgebieten der Erde, liegen doch die höchsten Dörfer auf 4000 Meter und sogar darüber. Angesichts der großartigen Bergkulissen wird der Weidebetrieb bis auf 5500 Meter über dem Meeresspiegel betrieben. Dabei spielt der Yak eine zentrale Rolle. Viehzucht und Tauschhandel mit dem angrenzenden Tibet bilden neben dem Tourismus das traditionelle Erwerbsfeld der lamaistischen Sherpa.

Damit der Kontakt der Menschen miteinander in der ganzen Welt erweitert und intensiviert wird, sollte der internationale Tourismus nach Kräften gefördert werden.
S. H. Tenzin Gyatso, der XIV. Dalai Lama,
»Ein menschlicher Weg zum Weltfrieden«

Die Twin-Otter gleitet stabil durch die Lüfte, nur dann und wann vermag sie eine kleine Turbulenz etwas zu schütteln, als wolle sie uns daran erinnern, daß wir uns nicht mehr am Boden befinden. Der Pilot liest die Zeitung, der Kopilot rückt sich die Sonnenbrille zurecht. Unter uns sind verschiedene Merkpunkte zu sehen: Jiri, Deorali, Bhandar, Kenja, Lamjura, Tragsindo. Nun macht der Kopilot eine weiche Kurve nach links, dorthin, wo sich die Kulisse der Schneeberge auftürmt. Eine Schlucht öffnet sich und weit, weit unter uns schäumt ein wildes Wasser, der Dudh Kosi. »Wo um Himmels willen will der landen?« fragt jemand hinter mir. Ang Temba, der Sirdar, und Mingma, der Koch, sind eingeschlafen, ebenso die Stewardeß. Vor uns sehen wir einen Berg, dessen riesige Flanke durch den Schatten, der in ihr weilt, noch bedrohlicher wirkt. Am unteren Ende des Steilhangs sehen wir einige Häuser und einen länglichen, geneigten Grasstreifen, der in unsere Richtung zeigt: die Piste! Es bleibt nicht mehr viel Zeit für Bedenken oder sogar Angst, denn schon rumpeln wir – umgeben von einer kolossalen Staubfahne – bergauf, und der geschickte Pilot bringt es fertig, den Schwung der Maschine für ein gekonntes Parkmanöver auszunutzen. Wir sind in Luglha gelandet.

Begegnungen in Luglha

Nachdem sich die Staubwolke gelegt hat, erkennen wir durch die trüben Scheiben des Flugzeugs eine stattliche Menschenmenge, die am Rand der Piste zuschaut. Unter ihnen befinden sich auch drei jüngere Sherpa: Phurba, Pasang und Wangchuk. Schon begrüßen wir sie, und sie helfen uns, unser Gepäck in die Lodge zu tragen. Während Ang Temba und Mingma im Dorf noch einige Vorkehrungen für unseren morgigen Start treffen, richten wir uns in dem behäbigen Haus seiner jüngeren Schwester ein. Nang Lhamo hat zwei kleine Kinder und mehrere Angestellte, mit denen sie den Betrieb der großen Lodge sicherstellt, derweil ihr Mann, der sanfte, aber bestimmte Dawa Tsering das Amt des Bürgermeisters bekleidet und diversen geschäftlichen Verpflichtungen nachgeht. Dabei setzt er seine Vernunft, seine Cleverneß und sein Wissen mit viel Charme ein, eine Kombination, die ihre Wirkung nicht verfehlt.

Wir trinken Tee und essen Glukose-Biskuits, dabei hören wir, wie unsere Maschine wieder abhebt. In letzter Zeit sind die Tragflächenflugzeuge von Großhelikoptern aus ehemaligen Sowjetbeständen etwas verdrängt worden. Die Hubschrauber haben eine beachtliche Transportkapazität, nämlich 24 Passagiere und gleichzeitig 4000 kg Nutzlast. Ein Flug mit einem solchen Ungetüm ersetzt somit drei Twin-Otter, die 17 Passagiere und nur 1300 kg Fracht mitnehmen können. Dabei braucht der Heli nur etwa sieben Minuten mehr für die Strecke von Kathmandu nach Luglha als das Flugzeug und kann dabei auch noch nach Schneefall gut landen und starten. Allerdings müssen sich die Luftfahrtbehörden und die Verwaltung des Sagarmatha-Nationalparks gegen den Mißbrauch mit diesen Maschinen zur Wehr setzen. Die Versuchung ist groß, 70 bis 80 Touristen auf der Wiese von Tengpoche abzusetzen, die schnell den Konvent anschauen und wieder in die Lüfte in Richtung der Hauptstadt entfliehen, ohne etwas Wesentliches von dieser großartigen Landschaft und deren Hintergrund mitbekommen zu haben. Die Helikopterflüge werden auf die Flugplätze in Phaphlu (Solu), Luglha und Syampoche sowie zugunsten klar nachweisbarer Hilfs- und Rettungsaktionen begrenzt, und das ist gut so.

Der Trek wird uns in die vier Talschaften des oberen Khumbu führen, dabei gedenken wir, drei schöne Aussichtsberge zu besteigen. Zunächst folgen wir aber dem Dudh Kosi, überwinden die Talstufe nach Namche Bazar und werden dort einen Ruhetag einlegen, der – so hoffen wir – der Höhenakklimatisation förderlich ist. Danach werden wir uns ganz langsam in die größeren Höhen wagen.

Kurzcharakteristik

Herrlicher, aber anspruchsvoller Hochgebirgstrek durch die Täler des oberen Khumbu. Neben dem grandiosen Panorama der höchsten Gipfel dieser Welt sind zahlreiche Tierbeobachtungen innerhalb des Sagarmatha-Nationalparks möglich. Der Trek bietet gute Einblicke in die Lebensweise, Kultur und Religion des hier ansässigen Sherpavolkes.
Beste Jahreszeit: Trotz einzelner Schneeschauer im Winter kann der Trek ab Oktober bis Juni durchgehend unternommen werden.
Gesamtgehzeit: Etwa 19 Tage.
Kartenskizze: Siehe Seite 80.

Die tragenden Säulen der Karawane

Sirdar Ang Temba Sherpa wohnt eigentlich in Kathmandu, da sich das Trekkinggeschäft dort abspielt. Er unterhält eine eigene Agentur, nimmt sich aber dann und wann auch die Zeit, Gruppen selbst zu begleiten, besonders, wenn auf dem Programm Gebiete stehen, die er selbst nicht

kennt, oder wenn die Fahrt in seine engere Heimat führt, wie jetzt. Dabei ist er in der Lage, das Angenehme mit dem Nützlichen zu verbinden. Seine Eltern und seine Frau wohnen nur etwas unterhalb von Luglha, ferner befindet sich der größte Teil seiner Verwandtschaft links oder rechts des Wegs, den wir in den kommenden knapp drei Wochen beschreiten werden.

Mingma Lama, der Koch, gehört dem Stamm der Tamang an. Er kennt das Khumbu wie seine Hosentasche, hat er doch als Reisträger, später als Träger für Trekkinggruppen, Küchenboy und als Koch diese Wege viele Male beschritten.

Phurba wird sich um unsere Zelte und jene Teilnehmerinnen und Teilnehmer kümmern, die es gerne etwas gemütlicher haben. Pasang und Wangchuk agieren als Küchenboys und tragen Lebensmittel und das Küchenmaterial. Dazu kommen Lhakpa Dorjee Tamang, der den Kocher und das Kerosin trägt, und die Sherpani Ang

Der Mt. Everest, 8846 m, zeigt im Winter sein grauschwarzes Felskleid, während er im Sommer vom Monsunschnee bedeckt wird. (Kala Pattar, 5545 m)

Sona und Rinchen Dolma, die mit vier Yaks aus Namche angereist sind, um uns abzuholen. Die grunzenden Tragtiere stehen im Hof der Lodge und fressen das Gras, das die Betreuerinnen mitgebracht haben.

Von Luglha nach Monjo

Wir starten. Nach dem Abschied von unseren überaus aufmerksamen Gastgebern schlendern wir über das Flugfeld, wo sich bereits wieder eine stattliche Menge Leute in Erwartung eines Fluges eingefunden hat.

Luglha entwickelte sich nach dem Bau dieser Piste beinahe dramatisch. Die ehemalige Schafweide (Sherpa/tib. *lug* = Schaf, *lha* = Weide) hat sich zum Dreh- und Angelpunkt des Trekkingtourismus in Khumbu gemausert. Zahlreiche Häuser, hauptsächlich große Lodges, säumen die Basarstraße. Abrupt endet das Dorf, und wir steigen auf einem breiten Weg hinunter, vorbei an einer riesigen Stecheiche, und schon befinden wir uns in Cheplung, wo der Hauptweg aus Jiri einmündet. Jene, die von dort ins Khumbu wandern, müssen also nicht unbedingt nach Luglha aufsteigen, sondern können direkt in höhere Gefilde vordringen. Dieser breite Pferdeweg bleibt über weite Strecken flach, ja steigt sogar ab nach Ghat, der tiefstgelegenen Siedlung auf dem Pfad nach Namche.

Heute steht nur eine kurze Etappe auf dem Programm. Phakdingma heißt der Zielort, wo die andere Schwester von Ang Temba wohnt. Sie betreibt dort nicht weniger als drei Lodges. Ihr schwungvolles Auftreten und ihr angeborenes Lachen helfen ihr, diese nicht immer leichte Aufgabe zu meistern. Ihr Ehemann, Nyima Dorjee, hilft im Betrieb mit und bewältigt nebenbei noch den Bau eines großen Hauses in der fernen Hauptstadt. Es gilt in Nepal auf dem Lande als chic, in Kathmandu ein eigenes Haus zu besitzen. Bei uns nennt man so etwas ein Statussymbol. Die große Nachfrage nach Bauland im Kathmandutal führte dort jedoch zu einer vehementen Verteuerung der Bodenpreise.

Tourenprofil Tour 4

Strecke		Höhe	Gehzeit	Entfernung	Pässe/Bemerkungen
Start: Luglha		2834 m	–	–	Flugplatz
1.	Phakdingma	2600 m	2½ Std.	9 km	–
2.	Namche Bazar	3440 m	4½ Std.	13 km	–
3.	Namche Bazar	3440 m	–	–	Ruhetag / Akklimatisation
4.	Thame	3800 m	4 Std.	12 km	–
5.	Khumjung	3750 m	3½ Std.	13 km	–
6.	Dole	4040 m	4 Std.	12 km	Mong, 3973 m
7.	Pangka	4480 m	3 Std.	9 km	–
8.	Gokyo	4750 m	2 Std.	6 km	–
9.	Gokyo	4750 m	4 Std.	8 km	Gokyo Peak, 5330 m
10.	Na	4420 m	2 Std.	8 km	–
11.	Phortse	3840 m	4 Std.	16 km	–
12.	Pheriche	4243 m	4½ Std.	15 km	–
13.	Lobuche	4930 m	3 Std.	9 km	–
14.	Duglha	4620 m	6–8 Std.	18 km	Kala Pattar, 5545 m
15.	Chhukhung	4730 m	3 Std.	11 km	–
16.	Chhukhung	4730 m	5–7 Std.	10 km	Chhukhung Ri, 5546 m
17.	Tengpoche	3867 m	4½ Std.	15 km	–
18.	Monjo	2805 m	5 Std.	17 km	–
19.	Luglha	2834 m	4½ Std.	17 km	–
Ende: Luglha		2834 m	–	–	Flugplatz
Total etwa:			69–73 Std.	218 km	

Am Nachmittag besuchen wir die Gomlha Dzamgang Gompa, einen bedeutenden Klosterkomplex oberhalb des Orts. Tsiring Nyimas Sohn Tenzing führt uns dorthin. Obwohl der Kleine erst fünf Jahre alt ist, führt er uns wie ein alter, erfahrener Sherpa zum Konvent. Er geht langsam und gleichmäßig den steilen Berg hinauf und hält an, wenn jemand zurückfällt. Als ich ihn dabei überhole und weitergehe, sagt er bestimmt: »Hallo! I go first!« Ein Cousin des Kleinen bewacht das ausgestorbene Kloster. Die meisten Mönche sind auswärts, wo sie im Auftrag einer Familie einen Gebetsritus praktizieren. Trotzdem können wir die Räumlichkeiten anschauen. Eine große Statue von Chenrezig ziert den alten Gebetsraum, dessen Wände mit Fächern ausgestattet sind, in denen alte Gebetsbücher aufbewahrt werden. Unten im Dorf sind der Sirdar, der Koch und unsere Sherpani mit den Yaks eingetroffen. Heute hat unsere Küchenmannschaft noch einen freien Tag; wir werden von Tsiring Nyima verpflegt.

Das Tal verengt sich etwas. Herrliche Koniferenbestände nehmen den steilen Talflanken etwas von ihrer Bedrohlichkeit.

Diese Wälder werden aber aufgrund der enormen Bautätigkeit und des damit verbundenen Holzbedarfs stark genutzt, stärker vielleicht, als dies manchem Forstexperten lieb ist. Der Druck auf die Kiefernbestände des Pharag wird dadurch noch erhöht, daß das obere Khumbu zum Nationalpark erklärt wurde und demnach dort sämtliches Schlagen von Grünholz nicht mehr erlaubt wird. Deshalb strömen täglich die Leute aus den großen Dörfern der oberen Regionen hierhin, um sich mit dem nötigen Holz einzudecken. Diesem Tun hofft die Nationalparkverwaltung dadurch Einhalt zu gebieten, daß den Lodges nun endlich vorgeschrieben wird, mit Kerosin oder elektrisch zu kochen. Allerdings täten die Wächter der Natur und deren Trabanten von der sehr stattlichen Armeedelegation, die den Park »bewacht«, gut daran, mit gutem Beispiel voranzugehen und auf Holz als Brennstoff zu verzichten.

Nach Bemkar, von wo die beeindrukkende Gestalt des 6606 Meter hohen Tramserku das Talbild mitzubestimmen beginnt, folgt Monjo und damit der Eingang des Sagarmatha-Nationalparks. Heute werden hier lediglich die Parktickets kontrolliert, die wir bereits in Kathmandu zusammen mit den Trekkingpermits gelöst haben. Diese kosten NRs 650,– pro Person (1995). In einem dicken Buch wird alles registriert: Paßnummer, Trekkingpermitnummer, die Nummer des National-park-Eintritts, Name etc. Auch die Namen unserer Sherpas und selbst die Anzahl der Tragtiere werden fein säuberlich registriert. Danach überqueren wir die etwas instabile Hängebrücke bei Jorsale. Während wir am anderen Ufer des Dudh Kosi einen Tee trinken und die warme Sonne genießen, erkennen wir unsere Yaks, wie sie gegenüber den Hang erklimmen, sanft getrieben von Ang Sona und Rinchen Dolma. Wir sind nicht etwa falsch gegangen, sondern ab Monjo existieren zwei Wege. Der längere Weg, für Tragtiere hergerichtet, bleibt auf der östlichen Seite des Dudh Kosi, während der kürzere, der wegen der Brücke gefährlichere Pfad links durch Jorsale hindurchführt.

Ang Temba erzählt, daß er an diesen Ort nicht die besten Erinnerungen hege. Anfang der siebziger Jahre erfolgte hier eine große Überschwemmung, ausgelöst durch den Ausbruch eines Gletschersees an der Amai Dablang. Nur knapp entkam er damals der Flutwelle. Eine zweite solche Katastrophe ereignete sich im August 1985, wo sich die Wasser des Langmochegletschersees ihrer Fesseln entledigten und tosend zu Tal brachen, dabei viele Brücken wegreißend und unterspülend. Auch ereigneten sich dabei unzählige Erdrutsche, die heute noch (1995) gut zu sehen sind. Allerdings erkennen wir im Schuttbett hinter Jorsale, das wir nun durchschreiten, die ersten kleinen Tränenkiefern, die hier Fuß fassen konnten. In ein paar Jahren also wird da und dort die Vegetation die häßlichen Narben verdecken.

Die steile Rampe nach Namche Bazar

Nach der neuen Hängebrücke über den Imja Drangka folgt die große Talstufe nach Namche Bazar hinauf. Sechshundert Höhenmeter türmen sich vor uns auf. Aufgrund des leider sehr gedrängten Programms vieler Fremder, kann dieser Aufstieg ein harter Prüfstein werden. Für einige Trekker bedeutet er sogar schon das Ende des Besuchs in Khumbu. Bei entsprechender Vorbereitung und vernünftiger Etappenwahl wirkt diese Rampe aber sicherlich nicht zermürbend oder im wahrsten Sinne des Wortes »atemberaubend«. Es muß jedoch betont werden, daß solche Hindernisse mit dem üblichen Respekt und mit der erforderlichen Bedachtsamkeit angegangen werden sollten, dann fallen sie einem regelrecht in den Schoß. Also – nur keine Eile!

Plötzlich steht Namche Bazar vor uns, eine große, eng gedrängte Siedlung mit stattlichen Häusern. Wie ein gigantisches Hufeisen liegt es da. Zunächst sehen wir rechts die schmalen Terrassen, wo jeden Samstagvormittag der Markt stattfindet. Im Zentrum der Siedlung befindet sich die Wasserquelle, einige Kartoffelfelder und ein alter *chörten*. Darum herum reihen sich in weitem Bogen die teilweise prächtigen Häuser auf. Links oben fällt ein rotbraun bemaltes Gebäude auf, die Gompa mit ihren zahlreichen Gebetszylindern und Gebetsfahnen. Der Standard der Lodges ist teilweise beträchtlich hoch und die sprichwörtliche Gastfreundschaft der Sherpa spürbar. Auch das Angebot von Nahrungsmitteln übertrifft jenes vieler anderer Regionen in Nepal. Obwohl wir uns in einer kargen und hohen Gegend befinden, fehlt es buchstäblich an nichts. Namche Bazar eignet sich aufgrund seiner Höhenlage sehr gut für einen Akklimatisationsruhetag. Dies heißt jedoch nicht, daß man diesen Tag im Zelt oder in der Lodge verbringen soll. Für die Akklimatisationsförderung drängen sich Aktivitäten auf, ein Ausflug hinauf nach Khunde und Khumjung etwa oder die herrliche Rundwanderung über Kyengjima zum Everest View Hotel. Diese Tätigkeiten und der damit verbundene Aufstieg in die Höhe, verbunden mit der Rückkehr zum Ausgangspunkt für die Nachtruhe, sind wichtige Schlüssel für das Wohlbefinden während der Tage in noch größeren Höhen von über 4000 Meter, deren es auf diesem Trek ja viele geben wird. Die Höhe um Namche Bazar bildet bei diesem Prozeß eine wichtige Hürde. Sie sollte deshalb nicht nach oben verlassen werden, wenn man sich nicht optimal fühlt.

Oberhalb von Namche Bazar befindet sich der Police Check-Post und darüber, auf dem Mendalphu Hill, die Büros und das Museum der Nationalparkverwaltung. Ein Besuch dort lohnt sich. Der Eintritt ist in der Nationalpark-Gebühr inbegriffen.

Zum Kloster Thame

Während wir uns auf die kommenden Tage vorbereiten, stehen unsere Yaks im Hof unserer Lodge. Wir verzichten darauf, die Zelte aufzustellen, und benutzen die netten Zimmer und die gemütliche Eßküche von Ang Tembas Schwägerin, die diese Bleibe betreibt. Mingma und seine Leute kommen aber trotzdem zum Einsatz. Sie

Nützliche Hinweise:

Anreise / Rückreise: Nach Luglha fliegen ab Kathmandu täglich 6 bis 12 Flugzeuge und Helikopter. Ferner bieten sich die akklimatisationsfördernden Treks Nr. 3 ab Jiri oder Nr. 27 ab Tumlingtar an. Die Rückreise erfolgt per Flugzeug ab Luglha nach Kathmandu (Ticket in Kathmandu besorgen und in Luglha bestätigen lassen).
Übernachtung: Die ganze Route ist mit schönen Lodges und Gaststuben versehen. Die Auswahl ist groß. Auch Zeltplätze für Gruppen sind an den angegebenen Orten zu haben. Zwischen Mitte Oktober und Mitte November kann es da und dort aber zu Engpässen in der Aufnahmekapazität kommen.
Karten: »Schneiderkarten« 1:50 000: Nr. 5 Shorong / Hinku und Nr. 2 Khumbu Himal; Schweiz. Stiftung für Alpine Forschung: »Mt. Everest« 1:50 000.

kochen unser Essen in einem Raum, der den Gruppen zu diesem Zweck zur Verfügung gestellt wird. Dafür zahlt der Sirdar eine Benutzungsgebühr. Dieses System hat sich eigentlich in ganz Nepal durchgesetzt. Die Hotels und Restaurants offerieren zwar eine reiche Karte, sind aber nicht stur, wenn sich die Gruppe selbst, also aus eigenen Mitteln und mit der eigenen Küchenbelegschaft, verpflegen möchte. Kaum sind wir zurück von unserem herrlichen Rundgang, der uns zum Spital von Khunde geführt hat, schon bringen Wangchuk und Pasang einen heißen Kaffee und einige Biskuits herein.

Nach geruhsamer Nacht, die uns einmal mehr einen großartigen, glasklaren Sternenhimmel, aber auch große Kälte bescherte, brechen wir heute nach Thame auf. Der wunderbare, breite Weg führt ohne große Höhenunterschiede in ein Seitental hinein, das von wenigen Dörfern und dazwischen von herrlichem Wald dominiert wird. Dieser Wald wurde aufgeforstet. Die Baumschule befindet sich in der Nähe von Phurte. Die schönen Mischbestände beherbergen manche interessante Tierart, die hier dank der Einrichtung des Sagarmatha-Nationalparks ohne weitere Beeinträchtigung leben kann. So sehen wir Moschustiere, Tahr, Glanz- und Feuerfasane. Phurba führt uns zunächst nach Thamo, wo wir uns für den zweiten Teil der Reise mit einem frühen Mittagessen stärken. Thame selbst liegt auf den Ablagerungen der alten Gletscher und genießt den Schutz der gewaltigen Moränenkuppen, die die teilweise strammen Winde etwas dämmen. Die Streusiedlung aus typischen Sherpahäusern steht inmitten der produktiven Fläche, wo vorwiegend Kartoffeln angebaut werden. Unser Interesse gilt aber der wunderbaren Thame Gompa, einem der ältesten Konvente im Sherpaland. Ein märchenhafter, von alten Wacholderbäumen gesäumter Weg führt dorthin. Unterwegs umrunden wir verschiedene Gebetsmauern und durchqueren einen alten Tor-*chörten*. Auf dem Vorplatz finden im Frühjahr jeweils die Mani Rimdu-Tanzfeste statt. Dahinter verbirgt sich der wohl großartigste sakrale Versammlungsraum des Khumbu, vielleicht ganz Nepals. Proportionen und Ausstattung vermitteln ein undefinierbares Gefühl der Geborgenheit, das durch die Lage des Klosters in einer Felsnische hoch über dem Talboden noch bestätigt und unterstrichen wird. Auf unserem Rückweg sehen wir Ang Sona und Rinchen Dolma, wie sie ihre Tragtiere auf die Weide treiben. Das spärliche Angebot an Gras reicht offenbar aus, unsere grunzenden Kolosse zu sättigen, denn mit großem Appetit schaben sie mit ihren geriffelten Zungen ihre Nahrung vom steinigen Untergrund. Hier mündet das Nangpo Tsangpo-Tal ein, das verbotene Tal, das zum Nangpa La und damit nach Tibet führt. Die Sherpa sind auf diesem Weg in das Khumbu gelangt, und heute kommen über den Nangpa La die Tibeter aus dem angrenzenden Tingri, um ihre Waren auf dem Markt in Namche einzutauschen. Dies ist besonders in den warmen Monaten ein beeindruckendes Schauspiel.

Wir wandern zurück auf demselben Weg bis Phurte und steigen danach nach Syampoche hinauf. Dies ist nebst Luglha und Phaphlu der dritte Flugplatz im Solukhumbu. Er wurde als Zubringer für das berühmte Everest View Hotel konstruiert, das erst vor kurzem wieder eröffnet wurde, nachdem es jahrelang etwas brach lag. Die beiden Dörfer Khunde und Khumjung liegen auf einer grandiosen Terrasse oberhalb von Namche Bazar. In Khunde befindet sich das schon erwähnte Spital, das Sir Edmund Hillarys Hilfswerk errichtet hat. Der berühmte Erstbesteiger des

Obwohl es die Sherpa durch den Tourismus zu beachtlichem Reichtum gebracht haben, sind sie Traditionalisten geblieben. Ein Yak zieht den einfachen Scharpflug. (Phortse, 3840 m)

Everest genießt bei den Sherpa hohes Ansehen, hat er doch mit seiner Hilfsorganisation »Himalayan Trust« sehr viele Kleinprojekte im Tal verwirklicht, die sich im großen und ganzen sehr bewährt haben. Dazu gehören viele Schulen, Brücken, Wege, Brunnen, Flugplätze – und eben das Spital von Khunde. Dabei wurde eine Zusammenarbeit mit der Lokalbevölkerung als Vorbedingung angesehen. Jedes Projekt wurde erst realisiert, als eine Mindestbeteiligung der Sherpa von 50% oder mehr an Kosten und Arbeit gewährleistet war. Damit wurde die Tragfähigkeit der Projekte erreicht. Die meisten dieser positiven Beispiele von Entwicklungszusammenarbeit (Hilfe zur Selbsthilfe) entstammen übrigens Initiativen der Sherpa selbst, die ihre Bedürfnisse erkannt haben.

In Khumjung zelten wir angesichts der Amai Dablang, jenes unvergeßlich schönen Berges, der als Vorbote von Everest und Lhotse agiert. Auch der Kang Taiga, der Nachbar des Tramserku, ist sichtbar, und es macht keine sonderlichen Probleme, den Grund für seinen Namen zu erkennen. Sein Haupt sieht effektiv so aus wie ein Pferdesattel. Über uns steht schwarz und felsig, aber nicht drohend, der Khumbui Yul Lha, der Schutzgott des Khumbu. Wir sind bereits von hohen und höchsten Gipfeln umgeben.

Der Ausflug ins Gokyotal

Nach dieser Anmarschphase und der dazugehörigen Höhenanpassung folgt nun der eigentliche Gang in den »Dachboden« des Khumbu. Zunächst verlassen wir Khumjung und steigen langsam hinauf nach Mong. Dort stand bisher nur ein alter *chörten*, darum herum scharen sich nun einige kleine Lodges. Die Sicht auf die Berge, das gegenüberliegende Kloster Tengpoche und das große Sherpadorf Phortse erfreut und unterhält den Wanderer. Am Wegrand herrscht eine karge Weidevegetation vor, die vor allem für unsere vierbeinigen Tragtiere von Interesse ist. Die zwei Sherpafrauen haben alle Mühe, sie auf dem Weg zu halten.

Das Gokyotal beginnt zunächst wild und ruppig, aber nach der Alm Dole lösen sanftere Geländeformen den steilen und abweisenden Taleingang ab. Außer Phortse, das oberhalb dieser Enge liegt, weist das Gokyotal keinerlei feste Siedlungen auf, jedoch eine stattliche Anzahl von Sommerweiden, deren Hütten sich in den mächtigen Grasebenen ducken. Da diese temporären Behausungen bereits eine respektable Höhenlage aufweisen, empfiehlt sich ein langsames Gehen mit sehr kurzen Etappen. Natürlich wäre es rein streckenmäßig möglich, von Dole bis Gokyo in einem einzigen Tag vorzurücken, dies ist aber aus Gründen der vernünftigen und nachhaltigen Akklimatisation nicht wünschens- und erstrebenswert. Eine weitere Übernachtung in Machhermo oder Pangka bietet sich an, ja drängt sich eigentlich auf, wobei der Nachmittag für Ausflüge auf einen der umliegenden Aussichtspunkte verwendet werden kann.

Von hier erscheint der Gang nach Gokyo wie ein kleines Wunder. Angesichts von Cho Oyu, Gyachung Kang, Tshola Tse, Taboche, Kang Taiga und Tramserku erklimmt man eine kleine Talstufe und bestaunt dann insgesamt drei Seen, die zwischen dem Talhang und der mächtigen Seitenmoräne des Ngozumpagletschers eingeklemmt sind. Beim dritten See, dem Gokyo Tsho, stehen einige Sommerhäuser und Lodges. Von hier bietet sich am nächsten Tag die Besteigung des Aussichtshügels Gokyo Peak an, von dessen 5330 Meter hohen Vorgipfel eigentlich schon alle wesentlichen Berge gut beobachtet werden können. Mit Cho Oyu, Everest, Lhotse und Makalu können nicht weniger als vier Achttausender gesehen werden, wobei der Everest von hier unglaublich wuchtig wirkt, ganz im Gegensatz zur Aussicht von Kala Pattar, von wo eigentlich nur der oberste Gipfelaufbau eingesehen werden kann. Unter uns fließt geröllbeladen der größte Gletscher des Landes, der Ngozumpagletscher. Phurba und Wangchuk, die uns begleiten, packen einige Sandwiches aus und gedörrte Datteln, eine Delikatesse auf Touren in Nepal. Dies alles verzehren wir angesichts dieser einmaligen und unvergeßlichen Berglandschaft. Unten in Gokyo sind Mingma und Pasang dabei, Vorbereitungen für das Mittagessen zu treffen, während wir gemütlich den runden Buckel des Gokyo Peak hinuntersteigen. Der Weg scheint förmlich im kobaltblauen See zu enden, wo einige Brahmanenten herumschwimmen.

Über Phortse nach Pangpoche

Wir haben das Gokyotal auf dessen westlicher Talseite betreten und nehmen nun den Weg über Na auf den linken, östlichen Hang, der uns nach Phortse führt. Für die alpinistisch erfahrenen, ausgerüsteten und akklimatisierten Bergsteiger gibt es noch den Übergang über den Tsho La, 5420 m, der direkt nach Lobuche führt. Diesen Paß bedeckt jedoch ein Gletscher, der sein Aussehen schnell ändert. Heute kann der Übergang problemlos, morgen jedoch sehr schwierig sein. Ohne entsprechende Ausrüstung der Teilnehmer und Sherpa gibt es keine vernünftige Alternative zum längeren, doch vielversprechenden Gang entlang den Tälern. Den ganzen Nachmittag wandern wir hinter den Yaks, die sich unglaublich trittsicher bewegen und einen stetigen Rhythmus einhalten. Allerdings wirbeln ihre scharfen Hufe eine Menge Staub in die Luft, gegen den man sich mit einem Halstuch über Nase und Mund schützen kann. Das Erlebnis, mit Tieren zu trekken, sollte im Khumbu nicht ausgelassen werden.

Obwohl Phortse eines der großen Dörfer des oberen Khumbu darstellt, liegt es aufgrund seiner geographischen Situation etwas abseits des Hauptstroms der Touristen. Auf dem Weg dorthin erkennen wir auf der anderen Talseite jenen Pfad, den wir noch vor ein paar Tagen von Khumjung kommend eingeschlagen hatten. Kurz vor Phortse durchstreifen wir noch die Sommersiedlung Konar, wo die Yaks ihren Durst stillen können. Phortse selbst breitet sich auf einer Terrasse aus, die von weitem gesehen die Form des Buchstabens »X« hat. Die Sherpa leben von Akkerbau und von der Viehzucht, ähnlich ihren Kollegen in Khunde und Khumjung, weniger aber vom Tourismus, der eher in den Orten Namche, Pangpoche, Pheriche und Dingpoche anzutreffen ist. Einer der schönsten Höhenwege verläßt Phortse in Richtung Pangpoche. Der Horizont wird von der Lhotse-Nuptse-Wand beherrscht, hinter der sich der Everest noch knapp blicken läßt. Rechts daneben steht einsam und beherrschend die Amai Dablang, die »Mutter mit dem silbernen Amulettkästchen«. Der Weg folgt einem Steilhang, und aufgrund der zahlreichen visuellen Merkpunkte in der Ferne droht die Aufmerksamkeit für den stellenweise heiklen und etwas ausgesetzten Pfad verlorenzugehen. Deshalb ist Vorsicht am Platze, hier wie auch anderswo. Die Wege in Nepal sind oft etwas ruppig angelegt, mit Steinen und anderen Hindernissen bestückt und eben manchmal auch ausgesetzt.

Nach dieser Eskapade erreichen wir Pangpoche, wo Mingma bereits seine Pfannen auf dem Kerosinkocher plaziert hat. Zunächst schauen wir uns aber noch dieses sehenswerte Dorf an. Umrahmt von alten Wacholderbeständen und geduckt in einer sanften Mulde steht in der Mitte der rote Kubus des Klosters. Darum herum sind die Häuser der Bergbauern verstreut, teilweise befinden sich diese bereits im Wacholderwald. Im Kloster war bis vor einigen Jahren der berühmte Skalp des Yeti aufbewahrt. Diese Reliquie ist aber auf sonderbare Weise verschwunden, ja vermutlich sogar entwendet worden. Trotzdem lohnt sich ein Besuch in den heiligen Mauern, wo der Geist der Gründer noch ein- und auszugehen scheint. Mächtige Gebetszylinder laden uns ein, sie zu drehen. Gegenüber steht, nun vollständig dominierend, die Amai Dablang, allerdings durch ihre Nähe nun in etwas verkürzter Optik. Wir betrachten den Berg und essen dabei den Lunch.

Nach Pangpoche geht es über die Weiden von Shomare und Orsho hinauf nach Pheriche, wo sich nebst einer ganzen Ansammlung schmucker Lodges auch ein Spital der HRA (Himalayan Rescue Association) befindet. Die dortigen Ärzte und das Personal widmen ihre Zeit in der Hauptsache der Erforschung und der Behandlung der Höhenkrankheit. Hier wird auch augenfällig, warum, denn der Anblick erschöpfter und kranker Trekker, die vor zwei Tagen in Syampoche einem Helikopter entstiegen und in Eilmärschen hierhergekommen sind, scheint leider alltäglich geworden zu sein. Viele Leute rennen viel zu schnell in Richtung Everest, ein Verhalten, das der unsteten und eiligen Lebensweise der Westler entspricht, nicht jedoch den Gesetzen der Höhenanpassung. Die Verhinderung dieser gefährlichen Krankheit durch maßvolles und gleichmäßiges Hochsteigen, unter Berücksichtigung der Ruhepausen, scheint der vernünftigste und sinnvollste Weg zu sein. Ein Vorrücken in Höhen über 4500 Meter ohne vorherige Anpassung gehört zu den unverantwortlichsten Dingen, die ein Trekker tun kann.

Der Weg zum Mt. Everest

Die Nacht in Pheriche ist kalt. Da spielt die Höhe eine Rolle, aber auch die Tatsache, daß dieser Ort von der Sonne nicht gerade verwöhnt wird, erreicht sie doch das Dorf spät und verschwindet schnell hinter dem mächtigen Turm des Taboche. Wir wandern gemächlich in die Ebene und durchqueren Phalung Karpo, eine Yakweide.

Danach geht es recht unangenehm hinauf nach Duglha, wo wir bei einer Tante von Ang Temba das Mittagessen einnehmen. Zwar kocht Mingma, aber wir nehmen zusammen mit den Sherpa noch zusätzlich ein paar Happen von *shomar sen* zu uns. Dieses Gericht – ein Getreidebrei aus Hirse- und Buchweizenmehl, zusammen mit einer Sauce aus Buttermilch und Gewürzen – gehört zum Besten, was man in dieser Höhenlage zu sich nehmen kann. Es liegt nicht im Magen und kräftigt unwahrscheinlich. Immer wieder wird festgestellt, daß die lokale Ernährung, vortrefflich angepaßt an die herrschenden Verhältnisse, viele nicht zu unterschätzende Vorteile bietet. Einmal ist sie sehr günstig einzukaufen, ist frisch und nährt nachhaltiger als etwa mitgebrachte Eßwaren, die vorbehandelt und abgepackt sind und deshalb auch noch viel Abfall verursachen.

Unmittelbar nach den wenigen Häusern von Duglha folgt ein anstrengender Aufstieg zur Moränenkrone des Khumbugletschers, der sich vom Everest bis hier herunterwälzt. Auf dem kleinen Paß am Eingang des oberen Tales stehen viele kleine *chörten*, Mahnmale für jene, die in diesen Bergen ihr Leben lassen mußten. Es sind nicht wenige.

Tibeter aus Tingri beleben im Sommer den Markt von Namche. (Namche Bazar, 3440 m)

Danach verflacht sich der Weg und führt dabei zur Sommerweide von Lobuche, heute ein wichtiger Ausgangspunkt für den Kala Pattar und das Everest Basislager. Eine Handvoll einfacher Lodges steht dort, die das ganze Jahr hindurch bewirtet sind, mit Ausnahme der Monsunmonate. Die meisten Fremden versuchen, von hier aus den Kala Pattar zu besteigen, was bei guter Form und guter Höhenanpassung ohne weiteres möglich ist. Zwar bestehen weiter hinten, in Gorak Shep, noch weitere Übernachtungsmöglichkeiten. Die Kapazitäten dort sind jedoch nicht sonderlich groß, und die Höhenlage ist beträchtlich, zudem ist Gorak Shep von Pheriche her in einem Tag nur schwer zu erreichen.

Die immer gut aufgelegten Sherpani Ang Sona und Rinchen Dolma sind dabei, die Yaks abzuladen und auf die Weide zu führen. Dabei möchten sie uns das pyramidenförmige Gebäude des italienischen Forschungsprojekts zeigen. Es liegt eine gute Viertelstunde von Lobuche entfernt links in einem kleinen Seitental versteckt. Dieses Projekt untersucht verschiedene Aspekte des Hochgebirges und realisierte die Neuvermessung des Mt. Everest, bei der herauskam, daß sich die britischen Vermesser im letzten Jahrhundert nur um 1,9 Meter getäuscht hatten, dies mit traditioneller Triangulationstechnik und durch Peilungen aus der Gangesebene, 150 bis 200 Kilometer vom Everest entfernt!

Die Besteigung des Kala Pattar

Wir sind nun dem höchsten Berg der Erde ganz nahe. Seine Nachbarn begeistern uns schon lange. Am Talende stehen Pumori, Lingtren, Khumbutse, über dem Lho La sieht aus Tibet der Changtse herüber, und rechter Hand steht die gewaltige, erschreckend steile und abweisende Mauer des Nuptse-Walls mit ihren charakteristischen gelben Bändern. Ironischerweise kann der Everest von seinem Basislager aus gar nicht gesehen werden. Der traditionelle Lagerplatz liegt in einer trostlosen Geröllebene auf dem Khumbugletscher, im Angesicht des berühmten Khumbu-Eisfalls. Von wesentlich größerem touristischen Wert jedoch ist der Besuch des oberhalb von Gorak Shep gelegenen Aussichtsgipfels Kala Pattar, 5545 m. Bis dorthin windet sich der Weg hauptsächlich entlang der westlichen Seitenmoräne des Khumbu-Gletschers und übersteigt die Geröllflanken des Changri-Gletschers, der von links einmündet.

Nach einer Stärkung aus einer Teestube in Gorak Shep, steigt der Weg über Weide, Moospolster und Steinblöcke zum Gipfel. Schon unterwegs schält sich der Everest aus seinen mächtigen Nachbarn heraus. Schließlich zeigt er sein schwarzes Haupt zwischen seiner eigenen gletscherbeladenen Westflanke und den Gletscherabbrüchen des Nuptse. Auch den Lhotse kann man sehen, allerdings muß dafür noch etwas gegen den Pumori angestiegen werden.

Am Talausgang mündet der Khumbugletscher in seine immensen Geröllfelder, und darüber erkennen wir die faszinierende Gestalt der Amai Dablang. Die Sicht vom Kala Pattar umfaßt zwar nicht das kolossale Spektrum des Gokyo Peak, aber der Besucher fühlt sich hier mitten im Hochgebirge. Große Stille herrscht hier oben. Außer der immensen Kondensfahnen des Everest bewegt sich nichts. Die Klarheit macht es unmöglich, Entfernungen zu schätzen.

Falls die Kondition es erlaubt, bietet sich heute noch ein Abstieg bis nach Duglha an. Dieser Ort ist wesentlich ruhiger als Lobuche, dem Wind weniger ausgesetzt und vor allem 300 Meter tiefer. Nur wenige Höhenmeter entscheiden manchmal über das Wohlbefinden. Da die Nächte auf den Treks lang sind, lohnt es sich, manchmal etwas für eine gute Erholungsphase zu tun. Die zusätzliche Stunde des Abstiegs scheint optimal investiert, denn die meisten schlafen in Duglha viel besser als in Lobuche.

Visite im Imja-Tal

Bevor wir nun wieder tieferen Lagen zustreben, unternehmen wir einen Abstecher ins letzte Seitental des Khumbu. Von Duglha erreichen wir Chhukhung zunächst über einen schönen Hangweg nach Dingpoche und danach auf großen Yakpfaden in zunehmend karger Landschaft. In Chhukhung fließen nicht weniger als fünf

Neuerdings werden im Khumbu neben Yaks und Zopkyo auch Maultiere eingesetzt. Ihre geschmückten Tragsättel liegen auf einer Mauer. (Namche Bazar, 3440 m)

große Gletscher ins Tal. Von hier aus lohnt sich bei gutem Wetter die Besteigung des dritten Aussichtsberges, des Chhukhung Ri, 5546 m. Dort sieht man zwar den Everest nicht, jedoch den Lhotse und den Makalu. Auch der Tiefblick auf die Gletscherströme darunter und die vorgelagerten Almweiden lohnt den Aufstieg über die Grashalden.

Wir kehren nach Chhukhung zurück, das wir am frühen Nachmittag erreichen. Eine andere Gruppe setzt sich dort in Richtung Basislager des Imja Tse Himal (vormals Island Peak) in Bewegung. Dieser Berg, eigentlich der Sporn eines Ausläufers des großen Lhotse, erfreut sich bei Bergsteigern aus aller Welt großer Beliebtheit und zieht diese aufgrund seiner Höhe von 6183 Metern in großer Zahl an. Da sich die Gletscher auch an den Flanken dieses Berges schnell verändern, kann der Aufstieg nicht kategorisch in »einfach« oder »schwierig« eingeteilt werden. Einmal ist er einfach und ein anderes Mal schwierig. Generell gilt dieses Gesetz für alle Gletschertouren im Khumbu. Die Eisströme schwinden, schmelzen ab und verlieren an Mächtigkeit, was teilweise völlig neue Geländestrukturen hervorbringt.

Von Chhukhung nach Tengpoche

Wir wandern talaus, zunächst nach Dingpoche zurück. Dieses sehr große Streudorf wird heute praktisch ganzjährig bewohnt und gehört deshalb mit 4200 bis 4400 Meter zu den höchsten Siedlungen der Welt. Erstaunlicherweise gedeihen hier Gerste und Kartoffeln prächtig. Dazu mag die geschützte Lage und die gute Sonnenexposition beitragen. Alle Felder sind hier, wie im Sherpaland Tradition, mit losen Steinmauern umgeben. Dies verhindert den Verlust an Humus durch den Wind und das Einbrechen der Nutztiere in die bebauten Felder. Gleichzeitig können so die Ackersteine sinnvoll wiederverwertet werden. Später gelangen wir in das schon bekannte Pangpoche, wo wir jedoch nur den unteren Dorfteil streifen. Das Hauptdorf befindet sich oben rund um das Kloster. Hier unten, am Transitweg, entwickelte sich im Laufe der Zeit eine recht bedeutende Siedlung. Die meisten Häuser sind beschriftet, dienen also als Gasthäuser und Hotels. Nun schwanken wir über Felsplatten hinunter zur Brücke über den Imja Drangka, den sie an einer extrem engen, aber sehr tiefen Stelle überspannt. Ang

Sona hatte uns schon gewarnt, daß die Yaks hier eventuell streiken würden. Das Leittier scheint jedoch die »Zitterbrücke« bestens zu kennen, die anderen folgen. Durch einen sehr schönen Mischwald steigen wir am Nonnenkloster Deboche vorbei zum Kloster Tenpoche.

Es handelt sich um das größte und schönste Kloster des oberen Khumbu. Vor allem seine phantastische Lage auf einem Hügelrücken inmitten des Imja-Tales, umgeben von den großartigen Bergen Numbur, Khumbui Yul Lha, Taboche, Nuptse, Everest, Lhotse, Amai Dablang, Kang Taiga und Tramserku, hat große Berühmtheit erlangt. Tengpoche stellt aber auch das geistige Zentrum dieser Landschaft dar. Während Phurba und Wangchuk die Zelte aufrichten, besuchen wir das Kloster. Es handelt sich um einen Neubau, denn der alte Konvent wurde im Januar 1989 ein Raub der Flammen. Zahlreiche Spenden aus dem Ausland und der feste Wille der Sherpa, ihr großes Kloster wieder aufzubauen, mündeten in der Folge in eine rege, ja fast hektische Bautätigkeit, deren Resultat nun vor uns steht. Das neue Kloster ist ein wenig größer geworden. Eine gewaltige Freitreppe führt zu einem Innenhof hinauf, in dem die Tanzfeste des Mani Rumdu und des Dumjee normalerweise stattfinden. Über eine weitere Treppe erreicht man den schönen Versammlungsraum, der von einer sehr großen Statue Sakyamunis und zahlreichen teilweise uralten *thangka* beherrscht wird. Leider hat der Brand viele unersetzbare Schätze, Bücher, Statuen und Schriften zerstört, dennoch litt die spezielle Aura dieses Ortes nicht sonderlich darunter. Knapp unterhalb des Klosters befindet sich ein kleines Museum, das uns von einem der Mönche – wie sich herausstellt, ein Verwandter unseres Sirdars – gezeigt wird. Draußen hilft Phurba unseren Yaktreiberinnen beim Beladen der heute etwas störrischen Tiere.

Abstieg und Rückkehr

Die Sonne blendet, und wir sind froh, in den Halbschatten des Rhododendronwaldes unterhalb des Klosterhügels einzutauchen. Gute 600 Höhenmeter steigen wir nun ab nach Phunki Drangka, dem tiefsten Punkt des oberen Khumbu. Dieser Weiler besteht eigentlich nur aus einem Armeecamp und einigen Lodges, dazwischen drehen sich unablässig viele Gebetszylinder, die vom klaren und spritzigen Wasser eines Bergbachs angetrieben werden. Nach einer kleinen Stärkung, diesmal in Form von gesalzenem Buttertee, überqueren wir die Hängebrücke, die den stattlichen Bach aus dem Gokyotal überspannt. Wie an den meisten geographisch markanten Punkten, wie Gipfel, Pässe und Aussichtspunkte, wehen auch an den Brücken unzählige Gebetsfahnen und Glücksschärpen. Diese wünschen den Reisenden eine gute Zeit und eine glückliche Rückkehr. Zudem wird der Inhalt der aufgedruckten Gebete durch den Wind jenen zukommen, die es nötig haben. Diese Vorstellung mag ja etwas kindlich und naiv erscheinen, für die Sherpa jedoch bedeutet sie eine Quelle des Trosts.

Wir steigen auf nach Trashinga. Dort befindet sich eine weitere Baumschule aus dem Hillary-Projekt. Das Resultat dieser Bemühungen kann man schon während des Anstiegs bewundern. Ein herrlicher gemischter Bergwald ziert den steilen Hang. Später erreichen wir Sangnasa und Kyengjima, von wo die Pfade in Richtung Khumjung abzweigen. Auf dem herrlichen Höhenweg wandern wir schließlich zurück nach Namche Bazar, wo wir ein Wiedersehen mit Ang Tembas Schwägerin feiern. Was für ein Unterschied! Namche er-

Schnell verdorrt das Gras auf den Hochweiden nach dem Monsun. Die genügsamen Yaks fressen es jedoch den ganzen Winter hindurch, selbst wenn sie es vom Schnee freischarren müssen.

scheint uns warm; vor ein paar Tagen, nach dem Aufstieg, fühlten wir die Kälte und die Höhe.

Es ist Samstag, der Wochenmarkt wird abgehalten. Aus dem fernen Unterland schleppen kräftige Rai viel Reis und Mais nach Namche, aber auch Bananen und Mandarinen. Wasserbüffel werden bis vor die Tore des Marktfleckens getrieben und dort geschlachtet. Aus Khumjung, Phortse und Pangpoche kommen die Sherpa mit Kartoffeln. Ein emsiges Feilschen setzt ein, das jedoch nur etwa zwei Stunden dauert. Dann verflacht sich das Geschehen schlagartig. Nun sieht man die Leute aus Gudel, Bung, Aisyalukharka, Okhaldhunga und Jiri ihre leeren Körbe buckeln und von dannen ziehen. Namche ist für sie zu kalt, und sie fühlen sich dort nicht wohl. Die Sherpa jedoch beladen ihre Yaks und Zopkyos und nützen die Gelegenheit, mit Freunden auf ein Glas oder zwei einzukehren. Sichtlich angeheitert machen sie sich dann auf den Weg nach Hause. Der Markt ist vorbei, das soziale Ereignis auch.

Abschied

Auch wir müssen gehen. Unser großartiger Trek im Everestgebiet geht zu Ende. Auf bekannten Pfaden steigen wir über die Rampe nach Jorsale und Monjo hinunter, danach den Dudh Kosi entlang nach Bemkar, Phakdingma, Ghat und Cheplung. Dort, im Haus unseres Sirdars, verabschieden wir uns von seiner Familie und nehmen schließlich, sichtlich melancholisch gestimmt, den kurzen Aufstieg nach Luglha unter die Füße. Das Khumbu steht vielleicht für das landschaftlich schönste Trekkinggebiet von Nepal, seine Bevölkerung – die immer netten und hilfsbereiten Sherpa – fasziniert, seine reiche und alte Kultur beeindruckt, aber es hat einen großen Nachteil: Man muß immer wieder hingehen.

»*Pheri bhetumla!*« – sagen Ang Temba, Mingma, Phurba, Pasang und Wangchuk, Ang Sona und Rinchen Dolma, alle sagen es auf dem Flugplatz in Luglha – auf Wiedersehen!

5 Der Trek vor den Toren der Hauptstadt – über die Gosainkundseen in ein prächtiges Hochtal

Helambu – Langtang

Das Helambu liegt in der Hügelzone und stellt eine durchaus eigenständige Kulturzone dar, die durch Weitblicke in die Berge und originelle Dörfer und Klöster interessant ist. Besonders reizvoll wird ein Besuch im Helambu in Verbindung mit einem Abstecher in das völlig anders geartete Langtang-Tal, das die Hügel des Helambu im Norden abschließt. Dort erfolgt bereits die Begegnung mit dem Hochgebirge und den tibetischstämmigen Menschen, die es bewohnen. Der Übergang dazwischen streift die heiligen Gosainkundseen, Ursprung des Trisuli. Dorthin ziehen im Sommer sehr viele hinduistische Pilger. Aufgrund der Nähe zur Hauptstadt hat sich das Trekkinggebiet zu einem der beliebtesten des Landes entwickelt.

Wie kann man in der Vielfalt der Dinge,
die uns Himmel und Erde darbieten,
den Weg wissen und das Ziel erkennen?
Herbert Tichy,
»Land der namenlosen Berge«

Kurzcharakteristik

Diese Tour offeriert einerseits einen genußvollen Anmarsch über die Hügelzone, andererseits einen starken Eindruck des Hochgebirges im Langtang-Tal. Dazwischen liegt der Paß Laurebina La und die Gosainkundseen als Verbindungsglieder. Interessant sind die topographischen, klimatischen und kulturellen Wechsel innerhalb und zwischen den einzelnen Teilgebieten.
Beste Jahreszeit: Die besten Besuchszeiten sind: für das Helambu ab Oktober bis Mai, für Gosainkund und Langtang aber Oktober bis Dezember und März bis Mai.
Gesamtgehzeit: Etwa 13 Tage.
Kartenskizze: Siehe Seite 113.

Die Maisonne brennt auf das Dach unseres vollbeladenen Busses. Wir stehen in Chabahil, einem Außenquartier Kathmandus. Unsere Träger, alles lachende Tamang aus dem Bhojpur-Distrikt, schauen auf den Gehsteig, wo Früchte und Gemüse im Überfluß angeboten werden. Sirdar Subas Singh Lama und unser Koch Tenzing Sherpa kaufen ein. Der ohrenbetäubende Lärm des Morgenverkehrs und der damit verbundene Staub sowie der unangenehme Gestank aus den zahlreichen Auspuffrohren lassen ein beklemmendes Gefühl in uns aufkommen. Die Stadt wächst, aber ihre Infrastrukturen wachsen nicht mit. Der Fahrer lehnt sich über sein Steuerrad und raucht eine Zigarette, die er einem rosa-braunen Päckchen entnommen hat, auf dem ein rotes Yak zu sehen ist. Kühe liegen auf der Straße, und Hunde bewe-

Die Rhododendren lassen sich auch nach einem Schneeschauer und trotz der Last der weißen Pracht von der Blüte nicht abhalten. (Mangeghot, 3285 m)

gen sich unruhig zwischen der Menge der Passanten. Auf dem Strohdach eines alten Hauses, dem letzten seiner Art in dieser Straße, hocken zwei *rupi*, jene Starenart, die immer paarweise zu sehen ist.

Der Sirdar und der Koch steigen ein. In ihren Händen halten sie verschiedene Tüten mit leckeren Speisen. Wir fahren, sind jetzt ein Teil dieses chaotischen Verkehrs geworden, der träge wie heiße Lava durch die Straßen fließt. »Es ist nicht sehr weit bis Sundarijal«, erklärt Subas. Gerade erkennen wir den Stupa von Boudhanath zu unserer Linken. Die Augen Buddhas haben uns kurz im Visier. Danach erreichen wir bereits eine stark ländlich geprägte Gegend. Der Wald von Gokarna, ein beliebtes Ziel für Picknicks, wird sichtbar, gleitet vorüber und verschwindet hinter uns. In Sundarijal endet die Straße abrupt vor dem Postamt, einer armseligen Hütte mit einem Wellblechdach. Daran hängt ein roter, verbeulter Briefkasten. Gegenüber bemerken wir eine freundliche Teestube und eine alte Wasserleitung, deren massive Stahlrohre in brüchigem Zement eingemauert sind. Von diesen Mauern lachen uns die Farben von Wahlplakaten an. Der Tee ist süß und schmeckt nach Gewürznelken und Zimt. Die Lastkörbe werden abgeladen, Seesäcke und Zelte gepackt und zusammengeschnürt. Buddhi Man schaut auf seine Uhr. »Wir essen hier«, sagt er im vorbeigehen. Tenzing und Subas beraten sich, dann kommen sie zu uns. »Ready?« fragt Subas. *»Joloji!«* ermuntert uns Tenzing auf Hindi – »Laßt uns gehen!«

Aufstieg in die Hügel des Helambu

Sundarijal liegt an der Peripherie des Kathmandutales. Die Fahrt hierher war kurz, weshalb wir heute noch eine ganze Etappe unseres Treks bewältigen werden. Wir folgen der alten Wasserleitung, die irgendein Engländer vor langer Zeit gebaut hat. Einerseits handelt es sich hier um ein Hochdruckkraftwerk, andererseits aber auch um die Trinkwasserversorgung von Kathmandu. Kaum zu glauben, daß diese museale Einrichtung bis vor kurzem die einzige Anlage ihrer Art war. Aufgrund des rasant steigenden Bedarfs an Trinkwasser mußten jedoch in der Zwischenzeit eiligst neue und ergiebigere Quellen erschlossen werden.

Diese Rohre beginnen oben in einem kleinen Stausee. Dort hat Tenzing im Schatten einer blauen Plane seine Küche aufgebaut. Die Küchenjungen Laxman und Krishna sind dabei, Gemüse zu putzen und Reis zu waschen. Wir setzen uns in den Schatten und schauen in den dichten Dunst des Kathmandutales, der bereits unter uns liegt. Bald kommen Subas, Jetha und die Träger. Nach dem vorzüglichen Mahl unseres fröhlichen Kochs und seiner flinken Mannschaft steigen wir über öde und staubige Halden zum Dorf Mulkharka hinauf. Dabei queren wir eine Straße, die von Buddhanilkantha an diesem Hang aufsteigt und schließlich in Nagarkot endet. Sie scheint eine jener vielen Projektruinen zu sein, die es in Nepal leider gibt. Etwas weniger steil und zu unserem Vergnügen auch etwas weniger heiß geht es bergan zum ersten Paß unserer Reise, dem Burlang Bhanjyang, 2438 m. Dieser Übergang stellt die Grenze zwischen dem Kathmandutal und dem Helambu dar. Noch einmal blicken wir zurück zur Hauptstadt. Wir sind froh, hier oben zu stehen und die frische Luft zu genießen. Tenzing weiß einen guten Platz weiter unten, weshalb er mit den Trägern sofort wieder aufbricht. Im Norden, wohin sich unsere Blicke jetzt wenden, erkennen wir die zackigen Felsberge von Gosainkund, dahinter die Eisriesen Langtang Lirung und Dorjee Lakpa. Im Osten stehen die Sechstausender des Jugal Himal. Dieses Bild begleitet uns bis Chisapani. Auf einer Wiese stellen Subas und Jetha die Zelte auf, dahinter, am Horizont, verglühen die Himalajariesen. Die Dämmerung gestaltet sich kurz, es wird kühl, ja kalt. Ein Bube hütet einige Kühe und schaut ruhig zu, was auf unserem Platz so alles geschieht. Dann pfeift er seinen Schützlingen und treibt sie auf dem Weg hinweg. »Es ist so ruhig hier«, bemerkt jemand. Tenzing hackt Zwiebeln.

Helambu ist eine typische Hügellandschaft. Mächtige, gewellte Rücken ziehen sich von Süden nach Norden, wo sie im quer dazu stehenden Hauptgebirge enden. Diese Rücken sind von teilweise imposanten Tälern und Schluchten getrennt. Die Wege und die großen Siedlungen liegen auf dem Berg. Wir folgen einem solchen.

Nach einem sehr reichhaltigen Frühstück steigen wir ab nach Pati Bhanjyang, wo sich ein Checkposten befindet. Auch bemerken wir dort einige sehenswerte alte Newarhäuser. Ansonsten befinden wir uns hier im Siedlungsgebiet der Tamang. Weiter unten sind Chhetri und Bahun neben Newar, Kami, Sarki, Damai und Sunar zu finden. Auf dem nächsten Hügel im Osten wohnen die Helambu-Sherpa, deren große Dörfer wir bereits sehen. Der Weg ist breit und gut. Er folgt dem Kamm des Berges nach Norden, trotzdem scheinen wir unablässig zu steigen oder zu fallen. Die Gegend macht einen dicht besiedelten Eindruck, überall sind Häuser und Felder zu sehen. Auch manche Erosionsspuren fallen auf. Der Wald fehlt.

In Chipling treffen wir auf unsere flinke Küche, die bis hierher vorausgeeilt war, um uns zu verköstigen. Unterwegs sind uns verschiedene Individualtouristen begegnet, die sich in den zahlreichen Lodges verpflegen und dort auch Unterkunft beziehen. Helambu und Langtang gehören zu den beliebtesten Gebieten in Nepal. Die Nähe zur Hauptstadt und die bemerkenswerte Landschaft mögen dazu beigetragen haben. Daß diese Landschaft schützenswert ist, hat die Regierung schon längst erkannt und den Langtang-Nationalpark geschaffen. Heute beginnt dieser bereits bei der Siedlung Kutumsang, dem letzten Dorf vor dem großen Paß bei den Gosainkundseen. Kutumsang ist einer jener Orte, an die ich nur die besten Erinnerungen habe. Es war mir vergönnt, diesen wunderbar gelegenen Punkt mehrere Male bei bestem Wetter zu besuchen. Die Sicht von hier ist großartig und die Weite des Horizonts beeindruckend. Dazu kommt die sprichwört-

Nützliche Hinweise:

Anreise / Rückreise: Sundarijal liegt 30 Taximinuten vom Zentrum von Kathmandu entfernt. Die Rückfahrt von Dhunche in die Hauptstadt erfolgt mit täglichen Direktbussen via Trisuli und dauert 6 bis 10 Stunden.
Übernachtung: Diese Tour ist mit zahlreichen Lodges und Teestuben ausgestattet, also ein ideales Betätigungsfeld für den individuellen Trekker. Für Gruppen stehen eine Menge schöner Zeltplätze zur Verfügung. Zwischen Oktober und Mitte November kommt es an den neuralgischen Punkten im Langtangtal manchmal zu Überbelegungen.
Karten: Mandala Map »Helambu / Gosainkund / Langtang / Ganja La«; »Schneiderkarte« 1:100 000: Nr. 8 Helambu – Langtang; Alpenvereinskarte 1:50 000 »Langthang West« und »Langthang Ost«.

liche Freundlichkeit und Gastfreundschaft der Leute.

Oberhalb des Dorfes beginnt ein ausgedehnter Wald von Stecheichen, die für Futterzwecke geschneitelt werden und deshalb eher wie Pappeln aussehen. Der Weg versinkt langsam in diesem eigenartigen Wald. Jetha leistet mir Gesellschaft. Eigentlich heißt er Tirtha Man Tamang und stammt aus Deusa im Solukhumbu. Da er der älteste Sproß seiner Eltern ist, nennen ihn alle »Jetha« – was soviel wie »der Älteste« heißt. Viele Nepali tragen Kosenamen, an denen man die Reihenfolge ihrer Geburt erraten kann, so Jetha, Mahila, Sainla, Gahila und Kanchha für die Buben, respektive Jethi, Mahili, Sainli, Gahili und Kanchhi für die Mädchen. Diese Namen sind oft wichtiger und spielen vor allem in den Dörfern eine große Rolle. Jetha ist noch seiner Stammessprache mächtig: Rangitam, was soviel wie »unsere Sprache« bedeutet. Rangitam gehört zur Familie der tibeto-birmanischen Sprachen. Natürlich bestehen zwischen den verschiedenen Regionen, wo Tamang ansässig sind, Unterschiede im Dialekt. Das hat Jetha gerade heute in Kutumsang gemerkt. Sein Rangitam und jenes der Helambu-Tamang sind derart verschieden, daß er schließlich auf Nepali zurückgreifen mußte, um sich verständlich zu machen. Diese Sprachunterschiede treten bei anderen Volksgruppen auch auf, was die Notwendigkeit einer *lingua franca* in Form des Nepali noch unterstreicht. In Kutumsang leben die Tamang unter sich und Rangitam hat eine gute Überlebenschance, bei sich zu Hause aber lebt Jetha in Gemeinschaft mit Rai, Sherpa, Bahun und Chhetri, weshalb vor allem die Jüngsten nur noch Nepali sprechen. Jethas zwei Kinder verstehen noch Rangitam, wenden es aber selbst nicht an, da die Gemeinschaft der Tamang in jenem Gebiet zu klein ist.

Eintritt in den Nationalpark

Bald schon erreichen wir einen kleinen Übergang, der gerade 3000 Meter hoch ist. Rhododendren blühen rund um uns herum, die Erde, Moose, Flechten und viele Büsche strahlen einen seltsam sympathischen Duft aus. Die Baumform des Rhododendron beherrscht hier noch die Szene, weiter oben wird sie durch Büsche abgelöst, die weiß oder rosa blühen. Hier dominiert das knallige Rot. Die Führe steigt unentwegt durch diese Märchenlandschaft, in der Vögel von Ast zu Ast hüpfen und jubilieren. Auf einem weiteren, über 3300 Meter hohen Buckel steht ein großer Steinhaufen, in den Gebetsfahnen an langen Bambusstecken gepflanzt wurden. Sie bewegen sich kaum, es ist windstill. Dennoch kann die Atmosphäre nicht unbedingt als ruhig bezeichnet werden, denn im Süden haben sich gewaltige Wolkentürme gebildet. Auch die Sicht auf die Berge wurde durch Quellwolken verhindert. Kurz darauf stehen wir auf einer flachen Wiese, an deren Ende einige Baracken stehen: ein Armeecamp. Wir sind in Mangeghot angelangt, und Jetha beeilt sich, die Zelte aufzustellen, denn die Wand im Süden wird immer schwärzer. Tenzing hat sich für seine Aktivitäten eine Hütte ausgesucht, die wohl im Sommer den Hirten von Kutumsang als vorübergehende Bleibe dient. Tatsächlich finden wir auch einen Einheimischen, der gerade dabei ist, ein geschlachtetes Schaf zu zerteilen. Soldaten sind nur ein paar wenige da, die ihren eintönigen Job, den Park zu »bewachen«, mit Spielen aller Art verkürzen: Karten werden geworfen und Figuren geschoben. Kaum haben wir uns so richtig eingerichtet, beginnt auch schon das Unwetter. Im Süden leuchten die Blitze, und es grollt der Donner, bei uns fällt der

Der Yak liefert Milch, Fleisch, Wolle und Feuerdung, daneben dient er als Trag-, Arbeits- und Reittier. Er kann nur in Höhen über 3000 Metern über dem Meer leben, darunter geht er ein. (Kyangjin Gompa, 3749 m)

Schnee, er rieselt auf die Zelte. Bald hören wir dieses feine Geräusch nicht mehr, denn die Zelte sind zugeschneit.

Am nächsten Morgen halten wir Kriegsrat. Subas hält vom Wetter nicht sehr viel und schlägt vor, hier zu bleiben, denn rund 30 Zentimeter der weißen Pracht versperren den Weg hinauf. Für die Träger wäre dies nicht zumutbar. So bleiben wir in Mangeghot und bauen einen Schneemann.

Nach dem feinen Mittagessen aus Tenzings Töpfen hört der Schneefall unvermittelt auf, und die Wolken teilen sich langsam. Blau erscheint zwischen ihnen, ein freundliches, optimistisches Blau. Sofort verwandelt sich unsere etwas gestrandet anmutende Gesellschaft, ja wir brechen sogar mit Subas und Jetha zu einem Spaziergang in jene Richtung auf, die wir wohl morgen in aller Frühe nehmen werden. Dabei entdecken wir unglaublich viele rote Rhododendronblüten, die mit einem Hauch von Schnee zugeschneit sind, dennoch aber ihre intensive Farbe verstrahlen. Die Sonne kommt durch, die kräftige Sonne. Sofort schmilzt der Schnee auf den Bäumen und tropft zu Boden. Auch in der Natur scheint hektische Aktivität aufzukommen, man hört das Gras förmlich wachsen, die Bäume sprießen. Wir bahnen uns durch den Schnee, eine halbe Stunde vielleicht, eine Stunde, eineinhalb Stunden. Rundherum ergießt sich eine große Klarheit über die Berge und Täler. Weiß und rein präsentiert sich die Welt zu unseren Füßen. Zurück bei den Zelten sehen wir noch, wie der Schneemann bedenkliche Schlagseite bekommt. Schließlich stürzt er um, beinahe lautlos.

Diese Herrlichkeit begleitet uns auch am nächsten Tag. Diese verschneite, kristallklare Landschaft läßt einen vergessen, daß man hinaufsteigt. Anstrengungen scheint es keine mehr zu geben, sie sind der Euphorie gewichen. Wir folgen unserer Spur von gestern, und die Träger folgen uns auf dem getretenen Pfad. Ein wunderbarer Mischwald umgibt uns, in der Ferne erkennen wir ungezählte weiße Berge und dahinter noch mehr. In Thare Pati, einer weiteren Sommersiedlung auf fast 3700 Metern, treffen wir auf andere Trekker, die von Gosainkund abgestiegen sind. Die Sherpa tauschen die neuesten Informationen aus. Die andere Gruppe ist froh, in unserer Spur absteigen zu können, wir sind froh, ihre Spur zum Aufstieg zu benutzen. Tenzing kocht schon wieder, und in seinen Pfannen zischt und quirlt es verdächtig gut. Auch die Träger lagern hier und genießen den Platz an der Sonne.

Über die Weiden steigen wir hinunter zu einem Wald aus Rhododendren und queren den inzwischen vom Schnee befreiten Hang durch verschiedene Runsen. Es folgt ein steiler Aufstieg bei großer Hitze, und wir stehen vor den Lodges von Ghopte. Früher offerierte die Natur hier eine kleine Felshöhle für die Übernachtung, heute wären die schmucken Hütten eine echte Alternative. Wir zelten jedoch nahe des letzten Hauses auf einem kleinen, aber flachen Platz. Knapp darunter schlägt Tenzing sein Küchenzelt auf und bringt die Kerosinkocher zum Summen. Hinter uns türmt sich eine graue und steile Wand in den Himmel, im Süden glauben wir, in weiter Ferne die Gangesebene zu sehen. Davor jedoch, konkreter und in schwachen Farben abgestuft, reiht sich Kuppe an Kuppe, Hügel an Hügel, Berg an Berg.

Über den Laurebina La

Nach einer lautlosen Nacht mit vielen Sternen und einem grellen Mond nehmen wir die wohl strengste Tagesetappe des Treks in Angriff. Tenzing bereitet das Frühstück und das Lunchpaket, das wir unterwegs zu den Gosainkundseen verzehren werden: Brotfladen, hart gekochte Eier, Biskuits und Tee. Subas geht voraus. Entlang einem steilen Abhang gleiten wir mehr als wir gehen, dennoch erreichen wir kurz darauf in flacherem Gelände ein Teehaus, das erst seit kurzer Zeit dort zu finden ist. Dieser Platz wird, wie überall in Nepal, Phedi genannt – der Paßfuß. Auf steinigen Weiden gewinnen wir langsam an Höhe. Zurück im Schnee pflügen wir uns hinauf und gewinnen in weiten Kehren den Laurebina La, 4609 m. Trotz dieser stattlichen Höhe wird die Aussicht durch die umliegenden Berge stark eingeengt. Diese Enge mag auch der Grund für den kalten Wind sein, der uns förmlich von der Paßhöhe in Richtung der heiligen Seen bläst. Jetzt geht Tenzing voraus. Zielstrebig legt er eine pfeilgerade Spur quer über den ersten See, allerdings ohne vorher zu prüfen, ob das Eis auch wirklich dick genug sei. Wir ziehen es in der Folge vor, den See auf unseren Rechten liegen zu lassen und durch den Schnee zu stapfen. Subas folgt mit allen Trägern.

Am Hauptsee, der etwas tiefer liegt, stehen einige Hütten. Eisige Kälte empfängt uns dort, und wir verzichten darauf, die Nacht in den Zelten zuzubringen. Statt dessen richten wir uns in der Lodge ein und freuen uns über das gute Gelingen dieses anstrengenden Tages. Wir sind wohlbehalten hier angekommen. Im Schein der Kerosinlampe beschließen wir den Abend in der Gewißheit, die größte Hürde des Treks bereits hinter uns zu haben. Das Langtangtal liegt nun offen vor uns.

Ein langer Abstieg in die Talsohle

Vorher aber erwartet uns ein Abstieg von über 2000 Metern. Der Weg verläßt die heiligen Seen, die im Sommer das Ziel riesiger Pilgerscharen sind und aus denen

Tourenprofil Tour 5

Strecke		Höhe	Gehzeit	Entfernung	Pässe/Bemerkungen
Start: Sundarijal		1400 m	–	–	Straße von Kathmandu
1.	Chisapani	2200 m	4 Std.	14 km	Burlang Bhanjyang, 2438 m
2.	Gul Bhanjyang	2125 m	5 Std.	17 km	–
3.	Mangeghot	3285 m	5 Std.	16 km	Nationalpark ab Kutumsang
4.	Ghopte	3440 m	4 Std.	12 km	Thare Pati, 3597 m
5.	Gosainkund	4312 m	8 Std.	18 km	Laurebina La, 4609 m
6.	Syabru	2330 m	5 Std.	20 km	–
7.	Lama Hotel	2440 m	4 Std.	14 km	–
8.	Langtang	3307 m	5 Std.	15 km	–
9.	Kyangjin Gompa	3749 m	2 Std.	8 km	–
10.	Kyangjin Gompa	3749 m	5 Std.	10 km	Tsergo Ri, 4800 m
11.	Lama Hotel	2440 m	6 Std.	30 km	–
12.	Syabru	2330 m	4 Std.	20 km	–
13.	Dhunche	1966 m	4 Std.	18 km	–
Ende: Dhunche		1966 m	–	–	Straße nach Kathmandu
Total etwa:			61 Std.	212 km	

der Trisuli entspringt. Den Hang entlang erreichen wir einen fabelhaften Aussichtspunkt, der Chalang Pati Danda heißt. Hier sehen wir in der Ferne die Annapurnaberge, etwas näher Gurkha und Ganesh Himal und im Norden die Kyirongberge in Tibet. Dominiert wird die Szenerie aber von der gleichmäßigen und wild vergletscherten Pyramide des Langtang Lirung. Dieser 7234 m hohe Berg steht am Eingang des Langtangtales und überragt bei weitem alle anderen Berge in der Umgebung. Tief unten, einer schwarzen Kerbe gleich, schneidet sich das Tal zum Fuß dieses Kolosses ein. Dort unten werden wir bereits am morgigen Tage wieder schwitzen. Hier oben weht ein Wind von polarer Kälte.

Wir verlassen die nahezu vegetationslose Zone und wandern zunehmend durch Buschwerk zu einem Teehaus mit dem hochtrabenden Namen »Top of the World«. Danach folgt ein herrlicher Hangweg bis zur Shing Gompa, einem Kloster, in dessen Nähe eine Käserei ausgezeichnete Milchprodukte feilhält. Das Kloster liegt übrigens an einem ausgedehnten Hang, dessen Zierde, ein riesiger Wald, Raub der Flammen wurde. Stumm ragen die nackten Baumstrünke in den Nebel, der sich aus dem Tal heraufschleicht. Kurz nach dem Kloster verschwinden wir wieder im Rhododendronwald und erfreuen uns einmal mehr der üppigen Blumenpracht.

Der Hang wird steiler, und weit unten erkennen wir das langgestreckte Dorf Syabru, das, von der Seite gesehen, an eine Krone auf einem Bergkamm erinnert. Zunächst durchqueren wir aber noch

einen Tannenwald und erfreuen uns der großen Bestände an Seidelbast, die besonders in den Wintermonaten aus ihren kleinen Blütchen einen betörenden Duft verbreiten. Der Seidelbast spielt in Nepal eine große Rolle, wird doch durch das Zerstampfen seiner Rinde jene Masse gewonnen, die für die Papierproduktion notwendig ist. Dieses Papier, in Kathmandus Basaren erhältlich, wird oft fälschlicherweise als »Reis-Papier« bezeichnet.

In Syabru treffen wir auf die vielbegangene Hauptroute, die vom Straßenende in Dhunche nach Langtang führt. Die meisten Trekker wandern diesen Weg hinauf und wieder hinunter. Auf diese Weise kann der Zeitaufwand für den Besuch von Langtang auf eine Woche begrenzt werden. Jedoch offeriert die Kombination von Helambu und Langtang wesentlich mehr landschaftliche und kulturelle Eindrücke. Viele schrecken jedoch vor der Überschreitung des Laurebina La zurück und lassen sich dadurch einiges entgehen. Viel Platz für die Zelte gibt es nicht in Syabru, da dieses schmucke Dorf auf einem beidseits stark abfallenden Kamm steht. Lodges sind aber in Hülle und Fülle vorhanden. Diese unterscheiden sich äußerlich nicht wesentlich von den traditionellen Häusern. Gebaut wird hier mit Holz und Stein. Stein bildet die Seitenbefestigung, das Holz ziert die Längsseite. Unten befinden sich die Stallungen, im ersten Stock die Behausungen. Geschnitzte, verschiebbare

Am Anfang und am Ende eines Treks steht oft eine Busfahrt. Diese entwickelt sich zwangsläufig zum Erlebnis eigener Art. (Dhunche, 1966 m)

Bretter dienen als Fenster. Die Dächer bestehen aus übereinandergeschichteten Brettern, die mit Steinquadern festgehalten werden. Subas verhandelt mit den Angestellten des Nationalparks, auf deren Grundstück wir unsere Zelte aufstellen. Einer der Wildhüter erklärt uns, daß durch die Realisierung des Parks neue Probleme auf die Bevölkerung zugekommen sind. Speziell die Wildschweine haben sich rasant vermehrt und haben die schlechte Gewohnheit, die bestellten Felder dieser Menschen hier regelmäßig umzugraben und zu verwüsten. Auch die hier seßhaften Bellhirsche zeigen eine Vorliebe für die Früchte menschlicher Anbaukunst. Dies führt natürlich zwangsläufig zu Konflikten.

Bergsturz und Urwald

Am nächsten Morgen, bei strahlendem Sonnenschein, verlassen wir Syabru und steigen kurz ab. Es folgt die etwas heikle Überquerung eines Bergsturzes, der sich im Jahr 1987 hier ereignet hat. Die Vegetation hat aber bereits vier Jahre nach dem Ereignis damit begonnen, sich auf diesem Kegel von Schutt und Geröll wieder anzusiedeln. Die natürliche Begrünung geht erstaunlich schnell vor sich. Bald werden auch wieder die ersten Bäume aus natürlicher Versamung wachsen und den Hang weiter festigen. Wir steigen ab bis zum tiefsten Punkt am Taleingang, dort finden sich eine Schwefelquelle und ein Teehaus mit dem vielsagenden Namen »Landslide Lodge«. Wir befinden uns auf 1690 Meter, 3000 Meter unterhalb des Laurebina La. Jetzt folgt eine wunderschöne Wegstrecke durch einen wirklich erhabenen Urwald. Schmal und eng windet sich der Pfad ins Tal hinein. Rund um uns Grün in tausend Tönen. Unser Weg folgt dem südlichen Ufer des Langtang Chhu. Die gegen Süden gerichtete Nordseite des Tals weist eine komplett andere Vegetation auf. Statt des grünen und feuchten Nebelwaldes sind dort Trockengräser und Sukkulenten zu sehen. Beide Talseiten sind außerordentlich steil und bilden ein enges V. Trotz der intensiven Sonnenstrahlung empfinden wir die Hitze nicht entsprechend, weil wir uns im Schatten oder mindestens im Halbschatten bewegen. Tenzing findet wie immer den idealen Platz für den Lunch; ein Bambushaus, eine von Wurzeln durchzogene Wiese, über die sich mächtige Bäume wölben, daneben gluckst ein lustiger Bach. Zahlreiche Vögel zwitschern, und enorm große Schmetter-

Helambu wurde vor gut 800 Jahren von Tamang besiedelt. (Kutumsang, 2468 m)

linge landen auf unseren farbigen Kleidern.

Die Träger essen auch hier. Sie genießen diesen wohltuenden Ort ebenso. Ihre Begeisterung manifestiert sich in ihrem unglaublichen Appetit. Jeder unter ihnen ißt in der Regel 500 Gramm Reis pro Mahlzeit, dazu Gemüsecurry oder Linsen. Diese gewaltige Menge wird mit einer erstaunlichen Geschwindigkeit verschlungen. Nichts bleibt übrig. Auch die angeflogenen Raben gehen leer aus. Unser Mahl besteht aus Blumenkohl, Brotfladen und einem Ei. Dazu macht die Teekanne die Runde, Subas, Tenzing und Jetha essen wie immer Linsen und Reis, in Mengen, die denen der Träger ähnlich sind, jedoch essen die Sherpa schärfer. Man kann dies leicht an den Schweißperlen auf Stirn und Schläfen erkennen. Nach dem Mahl trinken sie viel klares, kaltes Wasser und reinigen sich die Zähne. Nach einer wirklich nur sehr kurzen Siesta macht sich bereits wieder Unruhe breit. Es geht weiter.

Wir wandern den Bach entlang, der weiß schäumend das Tal hinuntertost. Große Blöcke versperren ihm den Weg, doch das Wasser findet unaufhaltsam seinen Weg in die Tiefe. Jetzt überqueren wir eine massive Brücke und landen am anderen, am heißen Ufer des Wildbachs. Aber bald schon wieder wandern wir im Schatten dieses Bergwaldes und treffen auf die Lichtung, die allgemein unter dem Namen »Lama Hotel« bekannt ist. Es handelt sich um eine alte Raststätte, die einzige zwischen Syabru und den wenigen Dörfern im Langtangtal. Inzwischen hat Lama Dai, der Betreiber der »historischen« Unterkunft, Konkurrenz erhalten. Einige andere, teilweise modernere Lodges stehen am Wegrand und locken die Fremden mit kuriosen, recht farbigen Werbeschildern. Wir halten aber dem alten Wirt die Stange, der wie ein Zauberer auf verschiedenen Kisten sitzt, in denen er Reis, Kartoffeln, Käse, Gewürze, Milchpulver und Tee aufbewahrt. Subas und Jetha haben einen schönen Platz hinter der Lodge gefunden und schleppen die Zelte dorthin, deren Kuppeln sich unter ihren geschickten und flinken Handgriffen im Nu aufwölben.

Der Dschungel inmitten dieses steilen und abweisenden Tales wirkt tröstend und beruhigend. Wenn es diese stolzen Hemlocktannen geschafft haben, hier 600 oder mehr Jahre zu überleben, so werden wir diese Nacht wohl auch bewältigen. Schaut man aber an den steilen Hängen hinauf und erkennt dort oben, weit über uns, riesige Felsmassen, die mit ihren Überhängen die Bedrohlichkeit noch wesentlich verstärken, so meldet sich eine beengende Furcht oder zumindest eine berechtigte Unsicherheit. Wir sind am Boden einer fürchterlichen Schlucht, die vom

Dunkel der Gesteinsmassen und vom grollenden Tosen des unhaltbaren Wassers erfüllt wird. Alles wäre eigentlich unangenehm, wäre da nicht dieser wunderbare Wald, dessen Grün uns stark beruhigt, tröstet.

Am Feuer des Wirts sitzen wir und trinken *raksi*, Hirseschnaps, der warm und mit etwas Butter getrunken wird, deren Augen lustig auf der klaren Flüssigkeit schwimmen. Geschichten werden erzählt, von vergangenen Zeiten, von der Jagd, von Leuten und deren Schicksalen. Lama Dai ist Bhotia und selbst aus Langtang. Eben sind noch einige Leute von dort eingetroffen und setzen sich in unsere Runde. Es sind große, drahtige Kerle mit hohen Bakkenknochen, Ketten mit Türkisen und Korallen, Silberdolchen und knorrigen Händen. Sie wollen nach Trisuli, nach wie vor der wichtigste und größte Marktort in der Region. Dort werden sie Salz, Öl und Kerosin kaufen, sonst nichts. Acht bis zehn Tage werden sie unterwegs sein. Doch jetzt ist die Zeit günstig. Die Kartoffeln sind gesteckt, die Sömmerung der Tiere beginnt erst in einem Monat, und im Mai regnet es noch nicht so oft. Tenzing kommt herein und sagt, das Essen sei fertig. Wir gehen nach draußen. Funkelnde Sterne stehen über uns. Wir essen im Zelt.

Das Tal wird breiter

Es geht weiter im Wald, es steigt beständig, das Tal scheint sich zu weiten. Der Wald wird etwas dünner und und die Bäume kleiner, Wacholder und Berberitzen tauchen auf, Vorboten der Höhe. Flechten und Moose verschwinden, es wird trockener. Plötzlich endet der Wald, und wir treten auf Wiesen und Felder. In Ghora Tabela, einer alten Pferdezucht, heute ein Militärcamp, zeigen wir unsere Trekkingbewilligungen und genießen alsdann einmal mehr das Mittagessen unseres unermüdlichen Kochs. Hoch über uns erkennen wir den Langtang Lirung, dessen wahre Größe durch die verkürzende Perspektive nicht voll herauskommt. Das Tal hat sein Aussehen grundlegend verändert. Aus dem strengen V ist ein einladendes U geworden. Klar und trocken ist es hier oben, und ein thermischer Wind bläst talauf. Über uns stehen grasbestandene Felsfluchten und Gletscherberge. Weiße Wolken ziehen über einen unwirklich blauen Himmel. Nicht nur kulturell, auch klimatisch haben wir uns Tibet genähert. In dieser offenen Landschaft finden wir einen gefälligen Weg vor, der uns sicher nach Langtang führt. Diese beachtliche Siedlung weist eine wunderschöne Tarnung auf. Das Dorf ist von weitem sichtbar, aber es bleibt aufgrund seiner Farbe verborgen. Die Konstruktionen aus Holz und Stein unterscheiden sich nicht wesentlich von der braungrauen Umgebung der Weidelandschaft, die das Dorf umschließt. Dort grasen Yaks, meist Kühe – hier Nak genannt – mit ihren Kälbern. Diese drolligen Wollknäuel zeigen eine bemerkenswerte Neugier, daneben aber auch eine gesunde Vorsicht. Es gelingt uns nicht, näher als zwei Meter an ein solches Yak-Kalb heranzukommen. Sie verstecken sich hinter den grunzenden Nak. Entfernen wir uns aber, so kommen sie mit Bocksprüngen auf uns zu. Weiter oben hockt im Geäst eines dürren Baumes eine Horde stattlicher Languraffen.

Eben noch brannte die Sonne unbarmherzig herunter, jetzt schleichen sich Nebel aus den feuchten Abschnitten des Tales herauf und umhüllen uns mit einer frischen Kälte. Sofort holen wir unsere warmen Kleider heraus. Die Träger schlafen im Dorf, wir zelten auf einer abgegrasten Matte davor. Tenzing trinkt eine Tasse Kaffee und notiert seine Auslagen in ein kleines Heft, das alsdann in seiner Jackentasche verschwindet. »Hast Du Appetit auf Kartoffeln?« fragt er und setzt den Dampfkocher auf die Flamme, ohne die Antwort abzuwarten. So essen wir also Pellkartoffeln und Käse, so quasi als Vorspeise zum Abendbrot, das auch nicht lange auf sich warten läßt.

Die Nacht ist lang und ruhig. Nur ein paar Mal bellt ein heiserer Kettenhund. Die heutige Etappe wird kurz, weshalb wir uns etwas Zeit nehmen, Langtang anzuschauen. Die Häuser unterscheiden sich nicht wesentlich von jenen in Syabru, aber sie sind größer und aufgrund der hier herrschenden Winde besser isoliert. Besonders der Aufenthaltsraum strahlt mit seiner spartanischen Einfachheit eine besondere Behaglichkeit aus. Die Menschen sitzen hier an der Wärme des Feuers und bilden dabei einen Kreis, eine Runde, die ideale Form des Zusammenseins für ein anregendes Gespräch. Stoff für dieses scheint ihnen nie auszugehen.

Im Hochtal

Das Tal verbreitert sich, und an seinem scheinbaren Ende erblicken wir einen bildschönen Berg, den Gang Chenpo. Vor diesem Eisriesen schwenkt das Tal aber nach Norden ab und endet schließlich in einer Gletscherwüste, die dem Shisha Pangma-Massiv zuzurechnen ist. Auf dem Weg steht eine lange Manimauer. In ihren Ritzen verschwinden einige mollige Lemminge, die sich ein Sonnenbad gegönnt hatten. Unterhalb des Wegs folgt ein Dorf, Singdum. Dieses hatte ich im Jahr 1979 fotografiert. Das Bild zeigt ein halbes Dutzend Häuser aus hellgrauem Stein, gedeckt mit rohen Brettern und Steinen. Auf dem nach Osten ausgerichteten Giebelspitz ist auf jedem Haus ein Tännchen aufgepflanzt, an dem Gebetsfahnen aus weißem Tuch nach Osten wehen. Im Windschatten des vordersten Hauses sitzen drei Frauen und ein paar Kinder. Die Frauen weben Stoffbahnen aus Schaf- und Yakwolle. Genau dieses Bild zeigt sich heute, 15 Jahre danach, in großer Detailtreue wieder. Die Zeit steht still, nicht nur in Singdum, überall auf dem nepalesischen Land.

Flach geht es weiter bis Kyangjin Gompa, wo wiederum – wie in Sing Gompa – eine Käserei neben den Gebäuden des Konventes zu finden ist. Tenzing kommt heraus und bringt uns frischen Joghurt. Aus dem Fenster einer Mönchszelle blickt eine alte Nonne. Ein Mönch hackt Holz, und ein anderer schleppt Wasser in ein kleines Haus, aus dem es raucht. Über dem Kloster spielt der sanfte Wind mit den farbigen Gebetsfahnen. Die Glöckchen der hier grasenden Yaks erhellen den freundlichen Eindruck dieses Ortes noch. Weniger erfreulich sind jedoch die Abfalldeponien, die hier durch Trekker und ihre Sherpa einesteils systematisch, aber auch etwas willkürlich angelegt worden sind. Rostende Büchsen liegen auf den Weiden und Scherben auf den Wegen. Zusammen mit Jetha, Subas und einigen Trägern räumen wir die Umgebung unseres Camps auf. Rundherum überwiegt eine paradiesische Schönheit, eine einmalige Hochgebirgslandschaft. Wir begreifen nicht ganz, wie es Menschen fertigbringen, in einer solch beglückenden Umgebung einen solchen Unrat zu hinterlassen.

Tsergo Ri heißt der etwa 4800 Meter hohe Aussichtsberg oberhalb von Kyangjin. Dahinter versteckt sich der Yala Peak, ein leichter Gletscherberg, der mit entsprechender Ausrüstung ebenfalls bestiegen werden kann. Auf der anderen Seite erkennen wir den Einschnitt des Ganja La. Dieser 5050 Meter hohe und je nach den Verhältnissen mehr oder weniger schwierige Paß führt direkt ins Helambu zurück und darf nur alpinistisch erfahrenen Bergsteigern empfohlen werden. Weiter hinten im Tal befindet sich ein weiterer Übergang, der Tilmans Col. Diese Route führt durchwegs über stark verspaltete Gletscher, und ein ortskundiger Führer ist vonnöten, um nicht versehentlich auf falsche Fährten geleitet zu werden. Wir begnügen uns mit einem Tagesausflug auf den Tsergo Ri, von dem eine außergewöhnlich imposante Rundsicht zu bewundern ist.

Nach all diesen schönen Erlebnissen werden wir in der Nacht auf der heiligen Wiese des Klosters tüchtig eingeschneit. Am Morgen waten wir durch knietiefen Schnee und bezeugen sichtlichen Respekt vor der klirrenden Kälte, die unvermittelt eingesetzt hat. Doch die Sonne schaut bereits über den Gang Chenpo und heizt tüchtig ein. Sofort schmilzt der Schnee, und eine grelle Helligkeit verlangt nach dem Einsatz der Sonnenbrillen. Gegenüber erinnern uns die tief eingeschneiten Rhododendronbüsche an Blumenkohl.

Der Abstieg nach Dhunche

Wir steigen ab. Bereits in Langtang ist von Schnee nichts mehr zu sehen, und wir sind froh, bald in den Schatten des Waldes einzutauchen, denn die Wärme setzt uns jetzt zu. Noch einmal genießen wir die Gastfreundschaft von Lama Dai und die Nacht im Urwald. Die nächste Etappe führt uns auf bekannten Pfaden zurück nach Syabru, von wo wir den Hauptweg durch den aufgeforsteten Wald nach Dhunche nehmen. Dabei gelangen wir bereits in Bharku auf die Straße, die von Dhunche über Syabrubensi nach Gatlang und in den Ganesh Himal führt. Diese weist aber keinen Teerbelag auf, und das Gehen kann als angenehm bezeichnet werden. Trotzdem fühlen wir uns nicht ganz im Element, denn bis hierher waren wir es gewohnt, auf holprigen und schmalen Bergpfaden zu balancieren. In Dhunche, einer bedeutenden Siedlung an einem Hang, überrascht uns ein heftiges Gewitter mit Blitz, Donner, Windböen und Hagelschlag, der auf das Wellblechdach unserer Lodge trommelt. Subas hat die Fahrkarten nach Kathmandu bereits besorgt. Am späten Nachmittag trifft jener Bus aus der Hauptstadt ein, der uns morgen dorthin bringen wird.

Aus dem Nebenraum zischen Zwiebeln und Knoblauch im Öl. Tenzing wendet kurz die Linsen darin, salzt und würzt und gießt etwas Wasser darüber. Jetzt deckt er die Pfanne zu und schaut kurz zum Reis, der leise vor sich hinkocht.

6 Ein Besuch bei den orthodoxen Hindus im bewaldeten Hügelland des Jumla-Korridors

Der Rarasee

Fernab großer Orte, Pilgerstraßen und Karawanenrouten liegt der Rarasee in einem welligen Bergland. Er befindet sich eigentlich selbst oben auf einem Berg, denn von allen Seiten muß der Wandernde zu ihm aufsteigen. Das Gebiet um den klaren See herum wurde zum Nationalpark erklärt, der einzige in Nepal übrigens, der nicht bewohnt ist, wenn man einmal das Armeecamp übersieht. Der Wild- und Waldreichtum ist hier noch bemerkenswert. Zwar fehlen die spektakulären Blicke auf die Schneeberge, die sich in großer Entfernung halten, aber trotzdem hat der Rarasee seinen ganz speziellen Reiz. Dieser wird durch seine Lage, seine große Ruhe und seine Weltferne hervorgerufen.

Nicht wer wenig hat, sondern wer viel wünscht, ist arm. Seneca

Auf dem Balkon eines kleinen Hotels in Jumla sitzt unser Koch, Ram Bahadur Thing Tamang. Die Sonne scheint angenehm warm über dem Ort, ein paar übermütige junge Männer spielen Karambol, Leute wandeln durch den Basar, ein Pferd wiehert. Ram hat Sorgen. Seit über einer Woche sitzt er hier und wartet auf uns, und wir kommen nicht. Er ist nicht allein. Aus seinem Dorf hat der Kumar Dass Thoker Lama mitgebracht, den Küchenboy, und zwei Träger, Gan Bahadur Tamang, genannt »Jack«, und Prem Bahadur Tamang. Vor mehr als zwei Wochen hat er Kathmandu verlassen, mit dem Auftrag, hier in Jumla auf uns zu warten. Die Reise nach Nepalganj verlief ohne Probleme. Danach folgte ein Fußmarsch von zehn Tagen über Surkhet und Kalikot bis hierher. Aus Nepalganj hatte er drei zusätzliche Träger mitgenommen, um die Lebensmittellasten zu transportieren. Jetzt sitzt er hier fest. Wir, seine Gruppe, sind nicht gekommen. Inzwischen hat er das meiste Geld verbraucht, das ihm die Agentur für die Deckung der Spesen unterwegs mitgegeben hat. Nachricht hat er keine erhalten. Täglich waren er und Kumar zum na-

Kurzcharakteristik

Ein Trek für jene, die Nepal von einer völlig anderen Seite kennenlernen möchten. Dünn besiedelt und bewaldet, bieten diese Mittelgebirgslandschaften vor allem dem Naturliebhaber viel.
Der Besuch des größten Binnengewässers des Landes kann auch mit einer anderen Tour kombiniert werden, z. B. mit einem Anmarsch von Surkhet oder einer nachfolgenden Tour nach Dolpo.
Beste Jahreszeit: Die günstigste Reisezeit ist Februar bis Juni und ab September bis November. Im Winter liegt oft viel Schnee.
Gesamtgehzeit: Etwa 7 Tage.
Kartenskizze: Siehe Seite 123.

Bei dieser kolossalen Himalajazeder handelt es sich vermutlich um den größten Baum Nepals. Der Weg zum Rarasee führt unter ihr durch. (Jhari, 2690 m)

hen Flugplatz geeilt, um uns dort in Empfang zu nehmen. Vergeblich. Die Flugzeuge sind zwar gelandet, wir sind aber nie ausgestiegen. Was nun? Ram schaut sorgenvoll hinunter und stützt seinen Kopf in die rechte Hand.

Die Wege nach Jumla

Der Hauptort der Karnali-Zone verfügt über direkte Fluglinien mit Nepalganj und mit Kathmandu. Von Nepalganj führt eine Straße nach Surkhet, und von dort führen zwei Routen nach Jumla, eine über Dailekh, die andere über Kalikot. Östlich von Jumla liegt Dolpo, und von dort führen mindestens drei große Wege nach Kalanga, wie Jumla auch noch genannt wird. Die Hauptroute verläuft von Dunai über den Bolangra Paß, eine schnelle und wintersichere Verbindung. Südlich des Phoksumdosees zweigt ein Weg über den hohen Kagmara La in Richtung Jumla ab, die sogenannte Karawanenroute, denn hier treiben die Salzhändler aus Dolpo ihre Yak durch. Eher als wild und verwegen muß der Pfad bezeichnet werden, der in der Schlucht des Mugu Karnali hinter dem Kanjiroba Himal durch nach Jumla führt.

Von Surkhet her waren wir in Eilmärschen nach Jumla gekommen und biegen in die Hauptstraße ein, eine mit Quadern gepflasterte Avenue, an der alle Basargeschäfte liegen. Linker Hand sehen wir ein kleines Restaurant, darüber einen Balkon. Auf diesem sitzt der gute Ram. Er schaut sorgenvoll hinunter und stützt seinen Kopf in die rechte Hand.

Der Rarasee ist mit seinen 10 Quadratkilometern das größte Binnengewässer des Landes. Seine dunkelblauen Wasser sind 167 Meter tief. (Rara, 3030 m)

Wie vom Blitz getroffen steht er auf. Ungläubig schaut er uns mit großen Augen an und rennt wie eine Gemse die Treppe zu uns hinab. Nach der freudigen Begrüßung erzählen wir uns unsere Geschichten. Nachdem wir gehört haben, wie es ihm und seinen Leuten ergangen ist, müssen wir ihm unsere Leidensgeschichte beichten. Wegen des Dasainfestes konnten wir keinen Platz mehr auf dem Direktflug von Kathmandu her bekommen. So flogen wir denn mit Ang Temba und Nyima Dorjee nach Nepalganj, in der Hoffnung, dort auf dem Anschlußflug Plätze nach Jumla zu ergattern. Dem war aber nicht so. Nach zwei heißen und ungemütlichen Tagen und Nächten an der indischen Grenze, in Gesellschaft von Myriaden von Stechmücken und anderem Ungeziefer, fuhren wir im Bus nach Surkhet. Und jetzt sind wir schon hier. »Das war aber sicher anstrengend«, bedauert Ram, »ihr habt sicher Durst und Hunger«, und schon stehen einige Gläser mit Tee vor uns. Später folgt eine Nudelsuppe. Diese beliebte Zwischenverpflegung wird unter dem Namen »Rara« vermarktet. Genau dorthin wollen wir.

Während des Dasain werden in Nepal viele Tiere geschlachtet. Auch Jumla, eine hinduistische Hochburg, bleibt von diesem Treiben nicht verschont, weshalb wir es vorziehen, frühmorgens aufzubrechen. Ang Temba und Nyima Dorjee schlendern voraus, Ram und Kumar kommen mit den Trägern nach. Drei Lasten lassen wir in Jumla zurück, diese brauchen wir für den folgenden Trek. Wir biegen in ein breites Tal hinein. In der Ferne erkennen wir einige Lekh (langgestreckte Hügel, Bergrücken oder Bergkämme), die teilweise mit Eichenwald bestanden sind.

Nützliche Hinweise:

Anreise / Rückreise: Jumla erreicht man einerseits mit dem Flugzeug ab Kathmandu direkt oder via Nepalganj, andererseits zu Fuß ab Surkhet (siehe Tour 16, ca. 8 Tage). Der Trek zum Rarasee kann auch in Verbindung mit einer Wanderung ins Dolpo unternommen werden (siehe z. B. Tour 18).

Übernachtung: Touristische Infrastrukturen bestehen keine, außer in Jumla. Bei den genannten Etappenorten bestehen gute Zeltplätze. Am Rarasee jedoch ist das Errichten von Zelten verboten. Dafür stellt die Verwaltung des Nationalparks ein Guest House zur Verfügung (Massenlager ohne Matratzen, Küchenbenutzung).

Karten: Mandala Map »Jomosom, Jumla & Surkhet«.

Die Danpheko Lekh

Unvermittelt stehen wir vor mehreren großen Häusern, die nicht so recht in diese Landschaft hineinpassen wollen und die mit einer eindrucksvollen Mauer gegen außen abgeriegelt scheinen. Trotzdem führt der Weg mitten durch das Gelände, ein Schulprojekt, wie wir erfahren. Danach steigen wir in einer ländlichen Gegend, zunehmend durch Wald, hinauf zu einer riesigen, schrägen Wiese, die Alm Chhere. Einige Schäfer sind noch hier, und wir sehen, Punkten gleich, ihre Schafe und Ziegen, wie sie die Hänge abweiden. Ram hält an und schickt Kumar in den Wald. Bald kommt dieser mit dem Bescheid zurück, er habe Wasser gefunden. Also essen wir hier unseren Lunch. Auch für die Nacht wäre dieser Ort sehr geeignet. Hier könnte eine ganze Armee ihre Zelte aufstellen, Platz gibt es auf jeden Fall genug. Einer der Schäfer kommt zu uns und erzählt, nachts seien durch Schakale Lämmer gerissen worden. Sonst macht diese Grassavanne einen recht friedlichen Eindruck. Weit unten erkennen wir das Tal von Jumla und am Horizont die mächtigen Hügelzüge, die es gegen Süden abschließen. Die Hauptkette des Himalaja taucht ja nach dem Kanjiroba Himal regelrecht unter und erscheint erst wieder ganz im Westen in Form des Dreigestirns von Api, Saipal und Nampa, um dann – auf indischem Boden – mit Nanda Devi und Kamet wieder bis in die Jetwinde emporzusteigen. Auf fast 150 Kilometer Distanz fehlt also die Hauptkette. Diese Lücke wird Jumla-Korridor genannt. Natürlich hat diese topographische Eigenart weitreichenden Einfluß auf das Klima. Im Sommer werden die Monsunwolken erst am tibetischen Randgebirge weit im Norden aufgehalten und regnen sich auf der Breite von Mugu und Simikot aus, während die Mittelgebirge von den ganz großen Niederschlägen weitgehend verschont bleiben. Dies mag auch der Grund sein, daß in diesen Gegenden der Flachdachbau dominiert.

Über uns reckt sich ein steiler Berg, und im Fernglas folgen wir den staubigen Kehren, die ihn erklimmen. Nach dem Mittagessen werden wir dort hinaufsteigen. Aber zunächst können wir uns noch auf das köstliche Mahl freuen, das uns Ram und Kumar zubereiten: mit Hühnerbrät gefüllte, gebratene Tomaten und Kartoffelbrei.

Der Aufstieg war in der Tat kein Kinderspiel. Zudem rächte sich die Tatsache, daß wir offenbar viel zu viel gegessen hatten. Auf dem Paß, er heißt Danpheko Lekh (Fasanenberg), tauchen wir in einen Rhododendronwald und steigen bald wieder über Weideland zu einer schönen Alm, die in einem kleinen Tal liegt. Dort stellen Ang Temba und Nyima Dorjee die Zelte hin. Nachts lauschen wir dem unheimlichen Geheul der Schakale.

Der Abstieg erfährt eine weitere Fortsetzung, immer steiler geht es hinunter, bis wir schließlich einen kristallklaren Bach auf einer Holzbrücke überqueren, es ist der Sinja Khola. Auf der anderen Seite erkennen wir mehrere mächtige Geier, die sich über den Kadaver einer Kuh hermachen. Die Gesundheitspolizei ist am Werk. Wir folgen kurz dem Fluß und steigen dann hinauf nach Bumra, wo wir einige Äpfel kaufen.

Durch das Land orthodoxer Hindus

Die Siedlungen hier sind spärlich und sehr arm, die Bevölkerungsdichte im Vergleich zu anderen Gebieten in diesem Land noch sehr niedrig. Von Europa kommend glaubt man sich bei einem Besuch des Everestgebiets und der Gegend um Pokhara um 50 bis maximal 100 Jahre zurückversetzt. Hier in Westnepal jedoch taucht man in das tiefste Mittelalter ein.

Die Bevölkerung besteht hier durchwegs aus hochkastigen Bahun, Chhetri und Thakuri, Nachkommen der nordindischen Rajputen, die im 12. Jahrhundert vor einer Islamisierung durch die Moghulen in die Berge geflüchtet sind. Hier haben sie sich teilweise mit den lokalen Khas, denen der Status der Kriegerkaste verliehen wurde, vermischt. Der Hinduismus wird hier in einer eher orthodoxen Form gelebt und gepflegt. Die Folge

Tourenprofil Tour 6

Strecke		Höhe	Gehzeit	Entfernung	Pässe/Bemerkungen
Start: Jumla		2400 m	–	–	Flugplatz
1.	Tharmare	3340 m	4½ Std.	15 km	Danpheko Lekh, 3650 m
2.	Bhulbhule	3170 m	4½ Std.	15 km	–
3.	Rara	3030 m	6 Std.	18 km	Churchi Langa, 3650 m
4.	Rara	3030 m	5 Std.	20 km	Seeumrundung
5.	Okharpatha	3100 m	5½ Std.	17 km	Churchi Lekh, 3750 m
6.	Tshala Chaur	2980 m	5 Std.	16 km	–
7.	Jumla	2400 m	5 Std.	17 km	Jaljala, 3580 m
Ende: Jumla		2400 m	–	–	Flugplatz
Total etwa:			35½ Std.	118 km	

Eine Schafherde wird am frühen Morgen über den Churchi Langa getrieben. (Churchi Langa, 3650 m)

davon sind unzählige Tabus und zwischenkastliche Verhaltensweisen, die uns teilweise befremden. Nepal ist ja vornehmlich ein hinduistisches Land, und hier erleben wir diese uralte Religion in Reinkultur. Während bei den meisten Treks das eigentliche Zielgebiet in tibetisch-buddhistische Kulturräume führt, bleiben wir auf unserer Wanderung durch Westnepal in einer arisch-hinduistischen Welt.

Der Weg macht einen sehr gepflegten Eindruck. An seinen Rändern wachsen Cotoneaster, oft führt er uns in den Schatten von Stecheichen oder Tränenkiefern, ja sogar Himalajazedern. Diese gewaltigen, teilweise uralten Bäume sind so etwas wie das Markenzeichen dieser Gegend, obwohl sie nur selten zu sehen sind.

Plötzlich erkennen wir auf einer Wegverzweigung einen Pfeil, den unser Koch Ram in den Staub geritzt hat. Wir folgen seiner Richtung in ein schattiges Seitental, wo wir unter Walnußbäumen aufsteigen. Bald erkennen wir einige Häuser. Wir sind in Bhulbhule angekommen und haben damit die Grenze des Rara-Nationalparks überschritten. Die Parkwächter weisen uns einen Platz zu, wo wir die heutige Nacht verbringen können.

Im Rara-Nationalpark

Am folgenden Morgen steigen wir einmal mehr zu einem kleinen Paß auf. Dort, auf 3650 Meter, besteht die Möglichkeit, einen wunderbaren Aussichtspunkt zu besteigen, von dem die Sicht auf den Rarasee möglich ist. Während die anderen bereits in den dunklen Wald absteigen, erklimmen Ram und ich die Grashalden zu dem erwähnten Punkt. Auf der anderen Seite, überraschend nahe, spiegeln sich in der blauen Fläche des Sees gut erkennbar

Einzelheiten der unmittelbaren Umgebung. So glauben wir, jene Anbauterrassen ausmachen zu können, auf denen früher die Leute von Rara Kartoffeln und Getreide geerntet haben. Auch die Ruinen von Rara und eines weiteren Dorfes sind gut sichtbar, obwohl Büsche und kleine Bäume von diesen verlassenen Orten bereits Besitz ergriffen haben. Auf dem Weg zurück zum Paß sehen wir zu unserer großen Verwunderung einen stattlichen Bären, wie er gerade im Unterholz verschwindet.

Nach einer ausgedehnten Rast an einem Seitenbach geht es noch einmal bergauf. Dabei durchqueren wir die sehr ärmliche Siedlung von Jhari. Bei diesem Dorf steht vielleicht der größte Baum von ganz Nepal, eine uralte Zeder. Kurz darauf folgt ein ganzer Hain dieser Bäume, vielleicht Ableger des Methusalems. Im Schatten eines Mischwaldes erreichen wir schließlich einen Buckel, hinter dem sich der Rarasee befindet, eine dunkelblaue, ruhige Fläche, die von sanften Hügeln umgeben ist.

Die Zelte dürfen wir hier nicht aufstellen, dafür stellt die Verwaltung des Parks ein nettes Holzhaus gratis zur Verfügung. Zu unserem großen Erstaunen finden wir dort sogar eine funktionierende Solardusche vor.

Wir richten uns gemütlich ein und erkunden die Umgebung. Diese besteht in der Hauptsache aus einem Armeecamp. Zwar wurden die Einwohner der hiesigen Dörfer ausgesiedelt, um die Natürlichkeit des Parks zu erhöhen. Nicht ganz logisch scheint mir aber in diesem Zusammenhang die Ansiedlung ebenso vieler Soldaten am gleichen Ort, die eine Unmenge Holz verbrennen und relativ viel - Lärm machen. Außerdem wirkt das von weitem sichtbare Glitzern der Wellblechdächer ihrer Baracken auch nicht besonders natürlich, auf jeden Fall nicht natürlicher als die mit Erdfarben bestrichenen Flachdachhäuser der Urbevölkerung.

Tröstlich ist die Tatsache, daß der Rest der Landschaft durch die Schaffung des Parks wesentlich gewonnen hat. Vor allem der Wildreichtum ist sprichwörtlich geworden. Fasane, Hasen, Moschustiere, Rehe, Bellhirsche, Wildschweine, Bären, Affen, Schakale und Leoparden können hier gesehen werden.

Vögel und Fische gibt es in unzähligen Formen. Durch seine Abgeschiedenheit und sein vermutlich beträchtliches Alter konnte der Rarasee spezifische Fischarten entwickeln und viele Arten, die anderswo verschwunden sind, konservieren.

Der Vater des jetzigen Königs hat während seiner Regierungszeit den Rarasee oft besucht und diesen Ort hoch geschätzt.

Das milde Klima, die Ruhe und die Ausgeglichenheit der Landschaft inspirieren auch heute noch. Deshalb sind auch mehrere Ruhetage am Rarasee niemals verlorene Zeit. Dies ist keineswegs das spektakuläre Postkarten-Nepal mit Achttausendern, krachenden Gletschern und Bananenstauden, dies ist eher das Reich der Beschaulichkeit.

Der Rückweg nach Jumla

Wir wandern um den See, umkreisen dessen Seele, jene blaue und unergründliche Fläche, die vom Wind täglich leicht aufgekräuselt wird.

Ein wunderbarer Waldweg führt wenige Meter von der Wasserlinie entfernt rund herum. Beim Ausfluß steht eine schöne Schilfwiese, die wir mit Hilfe eines Holzstegs durchqueren. Genau dort befindet sich auch der Beginn des Rückwegs nach Jumla. Nachdem wir dem Bach etwas gefolgt sind, steigen wir hinauf

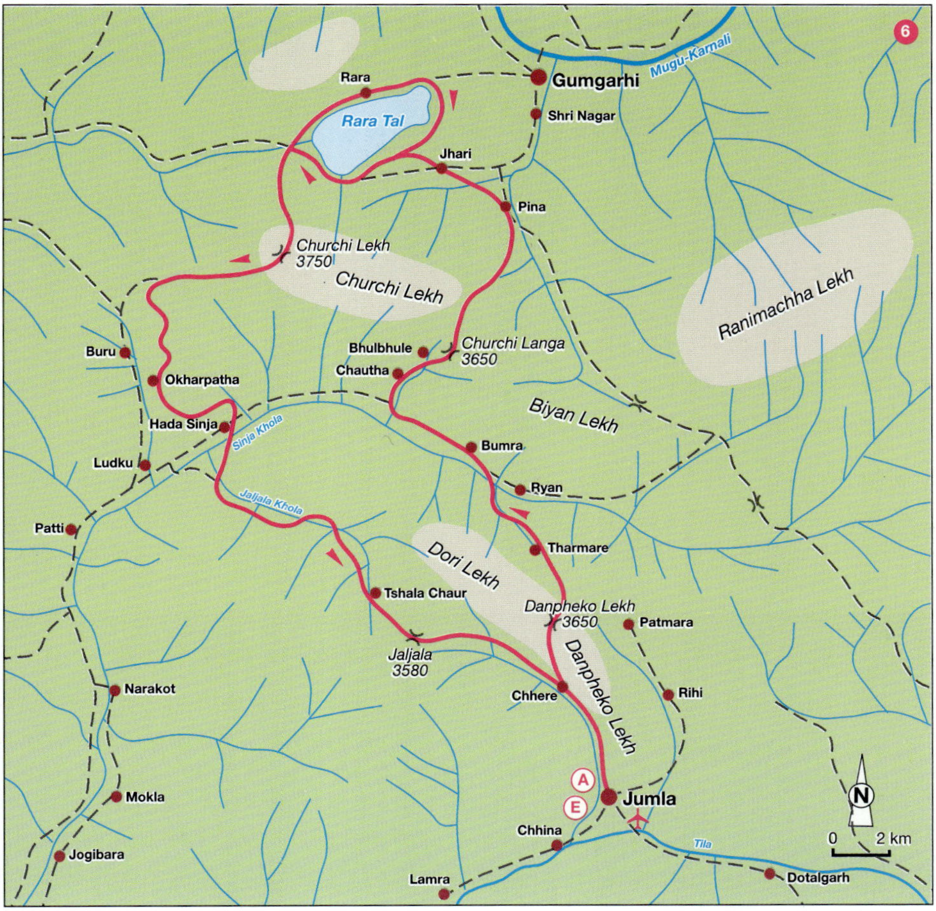

auf einen stolzen Rücken, von dem wir den See noch einmal, zum letzten Mal, sehen können. Von dort steigen wir ab, durchqueren einen interessanten Wald und gelangen schließlich nach Okharpatha, eine auffällig große Chhetri-Siedlung auf stattlichen 3000 Meter Höhe.

Nach einem weiteren Abstieg auf guten Pfaden stehen wir unvermittelt wieder am kristallklaren Sinja Khola, den wir weiter oben beim Hinmarsch schon kennengelernt haben.

Wir zweigen in ein Seitental nach Südosten ab und lassen bald die letzten Spuren von Siedlungen hinter uns.

Wieder wandern wir in einem sehr schönen Wald hinauf zu einer großen Weide, wo wir unsere Zelte ein letztes Mal aufschlagen. Am nächsten Morgen überschreiten wir den letzten der vielen Pässe auf dieser kurzen Tour, den Jaljala. Dieser bewaldete Übergang weist mehrere Kuppen auf und jedesmal, wenn man denkt, man sei nun drüben, kommt garantiert noch ein nächster kleiner Paß.

Schließlich schwenken wir bei Chhere wieder auf den bekannten Weg ein und stehen kurz darauf auf den gepflasterten Basarstraßen von Jumla. Ram schaut schmunzelnd auf den Balkon oberhalb des kleinen Restaurants an der Ecke.

7 Steile Schluchten, karge Wüsten, farbige Klöster – der Trek auf dem Dach Nepals

Sagenhaftes Dolpo

!!

Die trockenen Hochtäler des Dolpo liegen nördlich des Kanjiroba- und des Dhaulagiri Himal. Südlich der Linie Phoksumdo Tsho – Tshö La – Pingring wird es Äußeres Dolpo, nördlich davon Inneres Dolpo genannt. In Nepal begegnet man dann und wann auch den Bezeichnungen Lower bzw. Upper Dolpo. Bei einem Besuch dieser eindrucksvollen Gebirgslandschaft beschleichen einen Zweifel, ob man wohl noch auf der Erde oder schon auf einem anderen Stern sei. Dolpo unterscheidet sich landschaftlich sehr stark von den meisten anderen Gebieten in Nepal, zudem sind zwischen den einzelnen Talschaften nochmals kleinere oder größere Unterschiede in Klima und Vegetation spürbar. Dolpo ist besonders beim zweiten oder dritten Aufenthalt in Nepal als große Horizonterweiterung zu empfehlen.

Die Bewohner von Ringmo wohnen am schönsten Ort der Welt, ohne auch nur die geringste Ahnung davon zu haben.
David L. Snellgrove,
»Himalayan Pilgrimage«

Kurzcharakteristik

Dieser anspruchsvolle Trek führt in die stark tibetisch geprägten Bergwüsten und Schluchten des Inneren Himalaja. Dabei sind einige zwar hohe, aber technisch leichte Pässe zu überschreiten.
Sehr sehenswert sind die zahlreichen alten (und neuen) Klöster und die eigenartigen Dörfer, die zu den höchstgelegenen der Welt gehören.
Beste Jahreszeit: Dolpo kann zwischen Mai und November durchgehend besucht werden.
Gesamtgehzeit: Etwa 21 Tage.
Kartenskizze: Siehe Seite 134.

»Wer war das?« fragte ich unseren Verbindungsoffizier. Assistant Sub-Inspector Indra Raj Karki sitzt auf einem rotbraunen Stein und blickt der Reiterkolonne nach, die eine Staubwolke hinter sich zurückläßt. »*Bikash Mantri*«, sagt er lachend – der Fortschrittsminister. Seit der Demokratisierung Nepals im Jahr 1990 spricht alles von *bikash*, von Fortschritt, Entwicklung, Aufbruch und Veränderung. Dabei ist die Erwartungshaltung der Landbevölkerung an die Regierung in Kathmandu recht groß. Natürlich gibt es keinen »Fortschrittsminister«, obwohl diese Idee nicht völlig absurd wäre, denn in diesem Land gibt es beinahe 40 Ministerien, wovon einige wirklich kuriose Felder beackern. Vor uns reitet der Landwirtschaftsminister. Er war mit uns heute früh von Nepalganj

Auf dem geschützten Vorplatz des Bönpo-Klosters webt eine Frau in traditioneller Tracht Wollbahnen, die später zu herrlichen Decken vernäht werden. (Ship-Chhok, 4150 m)

nach Juphal geflogen und dort mit militärischen Ehren empfangen worden. Jetzt reitet er mit lokalen Würdenträgern nach Dunai, dem Hauptort des Distrikts Dolpo. Dolpo (offiziell auch Dolpa genannt) hat von allen 75 Distrikten die größte Fläche, aber die kleinste Einwohnerzahl und damit auch die kleinste Bevölkerungsdichte. Es befindet sich hinter dem Dhaulagiri- und Kanjiroba Himal in den trockenen, ariden Bergzonen des Inneren Himalaja. Dunai, ein kleiner Ort mit einem noch kleineren Basar und sehr spartanischem Angebot, liegt am Barbung Tsangpo, der weiter unten Bheri genannt wird. Die Verwaltung wird mehrheitlich durch Leute aus dem »Unterland« sichergestellt, Chhetri und Bahun, die sich hier nicht wohl fühlen und die mit der tibetisch-buddhistischen Kultur nicht viel gemeinsam haben.

Sirdar Ang Dorjee hat in Juphal auf uns gewartet und in einer schmucken Lodge in Dunai ein Quartier für uns vorbereitet. Wir zelten im Garten dieses Hauses, dessen Eigner sich durch ausgesuchte Zuvorkommenheit auszeichnen. Vom Flachdach aus beobachten wir, wie einige bewässerte Felder in der Umgebung mit Reissetzlingen bepflanzt werden. Auf dem Kalenderblatt steht »Juni«. Auch abends bleibt es relativ warm, obwohl ein Wind talauf weht. Mingma Lama kocht, assistiert von Ram Bahadur Rai und Asta Bahadur Tamang. Als Sherpa sind diesmal die sehr bewährten und alten Freunde Phurba Sherpa, Chhatra Bahadur Gurung und Chhewang Tamang dabei. Sie alle waren vom Straßenende in Dang-Tulsipur in gut zehn Tagen nach Juphal gewandert, mit ihnen unsere Träger, zwanzig an der Zahl. Dabei waren sie hauptsächlich dem trägen Bheri gefolgt, einem Fluß, dem wir zumindest bis Khani treu bleiben werden. Wir wandern in einem großen, aber engen Tal hinauf nach Tarakot, das wie eine gewaltige Burg auf dem Sporn eines Hügels steht. Hier wohnen Magar und Kami, die sich aber sehr an tibetische Traditionen angelehnt haben. So tragen die meisten die *chuba*, den Wollmantel, und unterhalten mit ihren zahlreichen Pferden einen Fernhandel bis hinunter ins Terai, wo sie im Winter auch leben. Dann kommen die Leute aus dem Tarap und benutzen die leeren Häuser von Tarakot und Sahartara als Winterquartier. In Khani zweigen wir in die sehr lange und eindrucksvolle Schlucht des Tarap Chhu und folgen dieser bis Dho.

In der Tarap-Schlucht nach Dho

Drei Tage lang dauert die Reise durch dieses unwegsame Tal. Unterwegs bestehen keinerlei feste Siedlungen. Deshalb wirkt der Anblick von Dho als Offenbarung. Hier beginnt das eigentliche Dolpo, jener rauhe und sehr abgelegene Zipfel in Nepals Westen. Unterwegs fällt uns Wohlgeruch in der Luft auf, der von Rosen- und Pfirsichblüten, Wermuth- und Gewürzbüschen stammt. Dazu mischt sich der Parfum der Zypressen- und Wacholdernadeln, die in der Sonne vertrocknen und verdorren. Der Weg jedoch wurde aufgrund eines Hochwassers des Tarap Chhu an vielen Stellen weggeschwemmt, ebenso viele der kunstfertig ausgeführten Brücken.

Dho weist zwei Dorfteile auf. Eine Häusergruppe steht nahe des Bachs, die andere in einigem Abstand dahinter. Die Häuser gleichen eher Festungen. Fensterlose viereckige Steinklötze trotzen hier dem Wind und dem Wechselspiel von Kälte und Hitze. Auf den Flachdächern türmen sich respektable Vorräte von Brennholz, eher ein Zeichen von Reichtum und Wohlstand, denn gekocht wird mit getrockne-

Tourenprofil Tour 7

Strecke		Höhe	Gehzeit	Entfernung	Pässe/Bemerkungen
Start: Juphal		2550 m	–	–	Flugplatz
1.	Dunai	2230 m	2½ Std.	10 km	–
2.	Yelakot	2570 m	5½ Std.	20 km	–
3.	Teaza	3260 m	4½ Std.	14 km	–
4.	Orar	3640 m	4½ Std.	14 km	–
5.	Dho	4100 m	5½ Std.	18 km	–
6.	Dho	4100 m	–	–	Ruhetag / Akklimatisation
7.	Jhya Kongma	4680 m	3½ Std.	12 km	–
8.	Chhulung Sumna	4300 m	3½ Std.	12 km	Tshö La, 4940 m
9.	Ting-Kyu	4130 m	3 Std.	11 km	–
10.	Shimen	3920 m	4 Std.	14 km	–
11.	Koma	4170 m	3 Std.	10 km	Pamso La, 4300 m
12.	Saldang	3960 m	3 Std.	10 km	She La, 4540 m
13.	Namgung Phedi	4680 m	4 Std.	12 km	Namgung La, 4430 m
14.	Shey Gompa	4280 m	3 Std.	9 km	Saldang La, 4960 m
15.	Shey Gompa	4280 m	–	–	Ruhetag
16.	Kang La Phedi	4160 m	6 Std.	18 km	Kang La, 5240 m
17.	Ringmo	3630 m	5 Std.	15 km	–
18.	Ringmo	3630 m	–	–	Ruhetag
19.	Sepka	2750 m	6 Std.	21 km	–
20.	Dunai	2230 m	4½ Std.	17 km	–
21.	Juphal	2550 m	3 Std.	10 km	–
Ende: Juphal		2550 m	–	–	Flugplatz
Total etwa:			74 Std.	247 km	

tem Yakmist. Hier wohnen bereits Dolpo-pa, ein tibetischstämmiges Gebirgsvolk, das der Unbill der Natur zu trotzen imstande ist. Das Leben gestaltet sich äußerst hart. Wir befinden uns an der Grenze der Existenzmöglichkeiten. Die Winter sind lang, kalt und mitunter schneereich, die Sommer äußerst kurz. Viehzucht und Akkerbau werden hier betrieben, daneben der Fernhandel – zur Erwirtschaftung weiterer Existenzgrundlagen. Dabei haben die Dolpo-pa eine Art Halbnomadentum entwickelt. Sie pendeln zwischen den abflußlosen Seen in Westtibet, wo sie Salz schürfen, ihren Siedlungen und den Tauschplätzen in der Gegend von Jumla, wo sie gleichzeitig auch Weiderechte für ihre zahlreichen Yaks besitzen. Das Salz wird gegen Getreide getauscht. Damit erwirtschaften sich die Dolpo-pa jenes Drittel an Lebensmitteln, das sie aufgrund der Kargheit des Bodens in den eigenen Dörfern nicht produzieren können. Dolpo liegt nicht an wichtigen Handels- und Pilgerstraßen, was auch der Grund dafür sein mag, daß sich diese fragile Wirtschaftsform bis heute hat erhalten können. Ebenso konnte in Dolpo auch die Bönpo-Religion überleben, ein vorbuddhistischer Glaube. Allerdings bestehen zwischen Lamaismus und Bönpo nur geringe Unterschiede. Die beiden haben untereinander sehr viele Dinge ausgetauscht und gegenseitig übernommen. Während die Bönpo sich aber als eigenständige Religion betrachten, sind die *chöba*, wie die Lamaisten hier genannt werden, eher der Meinung, Bönpo sei eine ihrer Sekten, etwa wie Gelukpa, Nyingmapa oder Kargyüpa. Das tantrische Element hat bei den Bönpo einen bedeutenden Einfluß, zudem spielen die Schreckensgötter eine größere Rolle. Der augenfälligste Unterschied besteht in der Drehrichtung der Swastika und der Gebetszylinder. Die Lamaisten bevorzugen den Uhrzeigersinn, die Bönpo drehen ihm entgegen. Auch umwandern die Bönpo ihre *chörten* und Manimauern auf der rechten Seite und nicht auf der linken, wie die *chöba*.

In Dolpo gibt es vier größere Bönpo-Klöster, die das Gebiet wie ein Viereck umfassen. Ship-Chhok, nahe bei Dho gelegen, bildet dabei die südöstliche Bastion. Wir statten diesem Ort einen Besuch ab und gewöhnen uns dabei an die Höhe. Der Lama, ein Mann von gut fünfzig Jahren, empfängt uns in seiner Privatkapelle, die sich im massivsten Haus befindet, das hier zu finden ist. Der Raum strotzt vor alten Statuen und Rollbildern. Neben den erhöhten Sitzplatz des Lama fällt ein wenig Licht durch ein kleines Fenster ein. Beim Eingang und davor liegt Getreide, in derbe Säcke eingenähte Tauschware. Auf dem geschützten Balkon arbeiten einige Frauen und daneben spielen die Kinder. Vor dem Haus, an einer windgeschützten Stelle, weben andere Frauen jene Stoffbahnen, aus denen die bekannten farbigen Dolpo-Decken hergestellt werden. Eine der Frauen trägt einen originellen Kopfschmuck aus Messingblech, wie er in Dolpo üblicherweise in Gebrauch ist. Auf dem Weg zurück nach Dho bewundern wir die klug angelegten Bewässerungskanäle und die grüne Patina der Felder, die durch das Sprießen der jungen Gerste hervorgerufen wird. Die Saat erfolgt im Mai, die reifen Garben können 90 Tage später, also Ende August geschnitten werden.

Über den Tshö La ins Innere Dolpo

Der Weg ins Innere Dolpo führt über einen weiteren Paß, den Tshö La. Wir nähern uns diesem heute, kommen aber noch an einigen originellen Dörfern oberhalb von Dho vorbei, so auch in Tok-Kyu, wo wir eine alte Mühle bestaunen, die vom Wasser eines Bewässerungskanals angetrieben wird. Geröstete Gerste wird dort gemahlen. Das Produkt heißt *tsampa*, was auf Tibetisch einfach »Mehl« heißt. Normalerweise ist dabei aber das Mehl gerösteter Gerste gemeint. Mit ein wenig Buttertee angerührt, ergibt *tsampa* eine äußerst nahrhafte Mahlzeit, zu deren Zubereitung nur wenig Brennstoff benötigt wird. Nach Tok-Kyu steigen wir leicht hinauf in ein Seitental. Wie ein Abschiedsgruß jener Menschen, die am Rand der Welt leben, steht dort ein mächtiger *chörten*. Anschließend verwandelt sich die trockene und aride Kulturlandschaft in eine menschenfeindliche Bergwüste. Außer den Wegspuren bestehen keine Zeichen von Leben. Der Tshö La entpuppt sich als fast 5000 Meter hoher Übergang, auf dem Gebetsfahnen flattern. Leider können wir die Aussicht auf den Dhaulagiri und dessen Trabanten nicht genießen, da wir im Nebel eingepackt sind. Die unangenehme Kühle veranlaßt uns, diesen Platz sofort zu verlassen. Mit Ang Dorjee und Indra wandern wir über langgezogene schräge Weiden und einen geröllbeladenen Abhang ins nahe Tal. Bei näherem Hinschauen bemerken wir im Geröll eigenartige Gesteinsformen, teilweise hervorgerufen durch den Anteil an Erz in Gestein. Bei einem Bach treffen wir auf Hirten, denen unser Sirdar eines ihrer Schafe abkauft. Da dieses aber um keinen Preis selbst gehen will, müssen wir es tragen. Unbewachsene, geschichtete und auffällig farbige Felsen begrenzen das Tal, in dessen Mitte der Bach ein wenig Vegetation ermöglicht, hartes Gras und einzelne, blühende Rosenbüsche. Wir zelten auf einer herrlichen Wiese inmitten dieser Mondlandschaft.

Bald am nächsten Tag treffen wir aber wieder auf Spuren menschlicher Zivilisation. Da sind einmal Gebetsmauern, aber auch die Ruinen eines ganzen Dorfs. Sogar Terrassenfelder und einzelne Bewässerungskanäle sind zu sehen. Solche Wüstungen sind im Inneren Dolpo relativ häufig anzutreffen. Aller Wahrscheinlichkeit nach mußten diese Orte aufgrund akuter Klimaverschlechterungen verlassen werden. Hier kann nur eine Oasenwirtschaft betrieben werden, und bei Fehlen von ergiebigen Wasserquellen oder regelmäßigen Zuflüssen von Gletschern und Schneefeldern, ist ein Anbau von Gerste nicht möglich. Auf Regen allein kann hier niemand hoffen und bauen.

Vorbei an einem Flugfeld, auf dem bis heute noch nie ein Flugzeug gelandet ist, streben wir auf Ting-Kyu zu, das erste Dorf im Inneren Dolpo. Etwa 300 Leute leben hier. Die Häuser stehen oberhalb der bewässerbaren Zone. Eher düster sieht die Siedlung aus, mächtige, graue Steinburgen trotzen dem Sturm und der Kälte, aber auch der stechenden Hitze der Sommermonate.

Weit oberhalb Ting-Kyu steht ein altes Kloster. Eine Reihe kleiner *chörten* zeigt den Weg dorthin. Wir wenden uns aber talab nach Phaltar, einer weiteren Siedlung inmitten der trostlosen Öde. Dort beginnt eine enge Schlucht. Vorher betrachten wir jedoch die zahlreichen Gebetssteine, die außerordentlich fein behauen wurden.

In Phaltar liegen sehr fein behauene Gebetssteine am Weg. (Phaltar, 4090 m)

Mitten in der Gebirgswüste treffen wir auf diese völlig irreale Fläche, den Phoksumdo Tsho. (Sagar Chhu, 4200 m)

Nebst dem klassischen Mantra *»Om mani padme hum«* finden sich auch längere Texte, so 108silbige Gebetsformeln. Soeben erscheint ein Mann mit einem langen Wollmantel auf dem Weg. Er treibt zwei beladene Pferde vor sich hin. Das Fohlen der einen Stute trabt mit. Dahinter folgt ein Knabe, wohl der Sohn des Mannes. Da sie auch nach Shimen möchten, unternehmen wir die Reise dorthin gemeinsam. Nun gehen diese Pferde einen eher gemächlichen Schritt, und wir haben das Gefühl, nicht so recht vom Fleck zu kommen. Dieses Gefühl täuscht jedoch, denn die Karawanen gehen ungemein stetig und machen keine Pausen. Bleibt man einmal stehen, um eine Hausruine anzusehen oder den kreisenden Kurven eines Adlers zu folgen, so verschwinden die Huftiere und ihre Treiber im Nu in der Ferne. Es bereitet darauf einige Mühe, sie wieder einzuholen.

Der Weg führt durch eine enge, felsige Kerbe. Unter uns schäumt ein Bach. Der Pferdetreiber hält einen Gebetskranz in der Hand und spricht dauernd Mantras. Manchmal pfeift er durch die Zähne oder ruft seinen Schützlingen aufmunternde Worte zu. Zwischendurch macht er etwas, was unser Staunen erregt, denn dies sieht man in Nepal äußerst selten. Er säubert den Weg! Mit gekonnten Absatzkicks oder sogar seinen bloßen Händen entfernt er Steine und auch größere Blöcke und Brocken, die den Hang heruntergekollert sind und auf dem Weg eine vorübergehende Bleibe gefunden hatten. Der wackere Mann vor uns läßt sie jetzt weiterkollern, dorthin, wo sie vermutlich so oder so gelandet wären: im schäumenden Bach. So kommen wir in den Genuß eines ausgezeichneten Pfades, den wir in einem angenehmen und zügigen Tempo beschreiten.

Unterwegs essen wir in einem Seitental unseren Lunch. Dort trifft ein Weg aus Tibet auf unsere Route. Tatsächlich kommt eine stattliche Yakkarawane herunter, etwa 40 mit Salz beladene Tiere, die von wenigen johlenden Gesellen angetrieben werden. Wir folgen später ihrer Spur durch die trockene Schlucht nach Shimen. Nach all diesem Staub und der wüstenähnlichen Landschaft kann man Shimen als wohltuenden Kontrast dazu bezeichnen, denn dort herrscht durch intensive Bewässerung die grüne Farbe vor. Viele Bäume ste-

hen an den Kanälen und Wegen. Die Gerste gedeiht hier besser, da das Klima im Vergleich zu Dho und Ting-Kyu viel milder ist und weniger Wind durch diese Gegend weht. Die Häuser sehen zwar gleich aus, wie in den beschriebenen Dörfern, sie stehen jedoch mitten in der bebaubaren Fläche. Wir zelten bei der Schule, die unterhalb eines herrlich bemalten *chörten* steht. Die Yakkarawane hat in einem stattlichen Haus Station gemacht. Die Treiber spielen Karten und trinken *chang*. Hinter ihnen paßt ein furchterregend aussehender Kettenhund auf, daß alles an seinem Platz bleibt. Nachts vernehmen wir sein heiseres Gebell.

Zwischen Shimen und Saldang

Bei bester Laune und bestem Wetter verlassen wir tags darauf dieses Paradies und steigen links steil aus der Schlucht hinaus zum Pamso La, von dessen Anhöhe wir eine grandiose Rundsicht zum tibetischen Randgebirge und in Richtung des Kristallberges genießen. Nach einem kleinen Seitental steigen wir nochmals auf nach Koma, wo uns eine große Hitze erwartet. Wir entschließen uns, hier das Mittagessen einzunehmen und auch gleich hier zu bleiben. Oberhalb des schmucken Dorfs, das auf beinahe 4200 Metern Höhe liegt, befindet sich ein neues Nyingmapa-Kloster, das 1993 eröffnet wurde und 25 Mönche beherbergt. Eigentlich erstaunt es uns sehr, daß diese Leute hier die Mittel aufbringen, solche neuen Konvente zu bauen und zu betreiben, denn wenn wir in die Runde schauen, so erschüttert uns das, was wir sehen. Überall beherrschen öde Flächen felsige Strukturen und tiefe Schluchten die Umgebung. Kaum würde jemand erwarten, daß in dieser Wüstenei Menschen leben.

Phurba, Chhatra und Chhewang warten noch damit, die Zelte aufzuschlagen, denn es flimmert vor Hitze. Wir essen im Schatten unserer Regenschirme. Auch hier trifft eine stattliche Yakkarawane ein. Nach dem Abladen der Lasten werden den treuen Tieren einzeln die Beine zusammengebunden und einer der stämmigen Männer verpaßt ihnen mit einer mächtigen Schere eine regelrechte Sommerschur. Die Wolle wird fein säuberlich eingesammelt und später zu Garn versponnen, aus dem Säcke oder die enorm strapazierfähigen Yakhaarzelte entstehen. Nach dem Untergang der Sonne erfreuen wir uns kurz der angenehmen Kühle und lauschen andächtig den Glöckchen der Yaks, die vor unseren Zelten grasen, wobei »grasen« ein zweckoptimistischer Ausdruck ist; schaben doch die Grunzochsen eher mit ihren rauhen Zungen Moose und Gräslein vom Boden weg. Erstaunlicherweise können sie damit auskommen. Die Kühle verwandelt sich schnell in jene trockene Kälte, die wir jede Nacht seit Dho bemerkt haben. Das Glucksen des nahen Bächleins erstirbt, bald auch das Murmeln unter dem Eis. Die unverrückbare Stille wird dann und wann durch das rhythmische Schlagen eines Glöckchens unterbrochen. Ein Yak leckt oder kratzt sich.

Der nächste Paß steht uns bevor. Schon gestern konnten wir die Spur erkennen, die zu ihm führt. Auch dort eröffnet sich eine wunderbare Rundsicht. Unter dem klaren, stahlblauen Himmel und seinen kleinen weißen Wölkchen breiten sich pastellfarbene tote Flächen aus. Tief darunter schlängelt sich ein schluchtartiges Tal durch die Landschaft. Dorthin wollen wir. Dabei durchqueren wir eine enge Schlucht, wo einzelne Pferde weiden. Ganz unten waten wir durch den braunen Bach und steigen schließlich zur Saldang Gompa auf, wo Mingma und die Seinen schon kochen. Vor der Gompa lädt ein flacher Platz zum bleiben ein. Saldang ist vielleicht die größte, aber auch kargste Siedlung Dolpos. Kein Baum wächst hier, kein Strauch spendet Trost und Wasser gibt es auch nur ganz wenig. Der Bach durchzieht träge diese Wüste und an ihm stehen die massiven Häuser in einer sehr aufgelockerten Reihe. Neben den Häusern befinden sich die Felder, die einmal im Jahr eine dürftige Ernte hergeben. Die Gompa zieht unsere Aufmerksamkeit an. Der Lama zeigt uns dem Versammlungsraum dieses sehr alten Gotteshauses, das von ganzen Reihen von *chörten* und Gebetsmauern umgeben ist. Die Felder wurden teilweise schon bestellt, teilweise sind die Bauern von Saldang gerade dabei, sie mit Yakgespannen und Scharpflügen zu bearbeiten. Eine Frau folgt und sät die Gerste, dahinter landen graue Tauben.

Der Weg zum Kristallkloster

Über einen hohen Berg wandern wir weiter. Eigentlich gibt es zwei Wege nach Namgung. Der eine folgt der Schlucht und ist überraschenderweise länger, denn wir sehen die Träger und Ang Dorjee erst heraufkommen, als wir angesichts des Felsenklosters schon unser Mittagsmahl

Nützliche Hinweise:

Anreise / Rückreise: Nach Juphal fliegen ab Nepalganj beinahe täglich Twin-Otter der Royal Nepal Airlines. Während der Hauptsaison wird auch die Linie Pokhara – Juphal in Betrieb genommen. Die Rückreise erfolgt auf dem gleichen Weg. Achtung: Juphal kann sich rühmen, die prekärste aller prekären STOL-Pisten zu besitzen. Wer viel Zeit hat, kann nach Dolpo wandern, zum Beispiel von Baglung (Tour 19, 14 Tage) oder von Jumla (Tour 17, 10 Tage).
Übernachtung: Lediglich in Juphal und in Dunai finden sich einige Lodges, der ganze Rest des Treks weist keinerlei touristische Infrastrukturen auf. Bei den angegebenen Orten befinden sich jedoch gute Plätze, wo Zelte aufgestellt werden können.
Karten: Mandala Map »Jomoson, Jumla & Surkhet«.

verzehren. Wir haben auf dem oberen Weg Blauschafe gesichtet und eine herrliche Aussicht genossen. Da wir wiederum recht früh am Zielort angekommen sind, entschließen wir uns, den nächsten großen Paß, der vor uns liegt, bereits heute anzugehen, um die morgige Etappe zu verkürzen. Tatsächlich finden wir auf fast 4700 Meter oben einen ganz guten Platz inmitten einer frühlingshaften Hochgebirgsvegetation mit vielen Blumen. Unter anderem blühen die immer wohlriechenden *sunpaati*, eine Zwergrhododendronart.

Von hier aus entpuppt sich der gefürchtete Paß als relativ kurz und leicht. Leider holt uns auf der Paßhöhe des Saldang La eine Nebelbank ein, weshalb wir die Aussicht nur erahnen können. Die Gegend hier oben zeigt das Bild traurigster Öde. Feines Geröll überzieht alles. Der ungestüme Wind hat es in sanfte Mulden und Wellen gepreßt. Auf dem Kulminationspunkt steht ein *labtsa*, auf dem Yakschädel und Blauschafhörner aufgepflanzt wurden. Etwas darunter erschreckt uns das bleiche Gähnen eines Pferdeskeletts. Wieder geht es bergab, durch Geschiebe und Schiefersümpfe, Schneereste und eiskalte Wasserläufe. Die Kälte auf dem Paß war groß. Jetzt, da wir nur wenig hundert Meter abgestiegen sind, macht sich schon wieder die sommerliche Hitze bemerkbar. Das üppige Grün, das uns empfängt, macht uns stutzig. Noch nie hatten wir solch saftige Wiesen gesehen, schon gar nicht auf 4600 Meter. Eine Familie haust dort in einem Yakhaarzelt, zahlreiche Ziegen und Schafe weiden darum herum. Ein Mann lacht. Sein Goldzahn blinkt.

Der Weg folgt dem Hang. Wenig später stehen wir vor dem sagenhaften Kristallkloster: Shey Gompa. Der Kubus des Haupttrakts wird von den Mönchen rotbraun getüncht. Neben einem riesigen Feld herrlicher Manisteine weiden einige Pferde. Dort werden wir unsere Zelte aufstellen, im Angesicht des stark zerklüfteten Kristallbergs. Das Nyingmapa-Kloster blickt von einer Terrasse über den Fluß gegen Süden. Der Ort ist eigentlich gebirgiger und schroffer als ich ihn mir vorgestellt hatte, aber auch wesentlich grüner. Der Versammlungsraum von Shey strahlt eine große Gediegenheit aus. Das Licht fällt von einer offenen Terrasse darüber direkt auf den Altar. Ein Mönch zeigt uns die Anlage und setzt sich dann zum Gebet auf die schweren Teppiche. Außer dem Kloster, einigen Mönchszellen und temporären Häusern und Zelten am Bach unten gibt es hier keine weiteren Siedlungen.

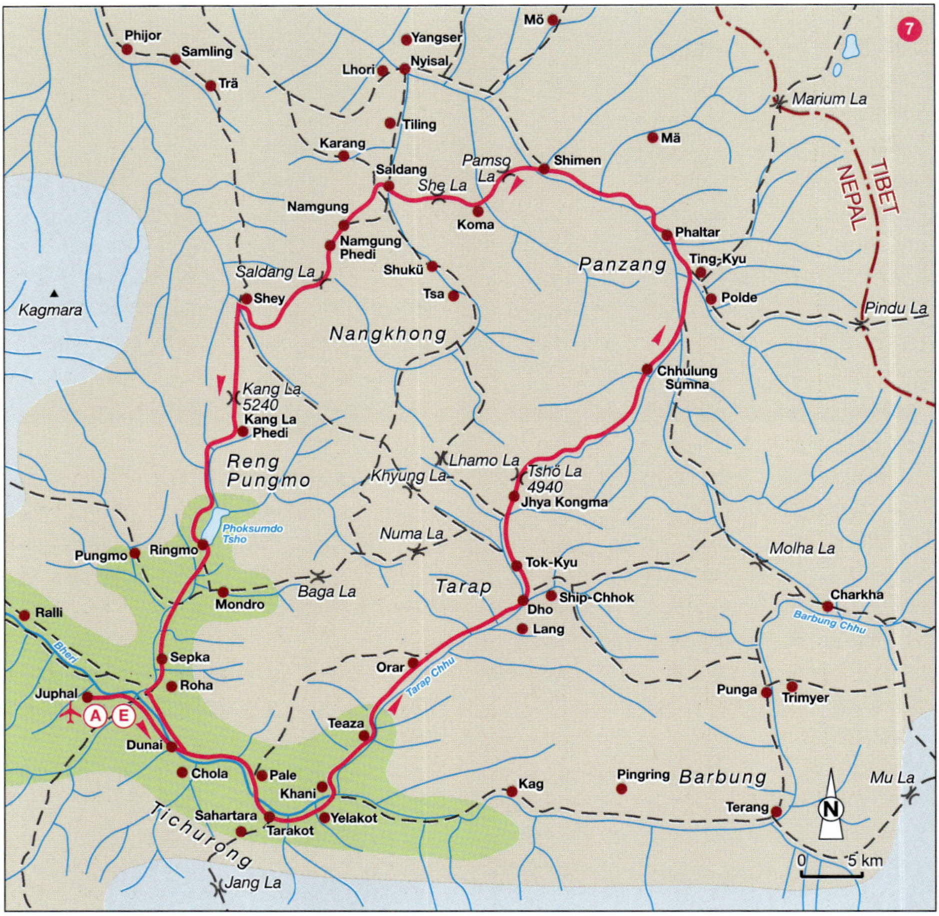

Wir verbringen hier einen wohlverdienten Ruhetag und erkunden die Umgebung. Dabei muß vor allem die herrliche Felsengompa von Tsekang Dechen Laprang erwähnt werden. Diese gehört zur Hälfte dem buddhistischen Kargyüpa-Orden, deren Mönche uns außerordentlich nett empfangen. Der weiße Teil des Klosters wird von den Bönpo benutzt. Acht Monate im Jahr ist dieses faszinierende Kloster von der Außenwelt völlig abgeschnitten. »Wenn jemand von uns krank wird, bedeutet diese Abgeschiedenheit ein Nachteil. Für die Meditation jedoch ist es ein Vorteil«, erklärt uns der relativ junge Abt vielsagend. Insgesamt besuchen wir diesen absolut einmaligen Ort zwei Mal. Auf der Wiese vor der Steilwand, in der das Kloster klebt, grasen Blauschafe, vier stolze Böcke. Einer davon paßt immer auf.

Über den schwierigen Kang La

Das Wetter zeigte sich bis jetzt von seiner freundlichen Seite. Etwas Nebel auf den hohen Pässen beeinträchtigte dann und wann die Sicht, sonst blieb es trocken. Aber weit unten im Süden, hinter den großen Dhaulagiri- und Kanjirobabergen, sahen wir oft nachts ein eindrucksvolles Wetterleuchten. Als wir uns von den herzensguten Mönchen von Shey verabschieden, beginnt es zu regnen. Durch nasses Caraganagestrüpp wenden wir uns nach Süden, dem Kang La entgegen. Dieser 5240 Meter hohe Paß bildet die letzte große Hürde dieses Treks. Das langgezogene Tal ändert plötzlich seine Richtung und schwenkt nach Osten ab. Der Paß befindet sich auf dem hohen Kamm, der die südliche Begrenzung des Tals bildet. Hätten wir nicht weit oben Spuren im Schnee gesehen, wären wir wohl nicht darauf gekommen, daß links des zackigen, gelbroten Berges dieser bedeutende Paß liegt. Zu unserer Verwunderung wehen dort weder Gebetsfahnen, noch steht dort ein Steinhaufen, wie auf solchen Punkten sonst üblich. Vor uns liegt eine weite Öde, ein faszinierendes Nichts, durchsetzt mit Schneebergen. Nach kurzer Querung einer Geröllhalde steigen wir nach rechts in ein Tal ab, das bald freundlich wird. Nach der Nacht auf einer Almweide setzen wir den Abstieg in eine breite Ebene fort, die komplett mit Caragana überwuchert ist. Diese stachligen Erbsensträuche drohen mit ihren langen Nadeln, aber stimmen aufgrund ihrer vielen gelben Blüten gleichzeitig fröhlich und zuversichtlich. Links und rechts recken sich steinige Berge in die Höhe, und die Trockenheit macht nachdenklich. Trotzdem treffen wir auf etwas, was man in einer solchen Gebirgswüste am wenigsten erwarten würde: einen sehr großen, tiefen, türkisblauen See.

Der Phoksumdosee, von einem prähistorischen Bergsturz aufgestaut, bildet so etwas, wie das Pünktchen auf dem »i« unseres Treks. Wie ein Traum liegt er zu unseren Füßen, mit seiner eigenartigen Farbe, ja seinen permanenten Farbschwankungen und seiner stoischen Fläche einen sagenhaften Kontrast zu dieser zerborstenen Welt nackter Bergschollen bildend.

In Ringmo wandern wir durch das Dorf und stellen die Zelte am Seeufer auf. Sogar Indra, unser Verbindungsoffizier, bewundert die Gegend hier. Auf einer kleinen Halbinsel am See befindet sich eine Häusergruppe: Chhölung Gompa, ein Bönpo-Kloster. Natürlich zieht es unser Interesse auf sich und es gibt ein fröhliches Wiedersehen mit dem alten Dawa Tsering Lama, dem einzigen der Mönche, der auch zur Winterszeit hier ausharrt, während seine Kollegen und die ganze Bevölkerung des nahen Ringmo ins Winterquartier absteigen.

Wenn wir Ringmo etwa mit Dho vergleichen, so fällt uns hier der große Reichtum an Wald auf, wohl eine Folge des größeren Zustroms an feuchter Luft aus den Niederungen des Bheri. Der See mag zudem eine ausgleichende Wirkung auf das lokale Klima haben. Wir profitieren davon, indem wir hier einen weiteren Ruhetag verbringen, eine willkommene Pause nach dem anstrengenden Kang La und vor dem langen Abstieg in die Hitze von Dunai und Juphal.

Diesen Abstieg nehmen wir jetzt in Angriff. Vorbei am größten Wasserfall des Landes steigen wir zum Suli Gad ab, ein großer, kristallklarer Bach, dem wir beinahe bis Dunai durch ein vorwiegend bewaldetes Tal folgen. Der zwar interessante, aber kräfteraubende Gegenaufstieg nach Roha fällt nun hinweg, da die Talsohle mit einem neuen Weg erschlossen worden ist. In Hanke verlassen wir das Gebiet des Shey-Phoksumdo-Nationalparks und leiden danach immer mehr unter der starken Hitze. In Dunai verbringen wir eine weitere Nacht auf dem schönen Platz der Lodge und beenden dieses faszinierende Erlebnis mit dem Aufstieg nach Juphal, wo wir mit dem Flugzeug nach Nepalganj zurückreisen werden. Der »Fortschrittsminister« hatte dies vor drei Wochen schon getan.

8 Ein Augenschein an den Pforten zu Tibet – in einer klimatisch interessanten Himalaja-Ecke

Das Königreich Mustang

Kaum ein Kontrast könnte größer sein, als jener zwischen dem subtropisch grünen Nepal und dem wüstenhaften Hochplateau von Mustang. Diese Region liegt hinter dem Annapurna- und dem Dhaulagiri Himal, also im Schatten des Monsuns. Die starken thermischen Winde des Kali Gandaki tragen zur zusätzlichen Austrocknung der Landschaft bei, die sich stellenweise als kontinentale Bergwüste präsentiert. Zu dieser Faszination gesellt sich in Mustang die tibetisch-lamaistische Kultur und die eigenartige Tatsache, daß es sich um ein Königreich im Königreich handelt. Ein Wermutstropfen sind die exorbitanten Gebührenansätze für dieses Gebiet, die ohne irgendwelche Gegenleistungen vom Staat vereinnahmt werden.

Und vielleicht ist die Sehnsucht nach Tibet, die jeden begleitet, der es einmal erlebt hat, nur die Sehnsucht nach den Gedanken und Gefühlen, die dieses Land ausgelöst hat. Herbert Tichy, »Zum heiligsten Berg der Welt«

Kurzcharakteristik

Ein faszinierender Streifzug durch eine der klimatisch eigenständigsten Regionen Nepals. Lange verschlossen, gehört Mustang zu den teuren Zielen.
Die Landschaft ist einmalig. Kaum würde man glauben, noch in Nepal zu sein.
Beste Jahreszeit: Ein Besuch kann aufgrund des fehlenden Monsuns durchgehend von März bis Dezember empfohlen werden. Die Wintermonate sind jedoch bitterkalt und oft fällt auch Schnee.
Gesamtgehzeit: Etwa 11 Tage.
Kartenskizze: Siehe Seite 144.

»Ihr dürft eintreten« sagt Tsewang, der Neffe des Königs. Auf dem Flur waschen einige Frauen das Geschirr, das sie soeben abgetragen hatten. Ang Temba geht voraus, wir folgen. Wir betreten einen länglichen Raum, der braunrot und gelb bemalt wurde. Rechts tritt Licht durch große, vergitterte Fenster, vor denen mehrere Bienenvölker schwärmen. Am Boden liegen einige alte tibetische Teppiche, deren Muster aus Blumen in intensiven Farben bestehen. Zwei ältere Tibeter sitzen darauf. Sie lehnen an Kissen und lächeln. Im hinteren Teil des Raums steht ein schöner Holzstuhl. Darauf sitzt ein etwa 50jähriger Mann mit einem kräftigen, glänzenden Gesicht. Sein Haar ist in einem Zopf um den Kopf geschlungen, in der einen Hand bewegt sich ein Gebetskranz: Jigme Palbar Bista, der König von Mustang. Er lächelt und bittet uns zu sitzen.

Dieser Mann ist eine der bekanntesten Persönlichkeiten in Nepal, ein lokaler Fürst zwar nur, aber der letzte des Landes. Sein

Der Zugang nach Tsarang führt durch diesen mächtigen *chörten*. Im Tor ist der Dzong zu sehen, das verfallene Königsschloß. (Tsarang, 3550 m)

Titel ist *gyalpo* – König, aber politisch hat er keinen großen Einfluß. Sein Königreich, der Distrikt Mustang, wird schon lange von kommunistischen Abgeordneten in Kathmandu vertreten. Die Verwaltung befindet sich in Jomosom, fern von jenem Ort, in dem sich Jigme Palbar Bista normalerweise aufhält. So beschränkt sich sein Wirkungskreis auf das Geben von Ratschlägen und das Schlichten lokaler Dispute. Mehr als ein Großbauer ist er nicht, einer zudem, der selbst hart arbeitet, seine Felder bestellt, zu seinen Tieren schaut und Handel betreibt. Zudem ist er das Oberhaupt einer mächtigen Familie, die den Namen Bista trägt. Eigentlich ein Chhetri-Geschlecht würde man meinen – mitnichten. Der König und seine Familie sind tibetischer Abstammung und Lamaisten. Das Etikett »Bista« wirkt jedoch in der hierarchischen Kastenstruktur des hinduistischen Nepal Wunder. Jigme Palbars

Frau stammt aus Lhasa, eine zierliche Dame mit diskreten Umgangsformen. Eigene Kinder haben sie keine, betrachten jedoch ihre zwei Neffen, Söhne der Schwester des Königs, als solche. Diese sind auch anwesend, tüchtige Geschäftsleute mit viel Initiative, etwas Verschlagenheit und Traditionsbewußtsein. Sie werden wohl in die Fußstapfen ihres Onkels treten und die Pfründe der Familie dereinst verwalten. Den einen, Tsewang, kennen wir schon lange. Er und Ang Temba berichten dem König von unserem Besuch in Mustang.

Wir folgen dem Thak Khola nach Norden

Der Wind hat uns vor zwei Tagen fast nach Kagbeni gestoßen. Der Flug nach Jomosom war ruhig und der gestrige Ausflug nach Muktinath und zurück zu unserer lustigen Gastgeberfamilie im trockenen Tal tat gut. Auch unser Liaison Officer, Bim Bahadur Thapa, ist guter Laune und fordert mich zu einer Partie *baagh-chal* heraus. Ang Temba, der Sirdar, mischt sich ein und spielt bald recht verbissen. Doch das Glück steht heute eindeutig auf seiner Seite. Mit den Tigern frißt er die Schafe, spielt er mit den Schafen, sperrt er die Tiger scheinbar mühelos ein. Er sagt, heute spiele er »different level« – sozusagen der Mann vom anderen Stern, einfach unschlagbar. Wir gehen beim Checkposten vorbei und wandern durch die immense Geröllebene des Thak Khola hinauf nach Norden, nach Mustang. Eigentlich befinden wir uns schon lange im Distrikt dieses Namens, aber Mustang wird oft mit dem Städtchen an der tibetischen Grenze gleichgesetzt, das eigentlich Lho Manthang heißt. Nach einer erfrischenden, um nicht zu sagen bitterkalten Flußdurchwatung, sehen wir rechts oberhalb des Tals die Häuser von Tangbe. Die Landschaft besteht hier aus mächtigen Konglomeratschichten, die vegetationslos dem Hauptelement Wind ausgesetzt sind. Links und rechts des in seinen Schuttmassen mäandrierenden Thak Khola erheben sich steile Kliffe und Wände aus dem Ablagerungsschutt mehrerer geologischer Zeitalter. Ang Temba findet einige Versteinerungen von Ammoniten. In den Löchern der porösen Flanken nisten Tauben. Da und dort sind Höhlen zu sehen, die früher als Lagerplatz, Fluchtort oder Unterstand gedient hatten. In Chhusang werden wir in ein stattliches Haus geleitet, wo Sarki seine Küche aufgebaut hat. Drinnen in den dikken Mauern herrscht Ruhe und Geborgenheit, während draußen der thermische Wind über die Flachdächer und durch die schmalen Gassen fegt. Widerstrebend verlassen wir das gastliche Haus und die net-

Nützliche Hinweise:

Anreise / Rückreise: Jomosom verfügt über tägliche Flugverbindungen mit Pokhara und auch direkt mit Kathmandu. Aufgrund der thermischen Winde finden diese am frühen Morgen statt. Zur Akklimatisation eignet sich der Anmarsch von Pokhara nach Jomosom (Beginn der Tour 22, 5 bis 6 Tage).

Übernachtung: In Jomosom und Kagbeni existieren zahlreiche schöne Lodges, danach wird es für Gruppen schwierig. Die Mitnahme von Zelten ist erforderlich. Einzelreisende finden in den Dörfern am Weg gutes Quartier, jedoch hält sich das Angebot an Eßwaren in engen Grenzen.

Karten: Mandala Map »Pokhara / Jomosom / Manang«; ACAP Map »Annapurna«.

Die Kinder von Tsarang unterhalten sich nach der Schule auf einem Flachdach. (Tsarang, 3550 m)

te Frau, die zusammen mit ihrer Tochter ständig bei Sarki saß und diesem bei seinen Kochexperimenten scharf beobachtete. Die weichen, undefinierbaren Pastelltöne der Landschaft sind eintönig, nur die Gerste bildet jetzt im April die satten grünen Farbpunkte. Auch sonst ist das Leben ohne Abwechslung, so wird eine Tomatensuppe oder ein Spinatgericht mit Spiegeleiern zur Augenweide, ja Sensation!

Wir folgen einer Maultierkarawane. Wenige Männer treiben über siebzig Tiere vor sich her, die traumwandlerisch den Weg im gleichförmigen Geröll finden, den Fluß durchwaten, weitergehen, scheinbar unaufhaltsam. Wir benutzen die massive eiserne Brücke, die am Fuß eines umgestürzten und zerborstenen Konglomeratbrockens so fragil aussieht, als wäre sie aus Kaugummi.

Tsehile und der Canyon

In Tsehile betreten wir einen weiteren Palast. Die Häuser in Mustang sind allgemein sehr behäbig, durch Generationen immer und immer wieder ergänzt und erweitert worden. Bei diesem Prozeß verwandeln sie sich in regelrechte Irrgärten. Der Wirt, ein kleiner Mann in einer dunkelblauen Jacke, lebt von der Viehzucht und vom Handel. Etwa zwanzig der Maultiere wurden bei ihm abgeladen. Sie stehen nun im offenen Stall, sind jedoch vor dem Wind geschützt und fressen getrocknetes Gras, das ihnen ein Knecht gebracht hatte. Lustige Kinder kehren von der Schule heim und erledigen ihre Hausaufgaben auf einer Terrasse, die zum Innenhof des Gebäudes hinausgeht. Drunten auf dem Boden lauert ein schwarzer Hund von beachtlicher Größe.

Am nächsten Morgen steigen wir steil hinauf durch einen Canyon, dessen Grund wir nie sehen, so tief liegt er. Geschickte Pferde balancieren Holzbalken auf diesem extrem ausgesetzten Pfad. Manchmal bleiben sie stehen, um zu verschnaufen. Thapaji, wie wir unseren Verbindungsoffizier respektvoll nennen, staunt nur. Sonst hat er ein geruhsames Leben. Zu »verbinden« gibt es nichts, höchstens Schnittwunden bei unserer Küchenmannschaft, die wacker an uns vorbeirennt. Den Thak

Khola haben wir endgültig verlassen. Wir befinden uns nun auf seinen westlichen Terrassen. Die Dörfer hier sind klein und wenig zahlreich. Außer in einem kleinen Seitental, wo noch Wacholdergestrüpp und Birken stehen, gleicht die Vegetation der einer trockenen Steppe. Etwas hartes, struppiges Gras lockert die Flächen zwischen den Stachelbüschen auf. Trotzdem begegnen uns stattliche Herden tibetischer Ziegen und Schafe.

Ghiling heißt ein bedeutendes Dorf in einer ausgedehnten Mulde, die wir durchqueren. Der Hauptweg folgt aber der Höhenlinie und wir lassen es rechts unter uns. Dafür treffen wir auf Chiting, eine Handvoll Häuser in einer trostlosen Einöde. Die sanfte Freundlichkeit der Menschen hier steht in einem vollkommenen Kontrast zur misanthropischen Welt darum herum. Die Extreme sind hier so groß und stark, daß sie sich die Hand zu reichen scheinen.

Geborgenheit und Chaos

Eine junge Frau kocht Tee für uns, Tibetertee. Der lang aufgekochte Sud von Teeziegeln wird in ein langes Holzgefäß geschüttet und dort mit Yakbutter und Salz zu einer Emulsion verstampft und verquirlt. Ein Kleinkind liegt in staubigen, schweren Decken und lacht. Die Großmutter spricht Gebete. Der Tee wird in die Kanne zurückgeschüttet und auf dem Yakmistfeuer nochmals aufgekocht. Die Frau bringt Gläser, füllt sie, lächelt. Auf dem Hausaltar erleuchtet eine Butterlampe des Antlitz des Gyalwa Rimpoche, wie die Lamaisten den Dalai Lama nennen. Dieser lächelt auch. Draußen brennt die Sonne in die harte Kruste, die vom Wind geformt und gepreßt und aufgerauht wurde und wird. Dampf steigt aus den Tassen und vermengt sich mit dem beißenden Rauch des Mistes. Ein einziger Sonnenstrahl fällt auf den Boden.

Danach steigen wir auf einen Paß, der Muya La genannt wird. Wir blicken nach Norden in ein phänomenales Chaos. Vom Wind verflachte Hügel aus Konglomeraten wechseln sich ab mit sandigen Wellen, flimmernden, zersplitterten Decken und Falten. Es ist kaum faßbar, aber wir sind immer noch in Nepal. Nur siebzig Kilometer südlich von hier befinden sich die niederschlagsreichsten Regionen des Landes, die üppigen, grünen, bemoosten, feuchten und duftenden Regen- und Rhododendronwälder am Ghorapanipaß. Gestochen scharf markieren Annapurna I, Tilicho und Nilgiri die Hauptkette jenes Gebirges, das den Monsun aufzuhalten imstande ist.

Gyami! Die Familie Bista läßt bitten! »King House«, sagt Sarki etwas ehrfürchtig. Er hat eine Vorliebe für Paläste. Tsewang begrüßt uns und führt uns in ein sehr nettes Zimmer. Ang Temba sitzt am Herd, wo zwei junge Frauen kochen und derweil mit unserem Sirdar plaudern. Später geht Tsewang aus dem Haus, um zu seinen Pferden zu schauen. Ang Tembas Vater züchtet auch Pferde und sein Sohn folgt jetzt dem Neffen des Königs, um sich in dessen Herde umzuschauen. Allerdings kommt er wenig begeistert, ja fast belustigt zurück. Tswang habe ihm sein »top horse« gezeigt. Um es zu beschreiben, zieht der Sirdar seine Backen extrem ein, macht einen Katzenbuckel und X-Beine… Jetzt spielt er mit Thapaji wieder Tiger-und-Schaf. Die Königsfamilie besitzt praktisch in jedem Dorf etwas, seien es Häuser, Felder, Tiere oder alles zusammen.

Unterwegs sehen wir immer wieder uralte und mächtige *chörten*, die Klöster aber sind klein und teilweise dem Zerfall geweiht. Die Reichen sind nach dem Zusammenbruch des Salzhandels weggezogen. Jene, die geblieben sind, können sich

Tourenprofil Tour 8

Strecke		Höhe	Gehzeit	Entfernung	Pässe/Bemerkungen
Start: Jomosom		2743 m	–	–	Flugplatz
1.	Kagbeni	2880 m	3 Std.	12 km	–
2.	Kagbeni	2880 m	5 Std.	16 km	Muktinath, 3670 m (Akklimatisation)
3.	Tsehile	3110 m	4 Std.	15 km	–
4.	Sangpoche	3800 m	5 Std.	16 km	Soha La, 3980 m
5.	Gyami	3570 m	3 Std.	10 km	Muya La, 3970 m
6.	Tsarang	3550 m	2½ Std.	8 km	Chhungi La, 3830 m
7.	Lho Manthang	3760 m	3½ Std.	12 km	Ta La, 3890 m
8.	Lho Manthang	3760 m	–	–	Ruhetag
9.	Gyami	3570 m	5 Std.	20 km	Ta La, Chhungi La
10.	Tsehile	3110 m	7 Std.	26 km	Muya La, Soha La
11.	Jomosom	2743 m	5½ Std.	27 km	–
Ende: Jomosom		2743 m	–	–	Flugplatz
Total etwa:			43½ Std.	162 km	

große Konvente nicht leisten. Übrig geblieben sind die Bistas. Diese unterhalten außerordentlich schöne Hauskapellen. Ein Onkel von Tsewang öffnet den *lhakang* des Palastes von Gyami und rezitiert Gebete. Er trägt die rote Toga der Mönche.

In Tsarang

Ein weiterer Paß wartet auf uns. Oben nimmt uns eine gewaltige Rundsicht beinahe den Atem. Im Süden stehen die Schneeberge, im Norden liegt der Rand der Welt. In grandioser, aufwühlender Landschaft gelangen wir auf einem wie immer breiten Weg in ein großes Dorf mit einem düster dröhnenden Namen: Tsarang. Sarki, der vorausgeeilt war, kommt uns am Dorfrand entgegen. Natürlich führt er uns in das größte der Häuser. Dort wohnen die Eltern von Tsewang, ein behäbiger, bärenhafter Mann mit einer Knollennase und eine distinguierte Dame mit heller Haut, die Schwester des *gyalpo*. Vor dem Haus steht ein gesatteltes Pferd. Tsewangs Vater schwingt sich überraschend behend darauf und reitet von dannen. Pferd und Reiter verschwinden sofort in der eigenen Staubwolke. Das Haus strahlt eine wohltuende Stimmung aus. Die Proportionen, die Lichtmenge, die wenigen Tischchen und die mit wunderschönen Teppichen belegten Sitz- und Schlafbänke, die Leute, der Geruch, die Temperatur – alles harmoniert irgendwie miteinander. Auf dem Flachdach herrscht Tashi, ein lustiger Tibetterrier. Manchmal schaut er durch den Rauchabzug in die Stube hinunter. Dabei kräuselt graugelber Staub durch die Luft, setzt sich schließlich auf den gestampften Boden in derselben Farbe.

In Tsarang steht ein riesiges Schloß, allerdings ist es sehr stark zerfallen und wird nicht mehr bewohnt. Daneben sehen wir ein auffälliges, rot-weiß-blau gestreiftes Gebäude, die Gompa. Ein alter, beinahe erblindeter Lama öffnet sie für uns. Wir treten in ein Heiligtum, dessen große Zeiten hinter ihm liegen. Mit gemischten Gefühlen gehen wir zurück in das Haus und plaudern mit unseren freundlichen und aufmerksamen Gastgebern. Tsewangs Schwester, eine gar nicht schüchterne Schönheit, steht am Herd und schält Kartoffeln. Eine resedagrüne Schärpe bildet einen harmonischen Kontrast zum safrangelben Kaftan, den sie trägt.

Nun scheint sich die Gegend noch einmal zu wandeln. Zwar führte unser Weg in den letzten Tagen ohne große Höhendifferenz durch den tiefen Canyon, den das spärliche Wasser in die gewaltigen Sedimentschichten gefressen hatten. Nun wird jedoch offensichtlich, daß auch diese Schluchten enden und einer undefinierbaren Weite Platz machen. Der letzte Paß wird unter zunehmendem Windschub erklommen. Dahinter liegt Lho Manthang einer Festung gleich in einer Landschaft, die aus gelben, grauen, braunen und roten Pastelltönen zu bestehen scheint.

Ankunft in Lho Manthang

Der Ort strahlt unverkennbar tibetischen Charakter aus. Umgeben von einer hohen Mauer stehen an engen Gassen alte Häuser mit beladenen Flachdächern. Vor dem einzigen Stadttor üben sich Alte und Junge im *ulluk*, einem Spiel mit und um Geldmünzen. Andere erzählen sich Witze und Geschichten oder widmen mit Gebetskranz und Gebetsmühle ihr Dasein dem *dharma*. Rund um die Ortschaft funktioniert ein einfaches, aber effektives Bewässerungssystem. Auf vielen Feldern wird gearbeitet, gepflügt und gesät. Yaks sind keine sichtbar, dafür Zopkyo, die hier *dzopa* genannt werden.

Wir wohnen im Haus von Surendra Kumar Bista, Posthalter von Lho Manthang, natürlich ein Mitglied der Königsfamilie. Obwohl ein hundertprozentig waschechter Lho-pa, hat er einen kompletten nepalesischen Namen angenommen. Er meint, der Name des Ortes sei von Tibetisch *lho* = Süden, *men* oder *man* = Heilpflanzen und *thang* = Ebene abgeleitet, also die »südliche Ebene der Heilpflanzen«. Oft wird Lho auch nur Lo geschrieben, aber im Sinne der einheitlichen Transkription aller tibetischen Flurnamen wird hier die Schreibweise nach Peter Aufschnaiter verwendet. Die tibetischstämmigen Bewohner zwischen Gyami und hier nennen sich Lho-pa, also das »Südvolk«, eine Bezeichnung, die aus der Perspektive Tibets durchaus logisch ist. In Ostnepal, genauer im oberen Aruntal, gibt es ja die Lho-mi, die »Südmenschen«. Alle diese Stämme werden in Nepal und Indien unter dem Sammelbegriff »Bhotia« zusammengefaßt, was einfach »Tibeter« bedeutet. Die Manang-bhot und Dolpo-pa gehören ebenso dazu, wie die Sherpa und Thakali.

Surendra lädt uns ein, am kommenden Tage einen Ausritt zum Zollhaus in Nyamdo zu unternehmen, was wir auch machen. Dabei kommen wir an der königlichen Residenz in Tinghar vorbei. Der König ist gerade dabei, seine Felder zu pflügen. Er wird in den nächsten Tagen nach Lho Manthang zurückkehren und dort in seinem Palast hausen. Dieser übertrifft größenmäßig alles, was wir in den vorangegangenen Tagen gesichtet und bewohnt hatten. Allerdings lebt Jigme Palbar Bista recht bescheiden und hält nur einen vergleichsmäßig kleinen Hofstaat, weshalb ein Teil des Palastes unbewohnt bleibt und auch nicht weiter unterhalten und gepflegt wird. Auch hier ist eine gewisse Stagnation zu beobachten. Diese wird selbst in lebensnotwendigen Bereichen sichtbar. Während unseres Besuches holte die Bevölkerung das Trinkwasser aus

Auf einem Ausritt besuchen wir die Felsenwohnungen. (Nyishung, 3850 m)

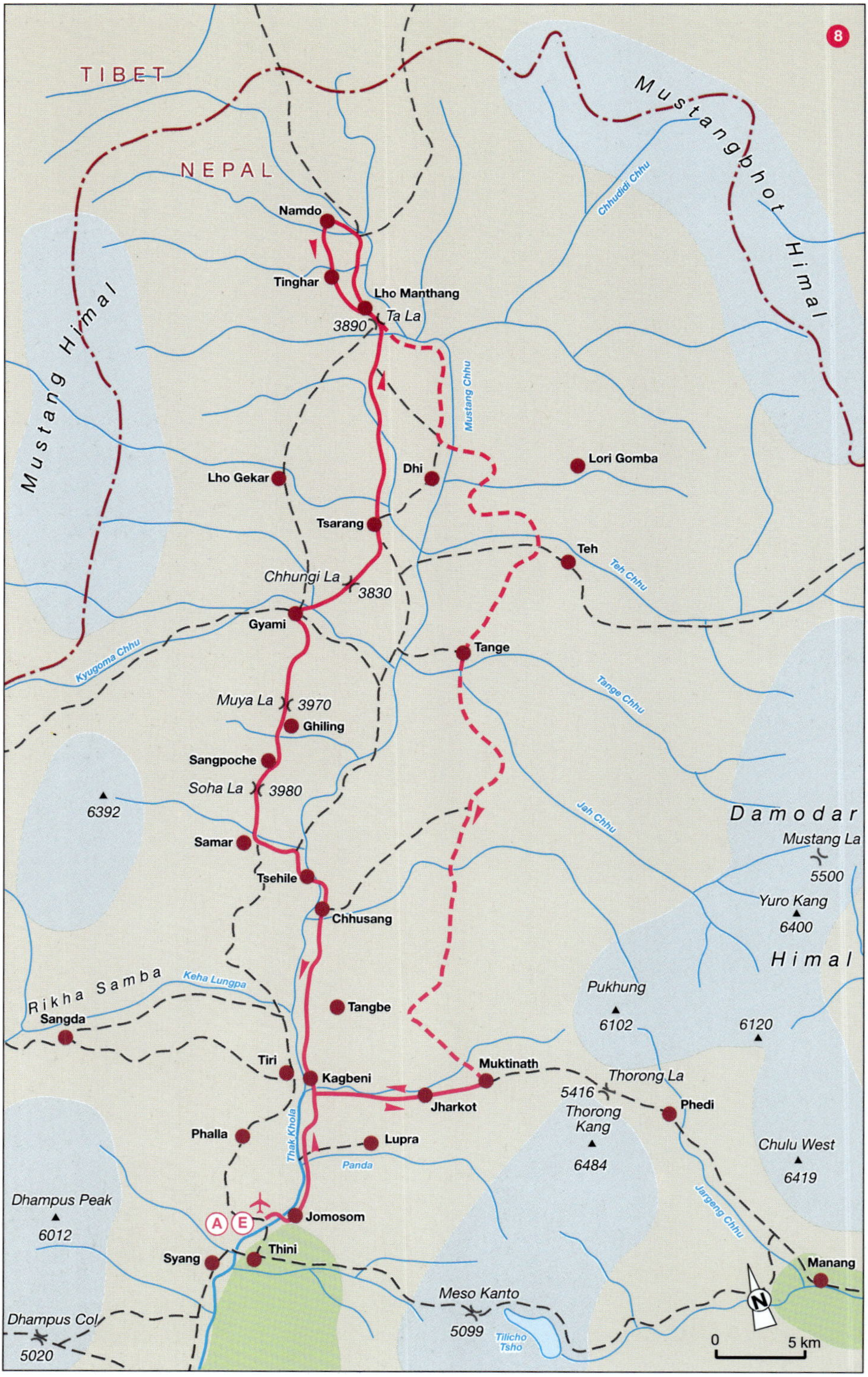
8
TIBET
NEPAL
Mustangbhot Himal
Mustang Himal
Chhudidi Chhu
Namdo
Tinghar
Lho Manthang
Ta La
3890
Mustang Chhu
Lori Gomba
Lho Gekar
Dhi
Tsarang
Teh
Teh Chhu
Chhungi La
3830
Gyami
Kyugoma Chhu
Tange
Tange Chhu
Muya La
3970
Ghiling
Sangpoche
Soha La
3980
6392
Jah Chhu
Damodar
Mustang La
5500
Samar
Tsehile
Yuro Kang
6400
Chhusang
Himal
Rikha Samba
Keha Lungpa
Pukhung
6102
Tangbe
6120
Sangda
Muktinath
Thorong La
Tiri
Kagbeni
5416
Jharkot
Thorong Kang
Phedi
Chulu West
Phalla
Lupra
6484
6419
Thak Khola
Panda
Dhampus Peak
6012
A
E
Jomosom
Jargeng Chhu
Syang
Thini
Manang
Meso Kanto
5099
Dhampus Col
5020
Tilicho Tsho
N
0
5 km

den Bewässerungskanälen vor der Stadt, in denen auch da und dort Tierkadaver liegen. Die glänzenden Messinghähne der Brunnen spenden kein Wasser, da die Leitungen unterbrochen sind und nicht repariert werden können, weil Plastikschläuche fehlen. Auch viele Gebetszylinder hängen schräg in ihren Halterungen oder sind aus diesen bereits herausgeflogen. Niemand nimmt daran Anstoß.

Auf diversen Rundgängen durch Lho Manthang genießen wir in verschiedenen Häusern Gastrecht. Immer wieder treffen wir die gleichen Gesichter an, die etwas undeutlich artikulierend hinter Gläsern von Gerstenschnaps sitzen.

Begegnung mit dem Abt des Klosters

Drei Gompas besichtigen wir. Die erste, Thupchen Gompa, ist eine gewaltige Versammlungshalle mit 28 massiven Säulen aus uralten Baumstämmen. Die Statuen von Sakyamuni, Chenrezig, Padmasambhawa und Guru Rimpoche blicken in den 500 Jahre alten Raum, der gut 25 Meter im Quadrat mißt. Die Wandgemälde sind weitgehend zerstört. In einem weiteren Raum erkennen wir hinter geschnitzten Portalen eine gut erhaltene Statue von Champa. Auch hier sind verschiedene schöne Mandalas zu erkennen, allerdings auch teilweise in bedauernswertem Zustand. Die Chhöten Gompa jedoch beherbergt 55 Mönche unter dem Vorsitz von Thenpo Tashi Tenzing Rimpoche, den wir anläßlich eines längeren Besuches treffen durften. Das Zeremoniell vor dem Eintritt in die Klause des Abts ist sehr ausgeprägt. Um so mehr sind wir von der phänomenalen Einfachheit des kleinen Raumes überrascht, in dem der Rimpoche wohnt und seine Gäste empfängt. Die Chhöten Gompa gehört der Sekte der Norpa an, eine Untersekte der Sakyapa. Diese dominiert im Königreich Mustang. Nach der Audienz zeigt uns Lama Ngawang Kunga die Räumlichkeiten dieser »Stadt in der Stadt«. Zwei Gebetssäle sind zu sehen, wobei der ältere wesentlich reicher ausgestattet ist.

Am Abend wird Surendras Frau ins Haus ihrer Eltern gebracht, wo sie niederkommen wird. Eine Geburt stellt auch heute noch ein großes Risiko für Mutter und Kind dar, denn nicht einmal die elementarste Hygiene ist gewährleistet. Am Morgen können wir mit Erleichterung vernehmen, alles sei gut gegangen. Ein Mädchen hat das Licht der Welt erblickt.

Noch einmal schlendern wir durch Lho Manthang. Es beherbergt rund 900 Einwohner und ist zu Pferd etwa fünf Stunden von der tibetischen Grenze entfernt. Dort stehen chinesische Soldaten und dort befindet sich auch eine Straße. Wir verabschieden uns und richten dem König über Surendra unsere besten Wünsche und unseren Dank für die gastfreundliche Aufnahme aus.

Zurück zum Ausgangspunkt

Nun sitzen wir vor Jigme Palbar Bista, im ersten Stock seines Klosters in Lumbini, dem Geburtsort Buddhas. Die Bienen schwärmen noch immer. Der König blickt fest, ruhig, aber auch etwas nachdenklich. Er wird nach Kathmandu reisen und sich dort einmal mehr um wenigstens einen Teil der horrenden »Royalties« bemühen, die die nepalesische Regierung den Touristen für den Besuch dieses Gebietes abknöpft, ohne irgend etwas dafür zu bieten. Danach wird er, wie wir damals, nach Jomosom fliegen und nach Lho Manthang reiten, unterwegs zu seinen Besitztümern schauen. Tsewang wird ihn begleiten.

9 Durch tiefe Schluchten und prächtige Hochtäler – die Umrundung des schönsten Achttausenders

Manaslu

Der Gurkha Himal bildet mit Manaslu, 8156 m, Himalchuli, 7893 m, und Ngadi Chuli, 7835 m, eine sehr dominante Bergkette in Zentralnepal. Sie wird von den Schluchten des Buri Gandaki und des Marsyangdi begrenzt. Dort hindurch führt der Weg hinter den Gebirgsstock in trockenere, stark tibetisch geprägte Talschaften. Besonders erwähnenswert sind die großen zusammenhängenden Bergwälder in den hochgelegenen Tälern. Die Umrundung des Manaslu gehört zu den etwas teureren Gebieten, in die auch ein Verbindungsoffizier mitgeführt werden muß.

Die Rückkehr in die eigene Welt ist oft schwerer als der Abschied von ihr.
Herbert Tichy, »Cho Oyu«

Grelle Blitze zucken durch die aufsteigende Morgendämmerung. Die ganze Nacht lang hat es unaufhörlich geblitzt, doch erstaunlicherweise war kein Donner zu vernehmen gewesen; auch geregnet hat es nicht. Jetzt erst beginnt es zu tröpfeln, zuerst noch in unregelmäßigem Takt, bald aber wird der Trommelwirbel stärker, und auf einmal prasselt ein heftiges Vormonsungewitter auf uns herab. Padam und Ram lachen verschmitzt unter ihren klatschnassen Regenschirmen hervor, als sie trotz des Unwetters das Frühstück ans Zelt bringen. Nebendran, im anderen Zelt, bleibt es still. Dort schlafen unser Sirdar Subas Singh Lama und der Verbindungsoffizier, Inspector Khadka Bahadur Poudhel. Das Unwetter scheint sie nicht sonderlich zu beunruhigen. Kurze Zeit später packen wir unsere Siebensachen und ziehen im Schutz der Schirme von dannen. Wir verlassen Benighat und wandern zum Buri Gandaki, der fast zwei Wochen unser Begleiter bleiben wird. Hier, kurz vor seinem Eintritt in den Trisuli, wirkt er mächtig, träge, braun und müde. Da wir aber seiner Quelle zustreben, wird er sich von nun an ständig verjüngen und täglich kleiner, lebendiger, heller und wacher werden.

Khadka, ein nobler Mann mit vorbildlichen Umgangsformen, blickt unter seinem Schirm hervor und zeigt auf Wälder,

Kurzcharakteristik

Ein äußerst lohnender, anspruchsvoller Trek rund um die Gipfel des Gurkha Himal. Der Larkya La, 5050 m, bildet den Hauptpaß, der bei guten Verhältnissen keine besondere Schwierigkeit aufweist. Urtümliche Landschaften und viele schöne Dörfer lösen sich ab.
Beste Jahreszeit: Für diese Route eignen sich die Monate März bis Juni und September bis November.
Gesamtgehzeit: Etwa 21 Tage.
Kartenskizze: Siehe Seite 152.

Der höchste Punkt auf dieser sehr eindrucksvollen Tour wird auf der Paßhöhe des Larkya La erreicht. (Larkya La, 5050 m)

die Spuren von Brandrodung aufweisen. »Sorry, no education!« bemerkt er lakonisch und meint damit die Bauern, die mit traditionellen, in einer veränderten Umwelt aber überlebten Methoden arbeiten. Behende marschiert er weiter, schaut dann und wann zurück, ob wir nachkommen. Padam, der Koch, und Subas gehen voraus, streben dem Mittagsplatz zu. Hinter ihnen folgen die Küchenjungen und die Träger, unter denen sich auch zwei junge Frauen befinden. Wie ihre männlichen Kollegen gehören sie zum Volk der Tamang. Jedesmal, wenn wir ihnen begegnen, sage ich ihnen einige aufmunternde Worte in Nepali oder Rangitam, ihrer Stammessprache. Da sie jedoch nie eine Antwort, sondern nur ein gewaltiges Kichern von sich geben, nennen wir sie fortan »die Kichererbsen«.

Der Vormonsun meldet sich

Auf unserem der ansprechenden Flußlandschaft folgenden Trek, kommen wir auch an sauberen Dörfern vorbei, die durch ihr ganzes Aussehen und ihre Vegetation mit Bananenstauden, Papayabäumen, Mangohainen, Bambusbüschen, Pipal und Banyan einen stark subtropischen Charakter aufweisen. Im Schatten der Bäume sitzen die Dorfbewohner und ruhen sich aus. Es sind hinduistische Bahun und Chhetri. Wir steigen auf einen Hügel. Im Süden drängt sich eine pechschwarze Wolkenwand ins Tal, aus der immer wieder dumpfes Grollen zu vernehmen ist, das nichts Gutes ahnen läßt. Im trockenen Salwald halten wir an, um uns »regenfertig« zu machen. Doch schon im nächsten Moment reißt uns eine heftige Windböe beinahe aus dem Stand. Blätter und Äste wirbeln herum, Staub hüllt alles in einen graubraunen Mantel. Kurz darauf prasselt mit ungewöhnlicher Heftigkeit ein warmer Regen auf uns nieder. In wenigen Augenblicken haben wir keinen trockenen Faden mehr am Leibe, und in den Trekkingschuhen gluckst es verdächtig. Schnell raffen wir alles zusammen und eilen, von Blitz und Donner begleitet, zu einer kleinen Hütte am Waldrand. Dort stehen, ebenfalls völlig durchnäßt, unsere beiden Kichererbsen, denen das Kichern offenbar auch dadurch nicht vergangen ist. Nicht weit davon kauern ein paar Kinder in der Höhlung eines gefällten Baumes.

Begleitet von weiteren Gewitterstürmen gelangen wir nach einigen Tagen in eine der tiefsten Durchbruchsschluchten des Himalaja und damit der ganzen Welt. Der Buri Gandaki hat sich hier eine gewaltige Kerbe zwischen dem Gurkha- und dem Ganesh Himal gegraben. Westlich steht der Himalchuli, 7893 m, und im Osten grüßt der Ganesh I, 7406 m. Die Luftlinie zwischen den beiden Bergriesen beträgt 35 km. Der Talboden dazwischen liegt bei Setibas nicht höher als 1440 Meter.

Dichter Urwald bedeckt diese spärlich bewohnte Zone, die mit viel Schatten und Feuchtigkeit fertig werden muß. Nahe einer heißen Quelle stellen wir eines Abends die Zelte auf. Das Wasser ist jedoch zu heiß und stark schwefelhaltig, als daß sich damit etwas Vernünftiges anfangen ließe. Dafür besticht die Gegend durch ihren Reichtum an gefiederten Waldbewohnern, deren vielfache melodische Rufe, Triller und Gezwitscher sich zu einem wahren Konzert vereinen, das überall dort zu vernehmen ist, wo es nicht durch das Tosen des nahen Flusses verschluckt wird.

Weiter durch die Schlucht des Buri Gandaki

In Jagat, einem eigenartigen Dorf mit malerischen Steinhäusern, betreten wir das ehemals verbotene Gebiet. Gleichzeitig überschreiten wir eine Klimagrenze und gelangen damit in eine alpiner anmutende Landschaft, deren Vegetation durch Koniferen geprägt wird. Da und dort arbeitet man am Weg, und die »Umleitungen« erfordern teilweise akrobatische Überquerungen von suspekten Brücken und heikle Quergänge in steilen Flanken hoch über den schäumenden Wassern. Die starken Gewitter haben deutliche Spuren hinterlassen: Murgänge und Erdrutsche. Die Schlucht scheint unendlich tief und unendlich lang. Einmal erweitert sich das Tal ein wenig, um sich

Tourenprofil Tour 9

Strecke		Höhe	Gehzeit	Entfernung	Pässe/Bemerkungen
Start: Benighat		380 m	–	–	Straße von Kathmandu
1.	Phujel	530 m	5 Std.	19 km	–
2.	Bhaluwatar	550 m	4½ Std.	18 km	–
3.	Kokhetar	620 m	4 Std.	16 km	–
4.	Labubensi	750 m	3½ Std.	14 km	–
5.	Tatopani	830 m	4½ Std.	14 km	–
6.	Jagat	1250 m	4 Std.	13 km	–
7.	Chhukur	1650 m	3 Std.	10 km	–
8.	Deng	1950 m	4 Std.	13 km	–
9.	Namru	2620 m	5½ Std.	17 km	–
10.	Lho	3190 m	3 Std.	11 km	–
11.	Sama Gompa	3510 m	3 Std.	9 km	–
12.	Sama Gompa	3510 m	–	–	Ruhetag
13.	Larkya Bazar	3860 m	2½ Std.	8 km	–
14.	Dharmasal	4420 m	2½ Std.	7 km	–
15.	Lartsa	4340 m	6 Std.	14 km	Larkya La, 5050 m
16.	Tsangling	3120 m	3 Std.	12 km	–
17.	Tilje	2320 m	3½ Std.	13 km	–
18.	Tal	1700 m	3 Std.	12 km	–
19.	Shyange	1150 m	3½ Std.	15 km	–
20.	Khudi	840 m	4 Std.	17 km	–
21.	Bensisahar	750 m	2½ Std.	9 km	–
Ende: Bensisahar		750 m	–	–	Straße nach Dumre/ Kathmandu
Total etwa:			74½ Std.	260 km	

aber sofort wieder zur felsgesäumten Kerbe zu schließen.

Wir erreichen das erste Dorf, das von tibetischstämmigen Leuten bewohnt wird. Damit haben wir die hinduistischen Volksgruppen des subtropischen Talbereichs hinter und unter uns gelassen. Sogleich fallen uns die hervorragend gearbeiteten Gebetssteine auf. Solche Manimauern sind zwar im gesamten buddhistischen Himalaja üblich, aber die Steintafeln des oberen Buri Gandaki sind durch die Feinheit der Bilddarstellungen wirklich außerordentlich bemerkenswert. Ein fleißiger Mönch aus der Gegend stellt sie im Auftrag der Gläubigen her. Vor uns geht ein Mann, der einen solchen Stein talaufwärts trägt. Er verschwindet in einem weiteren Urwald.

Durch die andauernde Steilheit des Geländes bleibt das Tal hier auf weiten Strecken unbewohnt. In einem Land, wo der Wald leider mehr und mehr zur absoluten Mangelware wird, tut es gut, einmal stundenlang durch die herrlichsten Gebirgswälder aus Roxburghkiefern, Stecheichen, Hemlocktannen und Lärchen zu wandeln. Mitten in einem solchen Wald liegt Namru, wo ein großer Checkposten den Weg versperrt. Khadka plaudert schon mit den diensthabenden Offizieren und scheint auch hier gehörigen Respekt zu genießen. Subas und Padam richten das Camp auf einer kleinen Wiese unterhalb des Dorfes ein. Bald tröpfelt es wieder ein wenig, aber die auf der Südseite durch ihre Heftigkeit und ihre hohe Niederschlagsintensität gefährlichen Gewitter vermögen die gewaltige Barriere des Gurkha Himal nicht zu überwinden, in dessen Regenschatten wir uns bereits befinden.

Zwischen Namru und Sama

Am folgenden Tag durchqueren wir einige prächtige Dörfer mit für uns drollig tönenden Namen: Bangsam, Li, Sho und schließlich Lho, wo sich das Tal definitiv weitet und einen unglaublich schönen Blick auf den Manaslu freigibt. Er ist mit 8156 Metern der höchste Gipfel der Gurkhaberge. Als gleichmäßige, von blendend weißen Gletschern übergossene Pyramide türmt sich der Monarch ungeheuer majestätisch vor uns auf.

Der Manaslu steht für sich allein, und sein zweigipfliges Haupt wird vom gleichmäßig geformten Kulminationspunkt und vom Nordsporn, einem schroffen Felszahn, gebildet. Seine faszinierend schöne Gestalt fesselt uns derart, daß sich unsere Blicke erst nach einiger Zeit auf die typischen Langhäuser von Lho richten, die jeweils mehreren Familien Obdach bieten. Im Erdgeschoß sind die Tiere als Wärmespender für die im darüberliegenden Geschoß wohnenden Menschen untergebracht. Dieses obere Stockwerk erreicht man über eine Leiter und kommt so in einen einzigen größeren Raum, der als Koch-, Eß-, Schlaf- und Aufenthaltsort dient. Grobe Schränke enthalten allerlei Hausrat, während eine der Ecken religiösen Inhalten gewidmet ist; ein Satz mit sieben Wasserschalen, eine Butterkerze und ein Bild des Dalai Lama.

Einen Tagesmarsch von Lho entfernt befindet sich der Hauptort der oberen Tal-

Nützliche Hinweise:

Anreise / Rückreise: Benighat liegt an der Straße Kathmandu – Pokhara und eignet sich ausgezeichnet für den Start. Zahlreiche Busse bedienen täglich diese Route. Der Trek kann auch in Gurkha begonnen werden (tägliche Busse ab Kathmandu), wobei man in Arughat Bazar auf die beschriebene Route trifft. Die Rückreise ab Bensisahar erfolgt mit Bus oder Jeep bis Dumre, dann von dort mit mehreren täglichen Verbindungen nach Kathmandu oder Pokhara. Nach Kathmandu nimmt die Fahrt 1 bis 2 Tage in Anspruch, je nach Zustand der Straße bis Dumre.
Übernachtung: Die Mitnahme von Zelten empfiehlt sich, da unterwegs keine hergerichteten Lodges bestehen, jedoch kann sich das Angebot der Teehäuser und Verpflegungsstätten in den unteren Talabschnitten durchaus sehen lassen. Zwischen Sama und Tilje bestehen keine festen Siedlungen. In Thonje trifft man dann auf die sehr gut eingerichtete Annapurna-Route, wo viele Lodges und Zeltplätze zu finden sind.
Karte: Mandala Map »Trisuli / Gurkha« und »Kathmandu / Pokhara«.

Die Kinder suchen Schutz in der Höhlung eines umgestürzten und zerborstenen Baumes. (Bhaluwatar, 550 m)

schaft: Sama. Er liegt auf 3450 Meter Höhe. Die Leute dort, alles Bhotia, sind zur Zeit mit Feldarbeiten beschäftigt. Mädchen und Frauen tragen korbweise Kompost und Mist auf die Äcker, um die vom starken Wind übriggelassene Erdkrume zu befestigen und fruchtbarer zu machen. Buben und Männer führen unterdessen ihre ins Joch gespannten Yaks und Zopkyo, die archaische Scharpflüge ziehen. Angebaut werden Gerste und Kartoffeln. Während der anstrengenden Arbeit wird gebetet, gesungen, gepfiffen und gescherzt. Dann und wann gönnen sich die fröhlichen Bauern eine Pause, die sie, am Boden sitzend, mit *chang* und *tsampa* verbringen.

Subas hat einen wahrhaft einmaligen Lagerplatz gefunden, unmittelbar hinter dem Kloster oberhalb des Dorfs, wo einige Mönche gerade einen pompösen Gebetsritus beenden. Wacholder und Thuja zieren die Wiese, und ihr Geruch zieht durch die klare Luft. Der Manaslu, dessen Gletscher unter knackenden und rollenden Geräuschen talwärts drängen, steht hoch über uns. Wie wir anläßlich eines kurzen Ausfluges zum nächstgelegenen dieser Eisströme sehen können, endet dieser in einem See. Kaum sind wir dort angekommen, kalbt der Gletscher, und wenig später klatschen die Wellen an unser Ufer. Ein »Ötzi« sammelt in der steilen losen Moräne irgendwelche Wurzeln. So ähnlich könnte das Bild vor 4000 Jahren zur Unfallzeit des berühmt gewordenen Gletschermannes ausgesehen haben.

Unterwegs treffen wir auf zwei Hirten. Khadka redet sie in Nepali an. Keine Antwort. Ich probiere zuerst auf Englisch, dann mit radebrechendem Tibetisch und bin ebenso erfolglos. Während sich daneben einige stolze Languraffen in den Wald zurückziehen, meint Khadka: »Sorry, no communication!«

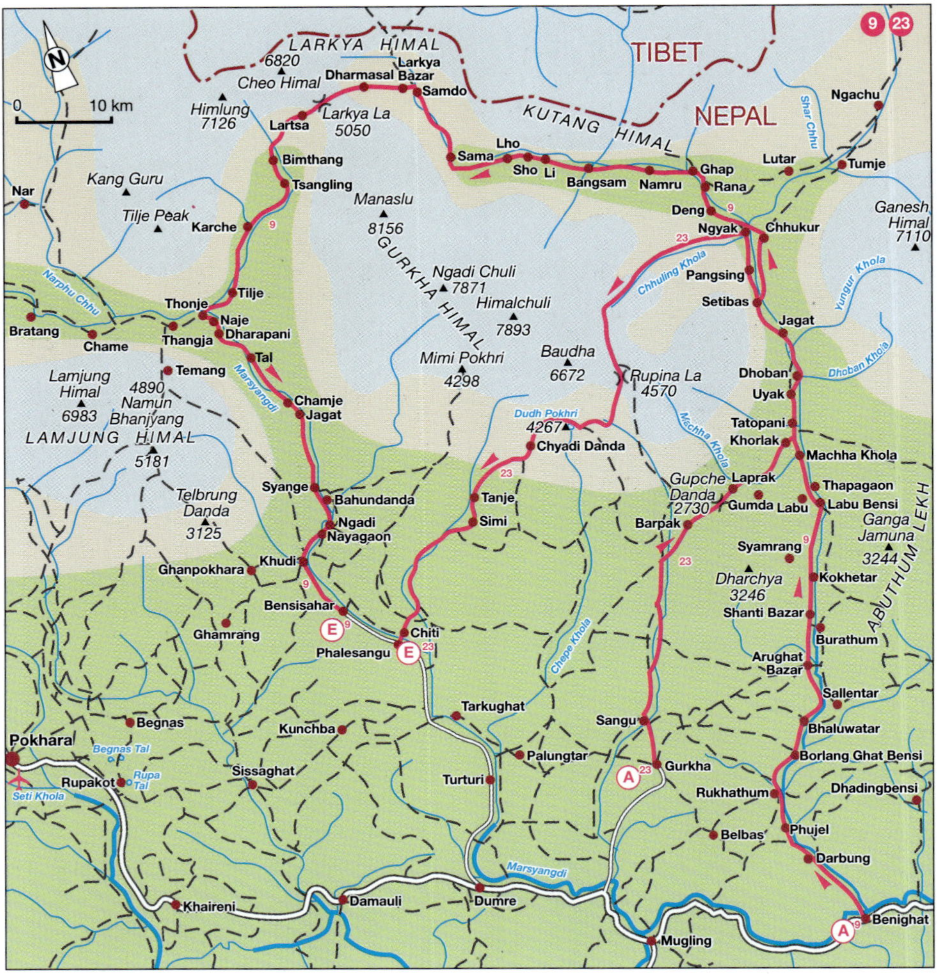

Der Hauptpaß dieser Tour: Larkya La

Sama liegt in einem wirklich reizvollen Hochtal, umgeben und beschützt von riesigen Bergen. Weiter oben weitet sich das Tal noch mehr, und wir erreichen auf etwa 3900 Meter die Baumgrenze. Fette Murmeltiere tollen sich in den saftigen Wiesen. Hier befindet sich ein weiteres Dorf, Samdo, das weitgehend von tibetischen Flüchtlingen bewohnt wird. Ein Paß führt hinüber in ihre alte Heimat, mit der noch heute ein kleiner lokaler Handel besteht. Von da an wenden wir uns jedoch nach Westen und steigen auf einem angenehmen Weg zum höchsten Punkt unserer Reise, dem Larkya La, 5050 m. Noch einmal sehen wir den Manaslu, diesmal von Norden. Ständig steigt der Weg im selben Winkel sanft hinauf, keine Steilstufe unterbricht seine Regelmäßigkeit. Plötzlich sagen uns farbige Gebetsfahnen, daß wir auf der flachen Paßhöhe angelangt sind. Überall liegt Schnee, Wolken ziehen vorbei, umhüllen uns bisweilen; doch meistens scheint die Sonne, während drunten im Tal der Nebel kocht. Lok Bahadur, einer unserer besten

Träger, sitzt bereits hier und erwartet uns. Phul Maya und Kanchhi Maya, die beiden Kichererbsen, sind in der Obhut von Subas und Padam, die ihnen die Lasten bis zum höchsten Punkt tragen. Sie gehen in der Spur, wie immer scherzend und kichernd.

Gemeinsam steigen wir über weite Schneefelder und später über Moränenrücken ab. Leider gibt der Nebel den Blick auf einen anderen, besonders schönen Berg nicht frei: den Himlung, einen Eisklotz an der tibetischen Grenze. Zeitig schlagen wir die Zelte in einer Wiese auf und erholen uns von dem anstrengenden Tag.

Durch das Tal des Milchflusses

Eine beschauliche Wanderung entlang einem riesigen Gletscher, der sich vom inzwischen sichtbar gewordenen Himlung bis zu uns hinabwälzt, führt uns vorbei an den ersten Almweiden und später in einen prächtigen Urwald, der von einem milchweißen Bach durchflossen wird, der bezeichnenderweise Dudh Khola – Milchbach – heißt. Mitten im Dickicht entdekken wir eine Lichtung, die die Einheimischen Tsangling nennen. Dort stellen wir diesmal unsere Zelte hin, ein wahrlich idyllischer Ort. Nachts gesellt sich eine stattliche Pferdeherde zu uns, die – durch irgendwelche undefinierbaren Geräusche aufgeschreckt – plötzlich im Galopp verschwindet. Wölfe oder Bären? Fragend schaue ich aus dem Zelt, der Vollmond blendet mich. Aus dem Zelt der Träger tönt Gekicher.

Schon sehen wir Tilje vor uns, das erste große Dorf auf der anderen Seite des Passes. Morgen werden wir das Marsyangdital erreichen und am Ufer dieses Flusses nach Süden wandern.

Khadka, unser Offizier mit Gentlemanallüren, hat trotz des langen Treks

Der Schneider von Lho näht eine *chuba, den* tibetischen Wollmantel. (Lho, 3190 m)

nichts von seiner liebenswürdigen Aufmerksamkeit verloren. Er holt uns in jenem Moment ein, in dem wir unschlüssig in eine wuchtige Seitenschlucht äugen, über der sich mächtige Schneeberge erheben. »Ob da wohl ein Weg hineinführt?« fragen wir uns. Khadka schaut hinauf und meint lächelnd: »Sorry, no destination!«

Wir verlassen jetzt das Waldgebiet und erreichen so die Zone der landwirtschaftlich stark genutzten Täler. Gleichzeitig kommen wir damit wieder aus dem niederschlagsärmeren Bereich hinter der Himalaja-Hauptkette hervor, was sich auch an dem zunehmend üppiger werdenden Pflanzenbewuchs ablesen läßt. Unten im Tal drängt eine schwarze Wolkenbank talaufwärts, von zuckenden Blitzen und knatterndem und rollendem Donner begleitet. Unter einem Felsvorsprung suchen wir Schutz und schauen geduldig zu, wie das Gewitter sich in heftigen Güssen entlädt. Das ohrenbetäubende Krachen übertönt manchmal das Gekicher neben uns.

10 In Herzland des Tamangvolkes – Begegnungen auf stillen Pfaden

Quer durch den Ganesh Himal

Der Himalaja-Hauptkamm, im Westen ganz innerhalb Nepals liegend, bildet im Osten die Grenze zu Tibet. Der Ganesh Himal ist der erste Gebirgsstock, über den die Grenze läuft. Somit wäre schon aus politischen Gründen eine Umrundung unmöglich. Dafür überrascht der Ganesh Himal durch seine Ursprünglichkeit und seine Nähe zur Hauptstadt. Trotzdem gehört dieses reizvolle Gebiet zu jenen, die nicht oder nur ganz selten aufgesucht werden – zu Unrecht, denn das Vorland des Ganesh Himal repräsentiert sich als freundliche Hügellandschaft; es ist ein dicht besiedelter, kompakter Kulturraum mit behäbigen Tälern und breiten Bergrücken, von denen umfassende Rundblicke möglich sind.

Nur Völker, die auf eine reiche Tradition zurückblicken können und sich ihrer Vergangenheit bewußt sind, haben eine wirkliche Kultur (und nicht bloß Zivilisation).

Lama Anagarika Govinda,
»Der Weg der weißen Wolken«

Ein eigenartiges Gefühl beschleicht einen, wenn man nach vielen Jahren wieder auf demselben Platz seine Zelte aufstellt. So geschieht dies heute in Trisuli, jener sympathischen Basarstadt am gleichnamigen, hier gestauten Fluß. Alles scheint noch wie damals zu sein, nichts hat sich verändert, die Wiese, der Pipalbaum, der Kanal, die *rupi* genannten Starenvögel, die miteinander zu reden scheinen und wieder wegfliegen, um wiederzukommen. Ang Temba sieht nach dem Rechten, Ram kocht, zusammen mit Kumar und Krishna. Die Träger sind auch schon da, relativ hagere und wilde Gesellen aus dem Herzland des Tamangvolkes. Sie stammen aus Tibling, einem Dorf, das wir auf unserem Weg streifen werden. Sie tragen traditionelle Kleider, eine Tracht ihrer Gegend. Diese besteht aus grobem Tuch, kurzen Hosen und einem farbigen Überwurf, der raffinierte Falten aufweist, in denen sie allerlei Gerätschaften und auch Eßbares verstauen. Um ihre markanten, fast knochigen Köpfe tragen sie Turbane aus Wollstoff. Jemand meint, er hätte in Pakistan auch

Kurzcharakteristik

Eine zweiwöchige Wanderung durch die sehr abgelegenen, aber hochinteressanten Täler und Hügel des Ganesh Himal. Neben der Rhododendronblüte zwischen März und Mai lohnt der Besuch in den teilweise sehr großen Dörfern, die von Tamang und Gurung bewohnt sind.
Beste Jahreszeit: Diese Route ist zwischen Oktober und Mai gut begehbar.
Gesamtgehzeit: Etwa 14 Tage.
Kartenskizze: Siehe Seite 160.

schon Leute gesehen, die ähnlich aussahen und ähnlich gekleidet waren. Deshalb nennen wir die Träger von nun an »Habib Brothers«. Bei jedem Trek werden solche Namen erfunden, was aber lustiger ist, sind die Namen, die die Sherpa uns geben. Diese sind meist nicht »offiziell«, aber manchmal bekommt der Fremde mit, unter welchem Synonym er gehandelt wird.

Von Trisuli zum Paldol Bhanjyang

Nach einem Bummel im Basar und dem ersten Nachtessen unter blinkenden Sternen gönnen wir uns einige Stunden Schlaf. Am folgenden Morgen wandern wir die Kanäle entlang nach Betrawati und steigen dann zum Trisuli ab, der etwas langweilig daherfließt. Eine schwankende Hängebrücke überspannt ihn. Nun setzen wir unseren Weg auf dem westlichen Ufer des Flusses fort, derweil im Osten sich die Straße nach Ramche und später nach Dhunche hinaufschlängelt. Vorbei an Bananenstauden, Guavabäumen und Reisfeldern gelangen wir bis zu einem Dorf namens Mailung, an der Mündung des gleichnamigen Bachs, den wir in einigen Tagen wieder treffen werden. Noch einmal übernachten wir in den warmen subtropischen Höhenlagen. Warm sind diese jedoch nur im Winter, im Frühling und Herbst herrscht hier Hitze.

Gleich hinter dem kleinen Dorf steigen wir einen steilen Hang hinauf, zunächst durch Sukkulentenbestände, dann an Felsen vorbei in einen Wald. Tatsächlich blüht dort ein roter Rhododendron, der erste, den wir in diesem Jahr sehen. Ram findet eine Höhle im Wald und entfaltet seine Kochkünste. Krishna holt Wasser, und Kumar schaut zu den Kerosinöfen, die erst nach einigen Bemühungen ihr vertrautes Summen abgeben. Wir genießen die Rast im Schatten. Für einen Januartag befindet sich die Quecksilbersäule doch etwas hoch. Am Nachmittag gelangen wir bis Haku. Am Eingang des Dorfes stehen einige Tamangfrauen in farbigen Trachten. Sie

Die Reihenhaus-Bauweise ist im Trisuli-Tal oft anzutreffen. (Haku, 2120 m)

Begegnungen auf stillen Pfaden: Ein Marktfahrer gönnt sich eine Zigarettenpause. (Ghyang, 2650 m)

kamen soeben vom Grasschneiden zurück und tauschen mit unseren Sherpa relativ anzügliche Bemerkungen aus. Beim Kloster stellen wir die Zelte in den Schatten uralter Zypressen. Die Tamang haben ihre eigenen Lama. In ihrer Sprache Rangitam heißt Kloster übrigens *ghyang*. Dieses Wort taucht in Dorfnamen relativ häufig auf. Die Siedlung besteht aus Holzhäusern, die die Sonne schwarz gebrannt hat. Geschnitzte Fensterrahmen zeigen feine Ornamente. Außergewöhnlich berührt uns das große Traditionsbewußtsein und die Weltferne in Sichtweite der Straße am gegenüberliegenden Talhang.

Wir setzen unseren Weg fort und durchqueren Nesim, bevor wir über einen kleinen Paß das Haupttal verlassen. Dabei fallen uns die ersten Manimauern und ein alter *chörten* auf. Während wir essen, überholen uns die Habib Brothers. Diese Träger zeigen eine erstaunliche Disziplin. Sie marschieren zusammen und machen zusammen Pause. Ihr Anführer – dieser Posten wird in Nepal gewöhnlich *naaike* genannt – pflegt die entsprechenden Kommandos zu geben. Wir haben auf unseren zahlreichen Fahrten in diesem wunderbaren Land schon viele Träger kennengelernt, aber wir wundern uns tatsächlich enorm über dieses militärische Gehabe.

Am Abend errichten Ang Temba und Gyalzen das Camp auf einer Wiese beim Dorf Ghyang. Gegenüber hüllt sich der Langtang Lirung in ein zartes Rosarot. Gyalzen, ein älterer Sherpa, bewegt sich wie eine Katze. Er scheint alles zu spüren, zu sehen und zu riechen. Einem Glas *raksi* ist er nicht abgeneigt, und er nutzt seinen phänomenalen Spürsinn, wenn es darum geht, welchen aufzutreiben.

Wir steigen durch einen großartigen Wald hinauf zum Paldol Bhanjyang. Die Straße zum Ganesh Himal kreuzt unseren Weg. Wohin diese genau führt und weshalb, bleibt ein Geheimnis. Offiziell wird

Tourenprofil Tour 10

Strecke		Höhe	Gehzeit	Entfernung	Pässe/Bemerkungen
Start: Trisuli		540 m	–	–	Straße von Kathmandu
1.	Mailung	980 m	5½ Std.	19 km	–
2.	Haku	2120 m	4 Std.	9 km	–
3.	Ghyang	2650 m	4½ Std.	14 km	Gatlang Danda, 2800 m
4.	Mailung Khola	3120 m	5 Std.	10 km	Paldol Bhanjyang, 3600 m
5.	Phokta	2870 m	5½ Std.	12 km	Pangsing Bhanjyang, 3822 m
6.	Barang	1690 m	4 Std.	12 km	–
7.	Pauwa	2550 m	5 Std.	13 km	–
8.	Dhunchet	2100 m	5 Std.	15 km	Mangyu Deorali, 3190 m
9.	Machha Khola	860 m	6 Std.	18 km	–
10.	Khorlak	1850 m	4 Std.	11 km	–
11.	Gupche Danda	2730 m	5 Std.	13 km	Gupche Danda, 2730 m
12.	Milim	850 m	4½ Std.	16 km	–
13.	Mohadar	700 m	4½ Std.	17 km	–
14.	Gurkha	1143 m	3½ Std.	12 km	Gurkha Durbar, 1380 m
Ende: Gurkha		1143 m	–	–	Straße nach Kathmandu
Total etwa:			66 Std.	191 km	

südlich des Paldol eine Mine ausgebeutet, inoffiziell hat die Straße einen strategischen Wert, liegt doch hinter dem Rücken, den sie erklimmt, das Tal von Kyirong und damit die chinesische Straße, auf der sich die Rote Armee zeitweilig blicken lassen soll, wenn man gut hinschaut.

Von all diesen realen oder konstruierten Spannungen merken wir nichts, nur den Abraum der Straße realisieren wir, denn über diesen steigen wir in den Wald darunter. So steil wir aufgestiegen sind, so steil geht es wieder hinunter, eigentlich eine völlige Binsenweisheit im Himalaja-Königreich. Unten treffen wir auf den Mailung Khola. Dieses steile Tal kann nur über seine Seitenberge erreicht werden, von Mailung selbst kommt offenbar kein Weg hoch. Auch der Hirte, den wir hier antreffen, kam über den hohen Paß. Dies sind nun die stillen Pfade des Ganesh Himal, abseits bekannter Orte, bekannter Berge. Ruhe herrscht und Beschaulichkeit, jenes akustische Vakuum und jene Harmonie der Wildnis, die das Wandern so erholsam machen und die Gedanken beflügeln.

Über den Pangsing Bhanjyang nach Barang

Auch am folgenden Tag sehen wir keine Menschen und kein Haus. Nur Wald, ausgedehnte Hochweiden, braune Flächen und darüber weiße Berge. Ein herrlicher Weg bringt uns zunächst zum Pangsing Bhanjyang, ein breiter Paß mit kleinen *chörten* und Gebetsmauern. Die Träger sind schon dort und sitzen im Windschatten eines Steinhaufens. »Da unten liegt Tibling, unser Dorf«, erklärt der Trägerchef. Rund um uns sehen wir Hügel und Berge und immer wieder Hügel und Berge. Von Norden her wölbt sich ein kompakter Zirrenschirm über den Himmel, im Süden scheint die Sonne. Heute werden wir Tibling jedoch nicht erreichen, sondern zelten im Wald. Eine kleine romantische Lichtung bietet sich dafür an. Dort steht eine Hütte aus Bambus. Sie wird während des Monsuns von Hirten genutzt, die mit ihren Herden zum Paß und damit zu den Weiden ziehen. *Ghot* wird eine solche Behausung genannt, eine Ansammlung von *ghot* wird zur *kharka*, zum Sommerdorf, wo Käse und Butter produziert werden.

Jetzt liegen sie vor uns, die urtümlichen und deshalb so faszinierenden Dörfer der Tamang. Zunächst kommt Tibling in unser Blickfeld. Die Habibs benutzen die Gelegenheit, im eigenen Haus zu essen. Die kompakte Siedlung liegt geborgen auf einer flachen Terrasse, umgeben von Feldern, auf denen Wintergerste reift. Das regelmäßige Klopfen einer Handtrommel dringt an unser Ohr. Ein Schamane ist auf Besuch bei einer Familie, die einen Krankheitsfall zu beklagen hat. In Trance wird der *jhankri* versuchen, die bösen Geister zu vertreiben, die mit ihrem schlechten Einfluß auf das Haus an der Krankheit der Frau schuld sind. Solche Sitzungen können Stunden, ja Tage dauern. Neben einigen Familienmitgliedern wohnen auch Kinder aus der Nachbarschaft der Zeremonie bei, für die eine solche Vorstellung eine echte Sensation darstellt. So werden die Kleinen schon mit den ältesten Traditionen vertraut gemacht. Die Schamanen sind meist in lange weiße Gewänder gehüllt. Um den Leib hängen kreuzweise verschiedene Gurte. Neben allerlei Trommeln gehören auch Glöckchen und alte Schwerter zur Ausrüstung. Der Schamanenkult genießt bei der Landbevölkerung großes Ansehen und Respekt. Hervorragende Schamanen haben einen Wirkungskreis, der weit über die Grenze ihres Dorfes oder ihres Tales hinausgeht. Selbst moderne Nepali ziehen einen Schamanen bei, wenn die westliche Medizin versagt.

Zwischen Tibling und Shertung steht die Werkstatt des Dorfschmieds. Die Kami gelten als die unterste Kaste im Hinduismus. Zwar sind die Tamang Lamaisten, aber der Kami, der für sie arbeitet und ihre Khukrimesser, Pflüge, Hacken und Sicheln herstellt, wird hier genau wie in einer hinduistischen Siedlung behandelt. Der Einfluß der Bahun und Chhetri geht sogar so weit, daß selbst innerhalb der buddhistischen Gruppe der Tamang eine Kastenstruktur besteht, wenn auch eine weniger rigide, als bei den brahmanischen Vorbildern. Der Schmied wohnt selbstverständlich außerhalb, seine Arbeit gilt als unrein. Äußerlich unterstreichen die Kami noch ihr Schicksal, indem sie meist komplett schwarz gekleidet sind und durch die

Nützliche Hinweise:

Anreise / Rückreise: Nach Trisuli fahren täglich mehrere Busse ab Kathmandu. Die Fahrzeit beträgt 2 bis 4 Stunden. Auch vom Endpunkt Gurkha erfolgt die Rückreise mit direkten Bussen in die Hauptstadt. Man rechnet 4 bis 6 Stunden.
Übernachtung: Nach Trisuli bestehen keinerlei Lodges mehr. Die Übernachtung erfolgt auf recht schönen Plätzen in Zelten, die mitzuführen sind.
Karten: Mandala Map »Kathmandu – Pokhara«.

Die baumlosen Hochweiden erlauben einen Blick zum 7246 m hohen Langtang Lirung. (Pangsing Bhanjyang, 3822 m)

Arbeit mit Erz, Eisen und Holzkohle diese Farbe auch an Armen, Händen, Beinen und im Gesicht tragen. Der Meister schlägt mit einem Hammer auf ein glühendes Stück, das er mit einer langen Zange festhält. Er legt es zurück in die glühende Holzkohle, sein Geselle betätigt einen Blasebalg aus Ziegenhäuten.

Ang Temba geht voraus und bringt an den Wegverzweigungen Pfeile an. Diese ritzt er mit seinem Skistock in den Boden. So finden alle Barang, das stattliche Dorf, wo wir die Zelte auf einer Wiese errichten dürfen. Kinder schauen zu und schwatzen lebhaft. Der Besuch einer Gruppe von *bideshi*, von Fremden, sorgt für Abwechslung im Landleben. Auch ein Lehrer kommt dazu und unterhält sich mit uns. Er stammt, wie so viele seiner Berufsgilde, aus dem Terai und findet sich in diesem Bergdorf nicht so richtig zurecht. Die hochkastigen Chhetri oder Bahun aus Birganj oder Rajbiraj fühlen sich in einem von Tamang geprägten Kulturkreis verloren. Dazu gesellt sich noch das »kalte« Klima dieser »unwirtlichen« Gegend, wo nicht einmal Reis wachsen kann, und die sprachlichen Hürden.

Wald gibt es keinen hier. Generationen von Menschen haben ihn gerodet, genutzt, übernutzt. Er ist verschwunden, hat fragilen Hängen Platz gemacht, die eine Angriffsfläche für den Monsunregen darstellen. Erdrutsche sind die Folge. Der Bevölkerungsdruck zwingt die Leute, an immer steileren Hängen anzupflanzen. Die intensive Bewirtschaftung und die Beweidung durch eine viel zu große Zahl von Nutztieren, die viel zu wenig Ertrag in Form von Milch, Wolle und Fleisch liefern, führt zwangsläufig zu einer Situation, in der die Abwanderung einzusetzen beginnt. »Hast du Arbeit für mich in deinem Land?« fragt mich der Lehrer.

Wiedersehen mit dem Buri Gandaki

Nach einer alten und zerbrechlichen Hängebrücke gelangen wir in ein liebliches

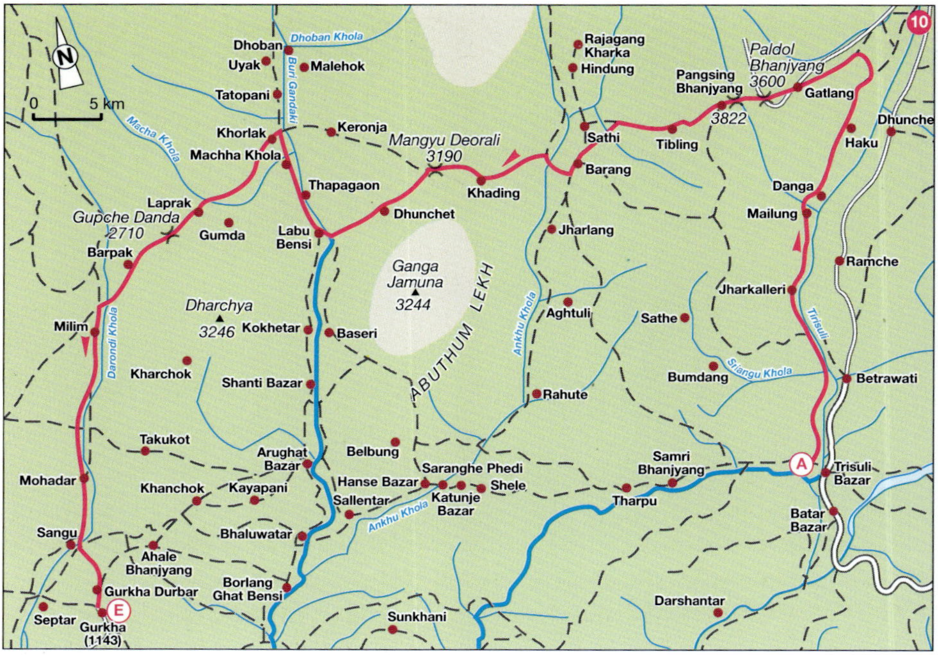

Tal, an dessen Ende sich der Weg einen Steilhang hochschlängelt. Die ersten Bäume werden sichtbar. Ram schlägt vor, bei einem einsamen Pilgerhaus zu rasten. Rund um uns pfeifen im Dickicht eines Bergwaldes die Vögel.

Ein weiterer Paß wartet auf uns. Zuvor müssen wir jedoch noch ein Seitental durchqueren. Im Wald erreichen wir die 3190 Meter hohe Paßhöhe, von der aus wir nochmals die Eisriesen des Ganesh Himal bewundern: Ganesh I, Lapsang Karubo, Pabil – aber auf der anderen Seite auch schon die massive Pyramide des Himalchuli, die sich 7893 Meter hoch vor uns auftürmt. Der Gurkha Himal steht vor uns, nur die Schlucht des Buri Gandaki, in die wir absteigen, trennt uns noch von ihm. In Dhunchet, wo wir übernachten, fragt Ang Temba, ob bei Labu Bensi eine Brücke über den Fluß führt. Die Frage wird von einem alten Mann bejaht, der einen Korb voller Hühner in Richtung des Marktortes Arughat Bazar trägt. Nach steilem Abstieg sehen wir diese »Brücke«, ein Notsteg, der den Buri Gandaki mit Hilfe zweier Felsen überspannt. Bei Hochwasser wird dieser weggespült, und der Umweg über Arughat bleibt einem nicht erspart. Wir folgen nun dem Tochterfluß des Manaslu in Richtung Norden und bestaunen die Tiefe der Schlucht, die er in die Himalajaberge zu schneiden imstande war. Schließlich verlassen wir das spärlich bewohnte, schattige Tal und steigen steil nach Khorlak empor.

Nun befinden wir uns bereits im Land der Gurung. Unser Sirdar findet eine absolut einmalige Stelle für unser Camp, eine Kanzel, hoch über dem Tal. Dort steht die Ruine eines größeren Hauses, vielleicht sogar eines Turms oder Schlosses. Inmitten der Trümmer steht ein Mann, der mit großem Pathos eine laute Rede hält. Niemand hört zu, niemand ist hier, nur wir. Ang Temba versteht kaum etwas, obwohl der Mann Nepali spricht. Er trägt die Uniform eines Gurkhasoldaten und blickt in

Richtung der tiefen Schlucht und der Ganeshberge, als ob er diese Landschaft – oder vielleicht die ganze Welt dahinter – ansprechen wollte. Diese eigenartige Szene bleibt noch eine Weile. Der Redner spricht immer lauter, gestikuliert wild. Plötzlich bricht der Mann seinen Vortrag ab und geht hinauf zu seinem Haus, ohne ein weiteres Wort zu verlieren. *»Dimaak thik chaina«*, sagt der Sirdar mit Bedauern, das Hirn ist nicht gut, und lädt ihn ein, bei uns einen Tee zu trinken. Die Nepali sind Meister darin, Behinderte, ja Geistesgestörte in das soziale Gefüge einzubinden, ohne sie auszugrenzen. Sie erkennen schnell die positiven Aspekte des Andersartigen und wissen sie zu fördern. Auch ihre Einstellung gegenüber älteren Menschen kann als absolut vorbildlich und beispielhaft bezeichnet werden. Die Großeltern genießen Achtung und Respekt und bilden bis zum Schluß ein Glied in der Kette der Familiengemeinschaft, die die anfallenden Arbeiten den Fähigkeiten der Generationen entsprechend verteilt. Damit behalten die Alten ihre Kompetenzen und ihre Freude am Leben.

Durch das Land der Gurung

Auf unserem weiteren Weg folgen nun zwei wahrhaft große Orte: Laprak und Barbak. Das erste Dorf, eine unglaublich kompakte Ansammlung von kleinen Häusern aus Stein, liegt in einer Mulde unterhalb des Gupche Danda, eines schönen Passes. Tausende von Steinen beschweren die schwarzen Schindeldächer. Die Leute sind sehr traditionell gekleidet und sprechen die Gurungsprache, die mit dem Rangitam der Tamang eng verwandt ist. Auch die Bewohner von Laprak verbringen einen großen Teil des Tages damit, Holz zu holen – jeden Tag wird dieser Weg etwas länger.

Der schon erwähnte Paß offeriert einen sehr spektakulären Rundblick in den Gurkha- und den Ganesh Himal, aber auch die unermeßlichen Weiten des nepalesischen Hügellandes. Während die hohen Berge gestochen scharf vor uns stehen und die feinsten Einzelheiten mit bloßem Auge zu sehen sind, versinken die Hügel mehr und mehr konturenlos im Dunst. Auf der anderen Seite steigen wir nach Barbak ab, dem Schwesterdorf von Laprak. Hier scheint wenigstens oberflächlich etwas Wohlstand eingekehrt zu sein. Villenartige Häuser lockern das Dorfbild auf, die Strenge des Haufendorfes fehlt hier. Wie wir im Teehaus erfahren, gehen viele junge Gurung aus Barbak in die Gurkharegimenter der Briten und Inder, erhalten dabei einen anständigen Sold und nach Beendigung des Dienstes eine Rente, die in Pfund Sterling ausbezahlt wird. Durch den Wertverfall der Rupie wird also die Rente jedes Jahr etwas höher. Dieser Mechanismus widerspiegelt sich in den Häusern dieser Ortschaft.

In den heißen Niederungen, in die wir nun kommen, folgen wir dem klaren Darondi Khola nach Süden. Unterwegs wagen wir sogar ein Bad im Fluß. Ang Temba und Gyalzen kaufen Zuckerrohr, das wir genüßlich kauen und aussaugen. Weihnachtssterne erfreuen mit ihren knallig roten Blättern die Menschen, die hier vorbeikommen. Nach geruhsamer Wanderung steigen wir schließlich zum Stammschloß der Shah auf – zum Gurkha Durbar. Diese Festung lohnt den Umweg, denn neben den interessanten Bauten und deren Lage beeindruckt auch die weite Sicht.

Über Treppen gelangen wir nach Gurkha. Die Habib Brothers erhalten ihren Lohn und marschieren geschlossen auf den Markt, um dort Öl und Salz einzukaufen, das sie nach Hause bringen werden – über die stillen Pfade des Ganesh Himal.

11 Auf alten Handelspfaden durch die subtropischen Hügel Zentralnepals

Der Pipal-Trek

Diese Tour führt über die niederen Hügelrücken des Ganesh- und des Gurkha Himal von Kathmandu bzw. Trisuli nach Pokhara. Dabei wird ausschließlich die heiße Klimazone berührt. Die gesamte Gegend ist außerordentlich dicht besiedelt und wenig bewaldet. Auf den wenig anstrengenden niederen Paßkuppen eröffnen sich sehr schöne Aussichten auf die Schneeberge im Norden und die Hügel im Süden. Die Route führt dauernd parallel zur Straße Kathmandu – Pokhara, allerdings in einem Abstand von mindestens einem Tagesmarsch. Dies mag auch ein Grund dafür sein, daß sie weitgehend vergessen wurde und von Trekkern kaum mehr begangen wird. Ursprünglich ein wichtiger Handelsweg, hat die Route heute kaum mehr als lokale Bedeutung.

> *Jede Gesellschaft neigt dazu, sich selbst als das Zentrum des Universums zu verstehen und andere Kulturen durch die eigene gefärbte Brille zu betrachten. Die westliche Kultur hat aber dadurch, daß sie so weitverbreitet und mächtig geworden ist, eine andere Perspektive in bezug auf sich selbst verloren; es gibt nichts »anderes«, womit man sich selbst vergleichen könnte; man setzt einfach voraus, daß entweder alle so sind wie wir oder so werden möchten.*
> Helena Norberg-Hodge, »Leben in Ladakh«

In alten Tagen konnte diese Strecke für sich in Anspruch nehmen, die eigentliche und wichtigste Verbindung zwischen West- und Ostnepal zu sein. Nun hat diese Funktion weitgehend die Straße übernommen, teilweise auch die zahlreichen Flugverbindungen, die die beiden Landesteile miteinander verknüpfen. Trotz der zunehmenden Intensivierung dieser Verkehrslinien und parallel dazu der Kommunikationskanäle, scheinen die Nepali aus West und Ost auseinanderzudriften. Diese Bewegung wäre sicherlich noch krasser, wäre da nicht das ausgleichende Band des Terai, das die Unterschiede teilweise kompensieren kann.

Generell macht der Osten einen aufgeschlosseneren und weitgehend auch fortschrittlicheren Eindruck. Diese Tendenz wird lokal noch durch den Einfluß und die Einkünfte aus dem Tourismus ergänzt und unterstützt. Daneben spielt die Initiative und das Bedürfnis der Nepali östlich von Gurkha eine wesentliche Rolle, verkörpern sie doch die Kraft, die Veränderungen Vorschub leistet. Die Nähe der Hauptstadt mag da auch noch eine Rolle spielen. Im Westen jedoch, vor allem westlich des Kali Gandaki, stehen die Uhren still, und das Leben wird in jener Weise und mit jenen Methoden bewältigt, die sich schon vor mehreren Generationen eingependelt ha-

Wie nahe liegen doch subtropische Wärme und arktische Kälte beieinander. (Garam Bensi, 610 m)

ben. Diese Einstellung allein bewirkt einen Stillstand, fördert eine träge Lethargie, die automatisch zum Rückschritt führt. Diese Grundeinstellung wurde während des Panchayatstaates sogar noch gefördert, weshalb es die demokratischen Kräfte außerordentlich schwierig haben, das Rad weiterzudrehen.

Der Fremde realisiert diese feinen Unterschiede am Wegrand erst richtig, wenn er kurz hintereinander beide Regionen besucht. Kraß werden diese bei einem direkten Vergleich, zum Beispiel zwischen dem Sherpaland und der Karnalizone.

Dieser alte Handelsweg, den wir nun beschreiten wollen, stammt aus einer Zeit, in der diese Unterschiede noch nicht so groß oder sogar völlig umgekehrt waren. Vergessen wir nicht die Hochblüte der Lichavi-Dynastien oder der Malla-Könige von Jumla, unter deren Ägide Westnepal mächtiger und vermutlich auch »entwikkelter« war als der Osten. Wenn wir die Errungenschaften dieser Zeiten heute betrachten, so sind diese immer noch gut genug, Staunen zu erregen. Die Mallas haben es fertig gebracht, in Jumla auf 3000 Meter Höhe Reis anzubauen. Dazu wurde ein einmaliges Bewässerungssystem entwickelt, das teilweise heute noch in Betrieb ist. Der rote Reis aus Jumla wurde in der Folge eine Delikatesse, die bis nach Kathmandu »exportiert« wurde, eben auf unserm Handelspfad. Heute wird in Kathmandu kein roter Reis mehr gegessen, und verirrt sich einmal jemand aus der Hauptstadt nach Westen, so wird er

Kurzcharakteristik

Ein gemütlicher Trek in den stark subtropisch geprägten, niederen Hügelzonen Zentralnepals.
Der Weg folgt einer alten Route. Zwischen Tarkughat und Begnas Tal wird die Gegend zunehmend durch Straßen erschlossen.
Beste Jahreszeit: Besonders die milden Wintermonate von Dezember bis Februar eignen sich für den Besuch dieser Region. Der Trek kann jedoch ab Oktober bis Mai durchgehend gemacht werden.
Gesamtgehzeit: Etwa 10 Tage.
Kartenskizze: Siehe Seite 168.

Tourenprofil Tour 11

Strecke		Höhe	Gehzeit	Entfernung	Pässe/Bemerkungen
Start: Trisuli		540 m	–	–	Straße von Kathmandu
1.	Samri Bhanjyang	1290 m	3½ Std.	10 km	Samri Bhanjyang, 1290 m
2.	Katunje	1330 m	4½ Std.	14 km	Shele Deorali, 1440 m
3.	Sallentar	650 m	4 Std.	15 km	–
4.	Kayapani	960 m	4½ Std.	15 km	–
5.	Gurkha Durbar	1380 m	3½ Std.	13 km	Pipalthok, 1420 m
6.	Bhulbhule Ghar	530 m	4 Std.	15 km	–
7.	Tarkughat	500 m	4½ Std.	14 km	Luitel Bhanjyang, 690 m
8.	Sotipasal	440 m	5 Std.	17 km	Khuncha Deorali, 820 m
9.	Ram Bazar	460 m	4½ Std.	16 km	–
10.	Begnas Tal	650 m	5 Std.	18 km	Sarke Bhanjyang, 850 m
Ende: Begnas Tal		650 m	–	–	Straße nach Pokhara
Total etwa:			43 Std.	147 km	

ihn bestimmt nicht gut finden. Die Geschmäcker haben sich gewandelt.

Einkäufe in Trisuli und Aufbruch

In Trisuli, wohin wir mit dem Bus gekommen waren, besuchen wir zuerst den Basar, in dem nach wie vor der Geruch von Gewürzen und Räucherstäbchen überwiegt. Die geschlossene Anlage dieser glücklicherweise autofreien Einkaufsstraße hat nichts von ihrem Charme verloren, den sie sicherlich schon in den Zeiten der Mallas hatte.

Ang Temba und Mingma kaufen noch Reis ein und verschiedene andere Dinge, auch Stümpfe für die Kerosinlampen, Kerzen und Seife. Nach einer ruhigen Nacht am Kanal setzen wir uns in Bewegung. Schritt für Schritt verlassen wir die Zivilisation unserer Prägung. Der letzte LKW, die Straße, die elektrischen Leitungen verschwinden. Die große Bevölkerungsdichte dieser Gegend kommt ins Bewußtsein, als wir in einem sichtlich übernutzten Tal hinaufsteigen, in einer Landschaft mit Reisfeldern, auf denen dreimal im Jahr geerntet werden kann. Hier scheint jeder Quadratmeter Boden und jeder Baum für das Wohl des Menschen herhalten zu müssen.

Der Kinderreichtum ist groß, und in den Schulen am Weg tummeln sich unglaublich viele Schülerinnen und Schüler, die von nur wenigen Lehrern betreut werden. Klassengrößen von 50 bis 60 Kindern sind an der Tagesordnung, ein Lehrer ist meist für zwei Klassen gleichzeitig verantwortlich. Was soll dieser Staat diesen jungen Menschen in zehn oder zwanzig Jahren bieten? Dies scheint eine ganz zentrale Frage zu werden. Sie beschränkt sich übrigens nicht auf Nepal allein, sondern sie bestimmt die Sorgen der Politiker der meisten Länder in Asien, Afrika und Lateinamerika.

Nach einem vorzüglichen Mittagsmahl gelangen wir heute noch auf einen Paß, auf dem wir auch gleich die Zelte aufschlagen. Wir besuchen das Dorf Samri Bhanjyang und entdecken ein gepflegtes Haus, vor dem eine freundliche Frau sitzt. Nach einem kurzen Gespräch fragt sie uns, ob wir wohl drinnen ein Glas Milch trinken würden. Wir treten in einen rechteckigen Raum, an dessen Stirnseite die Feuerstelle zu sehen ist. Verschiedene Krüge dienen als Vorratsgefäße. Den sonst braun getünchten Boden bedecken zwei geflochtene Bambusmatten, auf die wir uns setzen. Auch die Wände sind braun verputzt, mit einer Mischung aus Erde, Stroh und Kuhmist. Alles macht einen sehr einfachen und sauberen Eindruck. Die Milch wird in alten Messingbechern angeboten. Es ist Büffelmilch. Die Familie sieht uns zu, wie wir trinken. Es erstaunt immer wieder, wie schnell in Nepal die Eindrücke wechseln. Heute früh waren wir noch im Basar von Trisuli, ließen unsere Augen über die Warenberge gleiten und haben den Händlern zugeschaut, wie sie verkaufen, verhandeln, Geld zählen. Diese Szene hier mutet beinahe biblisch an: In einer von schönster Schlichtheit strahlenden Stube teilen Unbekannte mit uns das Einzige, was sie besitzen. Vergleiche mit der Welt, aus der wir stammen, werden da schwierig.

Ein Mädchen legt Blumen und Zinnoberpulver in den kleinen Tempel. (Arughat Bazar, 480 m)

Eindrücke in der subtropischen Welt

»*Laalpaati*«, sagt Phurba. Er zeigt auf einen respektablen Busch mit sternförmigen grünen Blättern. Am Ende jedes Astes befindet sich ein einziger roter Blätterkranz – der Weihnachtsstern.

Dicker Morgennebel hüllt uns ein, der zur Winterszeit die tiefen Täler regelmäßig ausfüllt und der subtropischen Vegetation eine besonders geheimnisvolle Note verleiht. An dem Bach, dem wir folgen, stehen viele Mühlen. Wir besichtigen eine solche Anlage, eine robuste indische Konstruktion. Die Wasserkraft wird mit Transmissionsriemen übertragen. Der Müller schüttet Maiskörner in den eisernen Trichter. Es drehen sich Räder und Stangen, es schlagen die Riemen, und es wirbelt der Staub. Diese sinnvolle Einrichtung überdauert Generationen, stellt doch die Technologie keine großen Probleme und Ansprüche. Ein Mann vom Dorf selbst kann sie bedienen, seine Erfahrung mit der Maschine genügt. Danach steigen wir auf und erreichen schließlich einen hohen Kamm, auf dem wir übernachten werden. Ang Temba hat dafür den Hof eines Sanitätspostens ausgesucht, ein stattliches

Haus, umgeben von einem großen Feld. Solche »Health Posts« gibt es in ganz Nepal, aber es mangelt an allem: ausgebildetes Personal, Medikamente, Instrumente. Obwohl auf dem Land solche Einrichtungen ein Segen wären, verwandeln sich viele in relativ kurzer Zeit zu eigentlichen Projektruinen, falls sie überhaupt fertig gebaut werden.

Diese Route kann selbst im Januar Tribut an Schweiß fordern, geschweige denn in den Monaten außerhalb des Winters. Heute steigt die Temperatur auf sommerliche Höhen, und wir bedauern es außerordentlich, während der Mittagspause keinen richtigen Schatten vorzufinden. Wir essen inmitten eines breiten Flußtales unter unseren Schirmen. Fliegen summen über den frischen Papayastückchen, die unser Koch eingezuckert hatte.

Immer wieder leuchten gelbe Rapsfelder. Dazwischen liegen teilweise brache Felder, oder es steht der Winterweizen. Die meisten Bäume verlieren ihr Laub nicht, ihr Grün bleibt auch im Winter. Neben dem Rot der Weihnachtssterne und dem Zyklam der Bougainvillea sind bei den Häusern selbst keinerlei spektakuläre Farbpunkte zu sehen.

Das war alles früher auch so, als die Reisträger aus dem Westen mit ihrem kostbaren Gut nach Kathmandu marschierten, sich da und dort unter einem Pipal ausruhten, jenen riesigen Schattenspendern, die ein Sinnbild für den warmen Bereich dieses Landes geworden sind. Gewöhnlich werden diese Bäume auf Dorfplätzen oder an markanten Wegpunkten angepflanzt, meist paarweise: der Pipal (*Ficus religiosa*), ein ausladender, beschirmender Baum und der Banyan *(Ficus bengalensis)*, der durch seine immens dichten Luftwurzeln auffällt, die den Hauptstamm mit der Zeit völlig einschließen. Beide sind heilig. Oft finden sich an ihren Stämmen kleine Opfergaben oder Zinnoberpulver, wenn nicht sogar kleine Heiligtümer oder Tempelchen. Die Hinduisten billigen den beiden das weibliche und das männliche Prinzip zu und verehren sie entsprechend. Niemand käme auf die Idee, solche Bäume zu nutzen oder zu fällen. Trotzdem können vereinzelt zersägte oder zerstückelte Pipal und Banyan gesehen werden. Meist handelt es sich um Bäume, die vor Altersschwäche auseinandergebrochen sind oder denen der Blitz ein vorzeitiges Ende bescherte.

Die Nacht in Sallentar ist unruhig. Dauernd schreien die Dorfleute, machen Lärm und kleine Feuer im Wald. Es soll ein Tiger gesehen worden sein. Die Angst vor dem Tiger kann in diesen Regionen fast als grotesk bezeichnet werden. Beim Auftauchen eines solchen Gerüchts macht sich

Nützliche Hinweise:

Anreise / Rückreise: Mehrere Direktbusse fahren täglich von Kathmandu nach Trisuli, wo man nach 2 bis 4 Stunden Fahrt eintreffen sollte. Von Begnas Tal fahren regelmäßig Lokalbusse zum Buspark und zum Flugplatz von Pokhara. Dort gibt es zahlreiche tägliche Anschlüsse nach Kathmandu (Flugticket aus Kathmandu mitbringen und in Pokhara bestätigen lassen).

Übernachtung: Der Weg ist gespickt mit Teehäusern und lokalen Unterkünften, die aber selten den Standard touristischer Lodges aufweisen. Gruppen reisen mit Vorteil organisiert und mit Zelten.

Karten: Mandala Map »Kathmandu – Pokhara«.

Am Ende des Weges wartet dieser ruhige See am Eingang zur Ebene von Pokhara. (Begnas Tal, 650 m)

schlagartig Panik breit. Die sonst so ruhigen und freundlichen Bewohner dieser Zonen zeigen dann oft Überreaktionen, die mitunter auch in Waldbränden münden können, denn alles »Böse« wohnt für den Nepali dort. Über die Folgen und Zusammenhänge sind sie nur schwierig zu belehren, da die schulischen Voraussetzungen nicht vorhanden sind. So steht unser eher rein rationales Denken gegenüber dem instinktmäßigen Handeln oft auf dem falschen Geleise.

Zunächst bezaubert das Spiel der Sonne mit dem dichten Nebel, der vom Buri Gandaki aufsteigt. Nach Arughat wandern wir in ein langes, aber schmales Tälchen und hüpfen x-mal über den Bach. Arughat, ein von Newar beherrschter alter Basarort, verfügt über eine sehr massive Hängebrücke und einige Hindutempel mit schönen Statuen. Tempeldienerinnen schmücken diese mit Blumen und Zinnober. Der Gläubige tupft mit seinem Finger im roten Pulver und drückt sich einen Punkt auf die Stirn, die *tikaa*, die Blütenblätter werden in das Kopfhaar gesteckt.

Der Kamm zum Gurkhaschloß

Nach einer Nacht in Kayapani gelangen wir auf einen hohen Hügelzug, von dem sich eine spektakulär schöne Sicht auf die Himals im Norden öffnet. Ganz im Westen steht die Annapurnakette, vor uns der Gurkha Himal und im Osten entschwinden Ganesh- und Langtang Himal. Diese Sicht auf Fels und Eis und Schnee wirkt beinahe surreal, stehen wir doch in einer sanften Landschaft, inmitten üppiger Vegetation, gackernden Hühnern, glotzenden Wasserbüffeln und lachenden Frauen, die leichte Saris tragen. Sie schleppen Wasser vom Brunnen ins Haus. Dabei benutzen sie das traditionelle Gefäß aus Messing, *gaagri* genannt, wie es überall im Königreich benutzt wird. Dieses wird gefüllt und mit einer einzigen Bewegung auf die Hüftknochen gestellt, derweil der Arm den Gefäßrand umschließt. Es sieht sehr anmutig und leicht aus, ist es aber nicht. Männer in groben Wollwesten pflügen, nein ritzen vielmehr den Boden ihrer Felder. Mit kurzen Rufen treiben sie ihre Ochsen an. An-

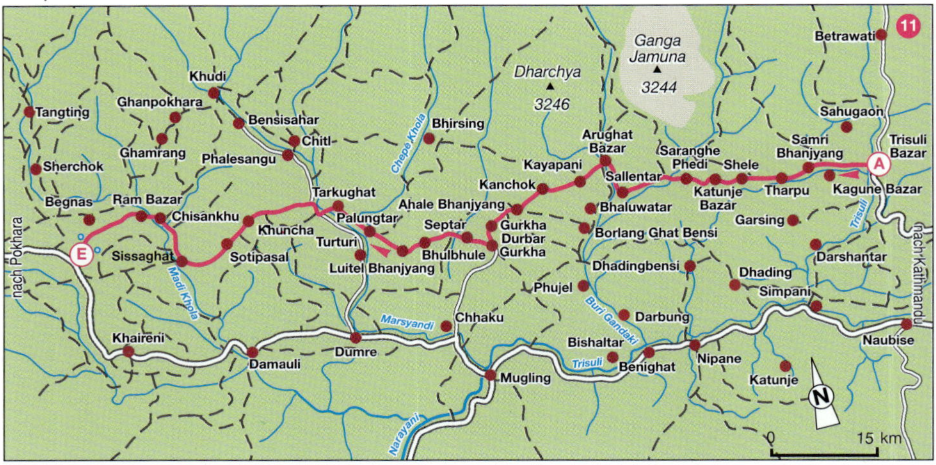

dere sitzen im Teehaus und schauen uns zu, wie wir diesem Treiben zuschauen.

Das Beglückende dieser Momente besteht in der einfachen Natürlichkeit der verschiedenen Eindrücke.

Nach einem heftigen Morgengewitter besichtigen wir das Stammschloß der heutigen Königsfamilie: Gurkha Durbar. Von hier war der große Prithvi Narayan Shah ausgezogen, um das heutige Nepal zu kreieren. Kriege und Eroberungen waren es, die es begründen halfen. Wir steigen ab zum trägen Darondi Khola und überqueren einen weiteren niederen Hügel, bevor wir den türkisblauen und kalten Marsyangdi erblicken. Unterwegs besichtigen wir eine lokale Ziegelei, wo einige Arbeiter mit wahrhaft einfachen Methoden verschiedene Qualitäten von Dachbedeckungen herstellen. Die Ziegelpresse wird von Hand gekurbelt. Ziegel für Ziegel erhält so seine definitive Form. Gebrannt wird das Gut in einem respektablen Ofen, dessen weißer Rauch in den blauen Himmel steigt.

Dieser Wegabschnitt führt durch eine fast flache Gegend, die von Einzelhäusern, Weilern und kleinsten Dörfern geprägt wird. Uns fallen die sauber gemalten Ornamente an den Häusern auf, als Verzierungen und als Abwehr gegen das Böse gedacht. In den großzügigen Vorhöfen der Paharihäuser sind kleine Tempel zu sehen, aus Lehm und Steinen gemauerte Schreine, die ebenfalls bemalt und mit Opfergaben belegt sind.

Entwicklung ist nicht immer Fortschritt

Am Marsyangdi, in der Nähe des Marktorts Tarkughat, verbringen wir die Nacht. Am frühen Morgen hüllen kalte Nebel alles ein, und wir verspüren das Bedürfnis, uns zu bewegen.

Eine Straße »begleitet« uns, Zeichen des unaufhaltsamen Übergangs in eine andere Zeitepoche. Einerseits wird diese Errungenschaft »Fortschritt« genannt, andererseits bringt sie auch viel Ungutes, Unrat und Unrast.

Straßen werden leider als unabdingbare Voraussetzung für die Weiterentwicklung angesehen. Als Trekker empfinden wir sie störend, ja zerstörend. Nun steht es uns aber nicht zu, Ländern wie Nepal zu verbieten, solche Straßen zu bauen. Ein großer Nachteil ist in der Tatsache begründet, daß das Land selbst sich weder den Bau noch den Unterhalt leisten kann und deshalb ausländische Geldgeber und Hilfsprojekte herbeizieht, deren teilweise rudimentären Vorstellungen von den lokalen Verhältnissen oft nicht die ideale Voraussetzung für die Realisierung solch einschneidender Veränderungen sind. Wäre es vielleicht nicht besser, diese Veränderungen langsamer, natürlicher und angepaßter zu verwirklichen, sie erst anzupacken, sobald ein effektives Bedürfnis zutage tritt? Der Bau eines Fahrwegs schafft für eine kurze Dauer viele Arbeitsplätze. Nach der Eröffnung wird die Bevölkerung mit der Tatsache konfrontiert, alle diese Verdienstmöglichkeiten zu verlieren und zudem ihre alten und traditionellen Tätigkeiten einzubüßen. Trägerdienste sind nicht mehr gefragt, die Basare werden durch LKWs beliefert, deren Eigner im fernen Kathmandu sitzen. Das Versprechen, daß alles durch die Straße billiger wird, stimmt nicht. Das Gegenteil ist der Fall, denn die Kaufkraft der großen Orte reicht durch die Straße bis in diese Zonen hinein und zieht Waren aus den lokalen Märkten, was ein Übergewicht der Nachfrage gegenüber dem Angebot nach sich zieht. Konsumgüter hingegen sind an den Straßen wegen der längeren Transportwege immer teurer als auf den größeren Märkten. Eine Verbesserung und Straffung des bestehenden Wegnetzes wäre viel billiger und den lokalen Bedürfnissen besser angepaßt. Deren Ausbau zur Straße müßte mit gleichzeitiger Schaffung von Arbeitsplätzen in den zu erschließenden Gebieten koordiniert werden, um der wirtschaftlichen Schockwelle zu begegnen. Vergessen wir nicht, dieses Land verfügt bereits über traditionelle und angepaßte soziale und wirtschaftliche Infrastrukturen. Durch das gedankenlose Aufpfropfen von radikalen westlichen Modellen und Lösungen entsteht ein Effekt, den wir mit jenem des »Elefanten im Porzellanladen« durchaus vergleichen können.

Zwischen dem Marsyangdital und Pokhara begegnen wir noch einigen solchen Straßenprojekten; wir probieren sogar, ihnen auszuweichen, obwohl es sich in der Mehrzahl nur um Traktorwege handelt. Aber irgendwie stören uns diese Kontakte mit jener Welt, deren Repäsentanten wir ja eigentlich sind. Diese paradoxe Situation beschäftigt uns.

So fühlen wir uns rundum glücklich und zufrieden, wenn wir mit den lustigen und fröhlichen Menschen auf den holprigen Pfaden wandeln und uns der paradiesischen Ruhe und am herrlichen Panorama erfreuen können. Unsere nepalesischen Freunde und Begleiter scheinen dieses Bedürfnis weniger zu verspüren, ihr Sinn für Ästhetik hält sich in Grenzen.

Sie stören sich nicht an diesen Dingen, lassen sich auch nicht durch die Narben irritieren, die eine solche Straße in Form von Abraum, Waldschneisen, Erdrutschen und herumliegenden Teerfässern verursacht. Sie scheinen diese Attribute des Fortschritts nicht wahrzunehmen, auch nicht den Lärm und die pechschwarzen Abgase der LKWs und Busse. Dazu sind sie viel zu ausgeglichen.

Ang Temba kauft unterwegs Bananen, Zuckerrohr und Mandarinen. In der Hitze des Nachmittags erreichen wir den Begnas Tal, einer der drei Seen um Pokhara. Mingma belehrt uns eines Besseren. Auf der Halbinsel, die in diesen See hineinragt, findet er den wohl schönsten Zeltplatz des Treks. Wie war das doch mit der Ästhetik?

Wir sitzen vor den Zelten und schauen den Booten zu, die durch die sanften Wellen gleiten. Am Horizont stehen unverrückbar die Himalajaberge.

12 Eine Tour für Alpinisten – über den schwierigen Gletscherpaß Trashi Labtsa ins Everestgebiet

Rolwaling

Das Rolwaling-Tal ist eine jener markanten Talkerben, die im Himalaja-Hauptkamm eingelagert sind. Es handelt sich um ein außerordentlich tief eingeschnittenes Tal, das von einem Kranz bedeutender Berge umgeben wird. Eigentlich besteht darin nur eine einzige feste Siedlung, Beding, die von Sherpa bewohnt wird. Oberhalb von Beding befindet sich lediglich eine größere Sommerweide, dann beginnt die Welt der Gletscher. Über diese erreicht man schließlich einen der schwierigsten und anspruchsvollsten Pässe des Landes, der die Verbindung zum Khumbu darstellt: der Trashi Labtsa. Für den Besuch des Rolwaling werden Trekkingpermits nur in Verbindung mit der Besteigungsgenehmigung für einen Trekkinggipfel herausgegeben.

> *Führt der Weg zu deinem Haus durch tiefe Schluchten und über hohe Pässe, so besuchen dich nur die schlimmsten Feinde oder die besten Freunde.*
>
> Tibetisches Sprichwort

Es wäre etwas verwegen, Volleyball als die Sportart Nr. 1 in Nepal zu bezeichnen. Fußball zieht – vor allem in Kathmandu – sehr viele Zuschauer an. Aber Volleyball wird praktisch in jedem Dorf gespielt, in dem es eine Schule gibt. So auch hier in Charikot. Noch etwas benommen von der langen Fahrt von Kathmandu bis hierher, spazieren wir gemütlich zum Spielfeld, das von einer großen Zuschauermenge begrenzt wird. Das Netz hängt etwas lose an zwei Bambuslatten, und die Spieler dreschen wacker auf den Ball, der auf dem staubigen und unebenen Naturboden drollige Sprünge und eigenwillige Richtungswechsel vollführt. Am Horizont dieser sonst grünen Landschaft sehen wir einen sehr hohen Berg, dessen charakteristische Form wir schon vor ein paar Tagen in Nagarkot bewundern konnten. Aus einem mächtigen Felsaufbau wachsen zwei gletscherbeladene Gipfel, die von einem markanten Einschnitt getrennt sind. Dies ist der Gaurisankar, von den Sherpa auch Jomo Tseringma genannt.

Kurzcharakteristik

Ein schwieriger Bergsteigertrek über den heiklen Trashi Labtsa, 5755 m, vom Rolwaling-Tal ins Khumbu. Diese Tour kann nur erfahrenen und ausgerüsteten Berggängern empfohlen werden.
Wilde Schlucht- und Gletscherlandschaften dominieren die spärlich bevölkerte Gegend.
Beste Jahreszeit: Oktober und November sowie April und Mai eignen sich für diese Hochgebirgstour.
Gesamtgehzeit: Etwa 15 Tage.
Kartenskizze: Siehe Seite 80.

Der Trakarding-Gletscher mit seinen Geröllmassen ermöglicht einen mühsamen Zugang zum Trashi Labtsa. (Trakarding, 4750 m)

Die Verwechslung

Im letzten Jahrhundert, als die Engländer einen Berg namens Peak XV als die höchste Erhebung dieses Erdballs im Visier ihrer Vermessungsinstrumente hatten, gelangte der berühmte Hermann von Schlagintweit nach Kathmandu und von dort auf den Aussichtsrücken von Nagarkot. Dort zeigt sich der östliche Himalaja in seiner ganzen Pracht. Beim Anblick der gewaltigen Kulisse des Gaurisankar, der visuell die mächtigste Berggestalt dieses Panoramas darstellt, erinnerte sich der Forscher an die sensationelle Entdeckung des Survey of India. So wurde ein berühmter Irrtum der Geographie Tatsache. In allen Atlanten, die in der Folge gedruckt worden sind, erscheint der Gaurisankar als der höchste Gipfel der Erde. Dies dauerte so lange, bis der Peak XV, der Mt. Everest, wie er von seinen Vermessern genannt wurde, zweifelsfrei entdeckt und lokalisiert wurde, diesmal von Tibet aus.

Jetzt sehen wir diesen Berg aus größerer Nähe und bestaunen seine Wildheit durch das Fernglas. Dort – am Fuße dieses Berges – liegt das Rolwaling-Tal.

»Soup ready!« ruft Ram. Wir setzen uns auf einige Matratzen, die Ang Temba ins Gras gelegt hat, und genießen das Nachtessen unseres Meisterkochs und den milden Abend. Bei solchen Gelegenheiten versucht man, den Abend etwas zu verlängern und damit die Nacht zu verkürzen. Die Trekkingnächte sind ja immer so lang, besonders am Anfang. Mit der Zeit gewöhnt man sich an diesen Rhythmus und hat dann später eher Schwierigkeiten, sich wieder auf den üblichen Tagesablauf einzustellen. Der Trekker steckt entweder in den Bergschuhen oder im Schlafsack. Damit sind die zwei wichtigsten Ausrüstungsgegenstände schon genannt.

Schlechte Wege bis Beding

An diesem Abend höre ich zum ersten Mal einen Ausdruck, der zwar aus dem Hindi stammt, aber in Nepal überall verstanden wird: »*Rasta kharab!*« – Krishna, unser Küchenjunge, war schon einmal im Rolwaling und antwortet mit diesen düster klingenden Worten auf die Frage, wie denn der Weg sei. *Rasta* heißt Weg und *kharab* bedeutet schlecht.

Einmal mehr entfliehen wir der verfeinerten Welt, einmal mehr verstummt das Hupen der Autos hinter uns. Das nächste Geräusch von Bedeutung ist das träge Rauschen des Tamba Kosi, zu dessen Ufern wir streben. Vorher aber zeigt uns Ang Temba noch einen Hinduschrein in Dolakha. In diesem großen Dorf wohnen in der Mehrheit Chhetri. Reisterrassen schmücken die steilen und sonst üppig bewachsenen Hänge. Selbst auf dem Abstieg fließt der Schweiß in Strömen. Es wäre schön, wenn wir von dieser Hitze etwas in die höheren Regionen des Treks mitnehmen könnten. Der Fluß ändert hier seinen Namen. Von jetzt an nennen ihn die Leute Bhote Kosi, da seine kalten Wasser aus Tibet stammen. Diesem Tal folgt auch ein bedeutender Pferdeweg, der Tingri bedient. Diese Route wird Rongshar genannt. Ein großer Teil des bedeutenden Viehhandels zwischen den Sherpa und den Tibetern erfolgt über diese ganzjährig begehbaren Täler und Pässe, eine einfachere Alternative zum Nangpa La.

In Suri Dhoban schwenkt ein Weg nach rechts in das Seitental des Khare Khola. Ganz hinten befindet sich der Yalung La, ein Paß, der direkt ins hintere Rolwaling führt. In dieser Region stehen auch einige Gipfel, die als Ziele für ausgerüstete und erfahrene Bergsteiger gelten. Wir aber bleiben vorerst im Haupttal. In Gongar treffen wir auf die erste Sherpafamilie.

Am Herd dieser Sherpafrau beginnt das Reich einer unbeschreiblichen Sehnsucht. Immer wieder führen die Trekkingrouten in Gebiete, die von tibetisch-buddhistischen Volksgemeinschaften beherrscht werden. Vermutlich liegt darin ein besonderer Reiz des Trekkings in Nepal, bilden doch diese Gebirgstäler oft Refugien dieser faszinierenden Kultur und ihrer Menschen. In Gongar treten wir also ein in diese Welt.

Nach einem waghalsigen Balanceakt auf einer schwankenden Brücke über den tosenden Wassern des Bhote Kosi steigen wir steil hinauf nach Simigaon. Dort steht Hirse auf den Feldern. Der Talboden liegt bereits 1000 Meter unter uns. Wir steigen in die Schlucht des Rolwaling Chhu.

Oberhalb des Dorfes beginnt bald ein zunächst loser, später dichter Rhododendronwald, in den die Alm Shakpa eingelagert liegt. Ein alter Sherpa haust dort und bewirtet uns freundlich. Wir blicken hinunter in das tiefe Tal unter uns und genießen die Weite. Weiter oben überqueren wir einen Bergrücken. Dort zeigt sich – schon fast beängstigend groß – der Gaurisankar. Zwischen Rhododendron und Bartflechten, die an ihnen herunterbaumeln, steht er vor uns und beeindruckt durch seine jähe Steilheit. Zwei Buben holen uns ein und beschließen, uns zu begleiten. Krishna trägt den Küchenkorb und murmelt dauernd: »*Rasta kharab – rasta kharab...*« Nun, bis jetzt war dieser Weg ja noch nicht so schlecht, aber das kommt schon, gerade vor uns. Früher seien deswegen die Menschen über den Daldung La marschiert, der eine sehr schöne Sicht auf den Gaurisankar bietet und zudem die Schlucht umgeht. Heute führt der Weg hinab; er windet sich teilweise sehr heikel an Felswänden entlang, teilweise auf wackligen Holzstegen über dem Abgrund. Die Buben lachen über unsere offenbar

Tourenprofil Tour 12

Strecke		Höhe	Gehzeit	Entfernung	Pässe/Bemerkungen
Start: Charikot		1998 m	–	–	Straße Kathmandu / Jiri
1.	Biguti	950 m	5 Std.	18 km	–
2.	Manthale	1120 m	5½ Std.	20 km	–
3.	Simigaon	2019 m	4½ Std.	14 km	–
4.	Gyalche	3000 m	4½ Std.	13 km	–
5.	Beding	3693 m	3½ Std.	10 km	–
6.	Beding	3693 m	–	–	Ruhetag
7.	Na	4183 m	3 Std.	9 km	–
8.	Na	4183 m	–	–	Ruhetag
9.	Kyidug Kongma	4800 m	3 Std.	9 km	–
10.	Drolambao	4980 m	5 Std.	8 km	–
11.	Tsho Nakpo	5000 m	7 Std.	14 km	Trashi Labtsa, 5755 m
12.	Thame	3800 m	4½ Std.	15 km	–
13.	Namche Bazar	3440 m	4 Std.	12 km	–
14.	Phakdingma	2600 m	4 Std.	13 km	–
15.	Luglha	2834 m	2½ Std.	9 km	–
Ende: Luglha		2834 m	–	–	Flugplatz
Total etwa:			56 Std.	164 km	

nicht sehr sichere und etwas bekümmerte Art, diese Hindernisse zu überwinden. Sie jedoch meistern den Hindernislauf mit einer schlafwandlerischen Sicherheit. Ram holt uns ein und murmelt etwas, das wie »*Rasta kharab*« tönt. Der Weg ist nicht gut. Aber schon stehen wir auf sicherem Boden, einer Lichtung mit Büschen. Die Sonne brennt sehr stark hernieder, aber im Schatten liegt reifbezogenes Laub. Offenbar haben wir 3000 Meter Höhe erreicht, denn dieses Phänomen konnten wir in den warmen Gefilden des Bhote Kosi nie beobachten.

Nach einem gemütlichen Camp im Wald, am Fuße einer Felswand, an der unablässig Nebelfetzen ihre Reigen tanzen, setzen wir unseren Trek fort, hinauf zu den Siedlungen in diesem unwegsamen Tal. Zunächst erkennen wir einige kleinere Dörfer, die aber allesamt nur saisonal bewohnt werden. Es sind die Wintersiedlungen der Leute von Beding. Nach Durchquerung eines Koniferenwalds sehen wir vor uns am Hang ein kleines Dorf: Beding. Aus den Holzschindeln der Dächer steigt Rauch auf, der Hang über der Siedlung steigt fast senkrecht in die Höhe. Weit, weit über uns steht die gespaltene Pyramide des großen Bergs. Yaks weiden auf den Wiesen, und Sherpafrauen sind dabei, ihre Kartoffeln in Erdlöchern zu versorgen, wo sie in den kommenden frostreichen Monaten optimal geschützt sind. Ang Temba verhandelt mit Dorjee, einem Sherpa aus Beding. Unser Sirdar möchte hier die Träger wechseln, da unsere tapferen Leute aus den heißen Zonen um Charikot für die Überquerung des schwierigen und kalten Passes kaum geeignet sind. Gestern ist hier eine belgische Gruppe angekommen, doch deren Träger, alles Sherpani aus Thame, sind stracks umgekehrt und ohne Last wieder von dannen gezogen. Pech für uns – und für sie –, denn wir hätten gleich Arbeit für sie gehabt. Ang Temba sendet einen Sherpa in Richtung des Passes, um sie einzuholen, doch vergebens. Die Amazonen waren schneller. Dorjee verspricht uns, Sherpaträger aus Beding in genügender Zahl zu verpflichten. Inzwischen mieten wir einige zottige Yaks und ziehen hinauf zur Sommerweide Na, nicht jedoch, ohne vorher Beding eingehend angeschaut zu haben. Die Gompa scheint recht alt zu sein. Ein freundlicher Mönch zeigt sie uns. Kurz darauf sehen wir den gleichen Mönch im Hause einer kranken Frau einen Gebetsritus beginnen. Der Lama wird am Abend von einem Schamanen abgelöst, der sein Szenario veranstaltet. Die ganze Nacht hindurch hören wir seine Trommeln und Zimbeln.

Im Hochgebirge

Was für eine wunderbare Landschaft! Zwischen Beding und Na queren wir herrliche Weiden und entdecken immer mehr Berge, die vor uns erscheinen. Einzelne Findlinge sind mit Gebeten bemeißelt, andere Brocken tragen bunte Wimpel. Dazu gesellt sich diese fast kosmische Stille. Wir sitzen an einem von der Sonne aufgewärmten Steinblock, es blendet, der Geruch der *sunpaati* liegt in der Luft, jener unvergleichliche Geruch, den man niemals vergessen kann. Es herrscht Ruhe. Nach einer Weile hören wir ganz feine Glockentöne. Diese kommen näher. Wenig später kommen unsere Yaks vorbei. Der Ton der Glöckchen entschwindet langsam, langsam. Die akustische Leere ist wiederhergestellt. Es verwundert uns nicht, daß hier oben ein kleines Felsenkloster errichtet wurde. Wir steigen auf und besuchen es. Außer einem Yak und ein paar Raben befindet sich dort im Moment niemand. In Na beziehen wir unsere Zelte, die Ang Temba mit Ngawang Cheme und Ang Norbu aufgestellt haben. Einige Häuser stehen hier, sonst besteht der Ort aus eingefriedeten Kartoffeläckern. Die Vegetation daneben zeigt noch Zwergformen von Berberitzen, Ginster, Cotoneaster, Sanddorn, neben Gräsern und den schon erwähnten *sunpaati*. Dort stehen einige Yaks und grasen. Dorjee treibt unsere dazu. Sternenklare Kälte treibt uns in die Zelte.

Nachts wachen wir auf. Ein beunruhi-

Nützliche Hinweise:

Anreise / Rückreise: Charikot liegt an der Straße von Kathmandu nach Jiri; tägliche Verbindungen sind gewährleistet. Die Fahrt dauert 6 bis 10 Stunden. In Luglha besteigt man das Flugzeug zurück nach Kathmandu (Ticket und Buchung vor dem Trek in Kathmandu organisieren und in Luglha bestätigen lassen).
Übernachtung: Auf der Seite Tamba Kosi / Rolwaling bestehen nur wenige Lodges, weshalb die Übernachtung in Zelten angezeigt ist. Zwischen Beding und Thame gibt es keine feste Siedlung. Im Khumbu jedoch (zwischen Thame und Luglha) kann man auf ein dichtes Netz guter Unterkünfte zurückgreifen.
Karten: »Schneiderkarten« 1:50 000: Nr. 2 Khumbu Himal, Nr. 3 Lapchi Kang, Nr. 4 Rolwaling Himal, Nr. 5 Shorong / Hinku.

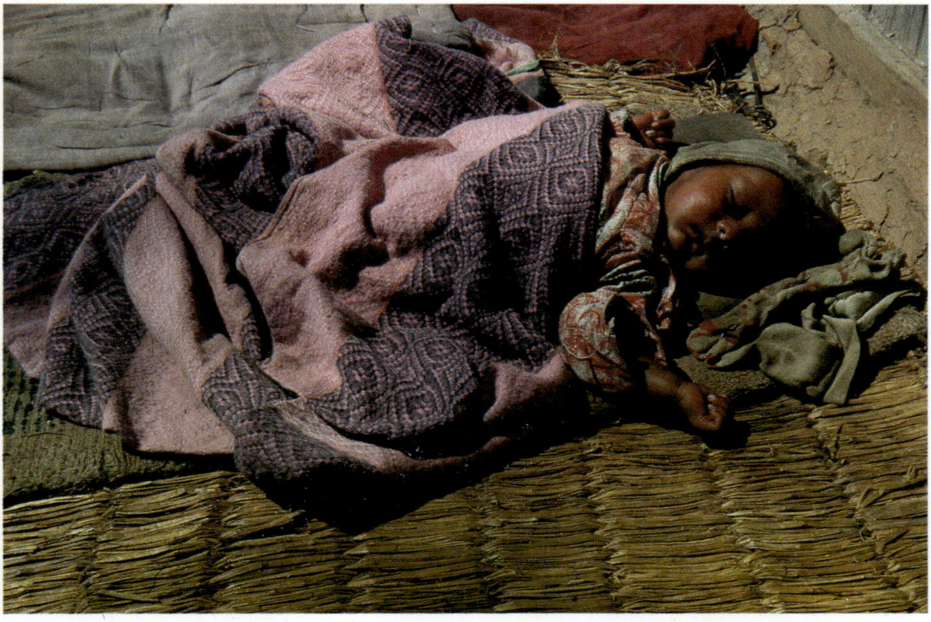

Ein Chhetri-Kind genießt den Schlaf in der Sonne vor dem Haus. (Dolakha, 1750 m)

gendes kratzendes Geräusch ist zu hören. Jetzt kommt es von unserer Zeltplane. Der Schein der Taschenlampe zeigt die Bescherung. Es schneit wie verrückt, und unsere aufmerksamen Sherpa sind dabei, unsere Zelte von der Last zu befreien. Das Knirschen der Schritte verschwindet zum nächsten Zelt, das sie mit Schütteln und Rütteln ebenfalls erleichtern.

Am Morgen hat sich das Wetter wieder komplett gewandelt. Die Sonne scheint grell auf unser Lager, das unter einem halben Meter Schnee liegt. Wir wagen einen Ausflug ins Tal hinein und spuren dabei gleichzeitig den Weg, den wir nach Beendigung der Akklimatisationsphase ohnehin nehmen werden. Am Nachmittag und nachts schneit es wieder. Am dritten Tag in Na geschieht etwas. Zwei riesige Yaks traben von großer Höhe kommend an uns vorbei ins Tal hinunter. Offenbar haben auch sie drei Tage und Nächte dem Sturm getrotzt und sind nun auf der Suche nach Futter.

Aufbruch zum schwierigen Paß

Am nächsten Tag brechen wir bei sensationellem Wetter auf. Dorjee und die Träger aus Beding sind gekommen, und wir beeilen uns, den Sonnenschein für die Annäherung an den großen Paß auszunutzen. Wir steigen zur mächtigen Endmoräne des Trakarding-Gletschers. Dahinter verbirgt sich ein sehr großer Gletschersee, der Tsho Rolpa. Er bildet eine latente Gefahrenquelle für das Land, denn Ausbrüche viel kleinerer Seen dieser Art haben in anderen Gebieten schon zu großen Verwüstungen geführt. Das letzte Beispiel war die Flutwelle des Langmoche Tsho, die 1985 Teile des Khumbu verwüstete. Nun gehört der Tsho Rolpa zu den größten Binnengewässern Nepals, obwohl er in der offiziellen Statistik fehlt. Er wird von den Endmoränen gehalten, eine dauernde Stabilität ist also nicht unbedingt gewährleistet. Der Trakarding-

Zahnweh kann in diesen abgelegenen Bergdörfern eine lästige Angelegenheit sein, denn die meisten Zahnärzte praktizieren in Kathmandu. (Beding, 3693 m)

Gletscher mündet direkt in diesen See hinein.

Wir suchen nun eine günstige Stelle, um von der hohen und steilen Moräne auf den stark abgeschmolzenen und geröllbeladenen Gletscher zu gelangen. Vorher richten wir uns aber auf einer kleinen Almweide noch gemütlich ein. Dorjee weiß einen Ort, wo wir relativ leicht absteigen könnten. Allerdings verändert die Moräne aufgrund starker Erosion ständig ihre Struktur, und der Abstieg zum Gletscher muß im Prinzip immer wieder neu gefunden werden. Einmal unten angelangt, stehen wir auf diesem trostlosen, unendlichen Geröllbett und kämpfen uns langsam zum anderen Ufer des Gletschers, dessen Oberfläche alles andere als eben ist. Die starke Sonneneinstrahlung sorgt dafür, daß von den Moränen ständig Steine auf den Gletscher herabsausen. Zudem herrscht auch auf dem Eisstrom selbst viel »Bewegung«. Auch größere Blöcke neigen dazu, zu kollern und zu stürzen. Die Fließgeschwindigkeit des Trakarding scheint beträchtlich hoch, und innerhalb weniger Stunden öffnen und schließen sich Spalten wie kauende Mäuler. Auf der Nordseite entdecken wir eine Felskanzel. Dort fließt auch der Drolambao-Gletscher zum Trakarding hinab. Der Platz eignet sich für ein Camp. Allerdings windet es heftig. Wir helfen unseren Sherpa beim Aufstellen der Zelte. Trotzdem fegt es eines unserer Iglus weg. Glücklicherweise landet es gut 50 Meter tiefer auf einem Schneefeld, und wir können es bergen. Ram kocht heute im Eßzelt.

Der Trashi Labtsa

Nach einer empfindlich kalten Nacht bewaffnen wir uns nun mit Seilen, Eisschrauben und Karabinern. Die Füße stecken in Doppelschuhen und diese in Steigeisen. In der Hand pendelt der Eispickel. Durch ein steiles Couloir, durch das wir Fixseile legen und in dem wir an heiklen Stellen Stufen schlagen, gelangen wir zu einer Aufwölbung des Gletschereises, die wir mittels Schrauben und Stufen überwinden. Dorjee folgt mit seiner Trägerschar. Ang Temba sammelt am Schluß Seile, Schrauben und Karabiner ein. Zu diesem Zeitpunkt gehen wir mit Ram und der Küche über die weißen Flächen des Drolambao. Der Schnee wird nun krustig, und einige Spalten sind zu umgehen. Das Labyrinth hält sich aber in Grenzen, weshalb wir bald darauf schon die letzten Meter zum Trashi Labtsa hinaufspuren. Dort oben, auf 5755 Meter, weht ein kräftiger Wind. Unser Aufenthalt begrenzt sich auf wenige Minuten, bevor wir den heiklen Abstieg über steile Schneehänge und Felsplatten unter die Füße nehmen. Die neuerlichen Hindernisse entschärfen wir mit Fixseilen. Noch einmal genießen wir die schöne Aussicht hinüber zum Menlungtse, der sich schon ganz in Tibet befindet, und vorwärts in das Bergmeer des Khumbu.

Am späten Nachmittag gelangen wir zu zwei Seen, einer schimmert milchig weiß, der andere ist pechschwarz. Dort freuen wir uns, dieses schwierige Hindernis überwunden zu haben. Alle sind wohlbehalten eingetroffen. Bevor es wieder so richtig arktisch kalt wird, verkriechen wir uns in die Schlafsäcke. Der Tsho Nakpo, der schwarze See daneben, setzt weißes Eis an und friert zu.

Die Sonne kommt früh, blickt doch unser Tal nach Osten. Wir halten es nicht lange aus und machen uns bereit. Die Seile und alles technische Material verschwinden wieder in den Körben der Träger, die Doppelschuhe im Seesack. Mit leichterer Ausrüstung und gestärkt durch Rams Frühstück gleiten wir förmlich das Tal hinab nach Thengpo, einer wunderschön gelegenen Almwiese. Vor dem dazugehörigen Haus sehen wir eine junge Sherpafamilie. Die Kinder spielen mit getrocknetem Yakmist. Dort kocht Ram schon wieder. Umgeben von herrlichen Bergen und einer zunehmenden Flora schmeckt das Mittagsmahl doppelt so gut. Danach bleibt uns noch die schöne Strecke nach Thame, wo wir unverzüglich das alte Felsenkloster besuchen. Dort sehen wir jene Butterlampen, die unsere Sherpa und Träger aus Dankbarkeit über das glückliche Gelingen entzündet haben. Wir lassen uns von ihrem Beispiel leiten und tun das gleiche. Der Weg war schlecht, aber die Moral und das Team waren sehr gut.

13 Im Angesicht von Everest, Lhotse, Makalu und Kangchenjunga
Der Royal-Trek

Die Gegend, durch die unsere Route hindurchführt, gehört zu den privilegiertesten des Landes. Die lieblichen Hügelzonen erlauben eine ertragreiche Landwirtschaft und Viehzucht. Zudem ist überall Wald zu finden. Ferner können die Verkehrsverbindungen als relativ dicht bezeichnet werden, bestehen doch in Taplejung und Tumlingtar Flugplätze und in Taplejung und Hile/Basantpur auch Straßenanschlüsse. Die Lage der Hügelzone in Ostnepal erlaubt eine grandiose Rundsicht in die Berge des Khumbu- und Khumbakarna Himal sowie zum Kangchenjungamassiv. Der Weg eignet sich vorzüglich für Einsteiger und Genießer, die Nepal von einer besonders attraktiven Seite her kennenlernen wollen.

> *Es gibt doch nichts Schöneres als Trekking in Nepal!* Toni Hagen

Die Busfahrt war lang, sehr lang. Wieder einmal verließen wir die Hauptstadt am späten Nachmittag. Gestern am späten Abend trafen wir in Hile ein, nach fast 30 Stunden auf Straßen wechselnder Qualität. Dort übernachteten wir in einem hübschen Gasthaus, das von freundlichen Leuten aus Walungchung geführt wird. Heute bewältigen wir noch die restlichen zwei Stunden der Fahrt bis Basantpur. Nach dem Ausladen der Körbe und Säcke machen sich Ram und Santa bereits in der Küche zu schaffen, die sich unter einer provisorisch aufgespannten blauen Zeltplane befindet. Sirdar Subas Singh Lama schlendert durch den Basar und kauft ein. Basantpur gehört zu jener Gattung von Dörfern, die mit dem Einzug einer Straße schnell gewachsen sind. Die Magnetwirkung solcher Orte, vor allem, wenn sie am Endpunkt der Straße liegen, ist nicht zu verleugnen. Das Angebot ist groß, und die Preise sind mit jenen von Hile zu vergleichen.

Kurzcharakteristik

Eine sehr schöne Tour in den Hügeln Ostnepals, auf ausgesprochen guten Pfaden zu herrlich gelegenen Dörfern.
Besonders eindrucksvoll und unvergeßlich wirkt die große Rundsicht mit dem Khumbu-, Kuhmbakarna- und Kangchenjunga Himal.
Beste Jahreszeit: Sie kann von Oktober bis Mai durchgeführt werden.
Gesamtgehzeit: Etwa 6 Tage.
Kartenskizze: Siehe Seite 181.

Auf den Aussichtshügeln

Die kühlen Temperaturen laden nicht gerade zum längeren Verweilen ein, weshalb wir bereits kurz nach dem Lunch wegzie-

Lhotse, Everest, Baruntse, Makalu – die erhabene Kulisse im Norden. (Chauki, 2650 m)

hen. Dabei benutzen wir einen wahrhaft königlichen Pfad. Der Name »Royal-Trek« nimmt Bezug auf die Qualität und den Verlauf dieses Weges. Ferner hat Subas einen Träger aus seinem Dorf mitgebracht, Jabbar Bahadur Thakuri, also ein Mitglied der Königskaste. Frohgemut wandern wir durch Wald und vorbei an einigen kleinen Dörfern zu einer Wiese namens Door Pani, die sich für ein Camp eignet. Subas findet kurz dahinter aber einen noch schöneren Platz mit großer Aussicht nach Süden und Osten.

Dies schätzen wir besonders am nächsten Morgen, erreicht uns doch die Sonne sofort und trocknet die Zelte und das Gras ab, die – wie fast überall und täglich in Nepal – frühmorgens klatschnaß vor Tau sind.

Bald erreichen wir heute einen Kamm, der Patek Danda heißt und dem wir von nun an folgen werden. Sofort zeigen sich Lhotse, Everest, Makalu und Kangchenjunga. Diese Achttausender stehen zwar in einer Entfernung von rund 100 Kilometern, aber der Eindruck bleibt unvergeßlich. Auf einem einmaligen, von Rhododendren und schönen Tränenkiefern beschützten Weg gelangen wir nach Chauki, einem Dorf mitten in Weiden, auf denen Schafe, Ziegen, Kühe und Wasserbüffel grasen. Ram hat die Idee, hier die Mittagsrast zu halten. Obwohl es noch recht früh ist, gibt es keine Widersprüche, denn der Platz lädt zu einer solchen Pause förmlich ein. Was für eine Lage! Etwas Wald steht auf dem Kamm, gegen Norden und Westen behindert nichts den Blick zum Horizont. Was für eine Freiheit diese Menschen hier oben genießen, hoch über den Niederungen. Ob sie es wohl wissen oder spüren? Hier lebt eine gemischte Bevölkerung, bestehend aus Chhetri, Bahun, Rai, Limbu und Sherpa. Weiter hinten auf dem breiten Kamm folgt eine weitere solche Siedlung, die Mangalbari Bhanjyang genannt wird.

Es scheint, als ob diese ehemaligen reinen Sommerdörfer nun das ganze Jahr hindurch besiedelt seien.

Nach einer weiteren Nacht auf einem nach Südosten geneigten Platz bestaunen wir am Morgen den Sonnenaufgang am Kangchenjunga, dessen Einzelheiten nun besser zum Vorschein kommen, da wir uns dem Massiv ständig nähern. Bei Lam Pokhari, einer absolut paradiesisch gelegenen Siedlung, erreichen wir den Kamm

Tourenprofil Tour 13

Strecke		Höhe	Gehzeit	Entfernung	Pässe/Bemerkungen
Start: Basantpur		2250 m	–	–	Straße von Dharan und Hile
1.	Door Pani	2670 m	2 Std.	7 km	–
2.	Bhalukhop	2790 m	4½ Std.	15 km	–
3.	Buje Danda	2760 m	3½ Std.	10 km	Akare Bhanjyang, 2890 m
4.	Nundhaki	1860 m	4 Std.	12 km	Milke Danda, 3040 m
5.	Chainpur	1350 m	5 Std.	18 km	–
6.	Tumlingtar	390 m	5 Std.	18 km	–
Ende: Tumlingtar		390 m	–	–	Flugplatz
Total etwa:			24 Std.	80 km	

wieder, der aber nun Tinjure Danda heißt. Die Bewohner genießen den Vorzug eines kleinen Sees und die ungestörte Rundsicht in die höchsten Berge der Welt. Hier werden Mais und Hirse angepflanzt. Daneben befinden sich Gemüsegärten. Uns fällt die etwas zierliche Bauweise der Häuser auf, die mit Stroh gedeckt sind. Der königliche Weg führt uns nach Gupha Pokhari und von dort auf sanften Kuppen bis zur Milke Danda. Unterwegs sind wir an der Abzweigung vorbeigegangen, die nach Dhoban am Tamur und von dort zum Kangchenjunga oder nach Taplejung führt. Noch einmal genießen wir diese Rundsicht. Im Süden reihen sich die Hügel auf, die am Horizont von der Mahabharat Lekh begrenzt werden. Im Norden steht der eisige Wall des Himalaja. Besonders der Makalu tritt aus dieser Reihe hervor. Vorwiegend durch Wald führt uns Subas nach Nundhaki hinunter, ein sauberes Dorf an einem steilen Hang. Eine nette Familie offeriert uns den Vorplatz ihres Hauses, wo wir die Zelte hinstellen. Ein malerischer, aber steiler Weg bringt uns wieder in ein Tal, an dessen Flanke wir schließlich einen weiteren Hang erreichen, auf dem wir nach Chainpur absteigen. Chainpur gehört zu den gepflegtesten Dörfern des

Nützliche Hinweise:

Anreise / Rückreise: Die Anreise per Bus ab Kathmandu über Dharan und Hile nach Basantpur gestaltet sich sehr mühsam, 20 bis 30 Stunden müssen dafür veranschlagt werden. Täglich fahren ab Kathmandu Nachtbusse nach Hile, von wo Lokalbusse nach Basantpur bestiegen werden. Diese lange Reise kann durch einen Flug nach Biratnagar abgekürzt werden, von wo Anschlüsse nach Hile geboten werden. Ab Tumlingtar fliegen beinahe täglich Maschinen nach Biratnagar und nach Kathmandu (Tickets und Buchung vor dem Trek in der Hauptstadt organisieren und vor Abflug bestätigen lassen).
Übernachtung: Außer einigen Teehäusern und lokalen Unterkünften bestehen keine besonders erwähnenswerten Möglichkeiten. Im Zelt ist man gut aufgehoben.
Karten: Mandala Map »Kangchenjunga – Makalu – Everest«.

Landes. Große und saubere Häuser stehen an einer breiten Gasse, die mit Granitplatten ausgelegt wurde. Viele Newar wohnen hier, die sich der Bearbeitung von Messing widmen. In vielen Häusern werden Messinggefäße geformt und geschliffen. Auch die Verarbeitung des lokalen Tabaks scheint die Leute zu beschäftigen, werden doch überall Zigaretten gedreht. Chainpur steht in einer Art Konkurrenzkampf mit Khandbari, dem Distriktshauptort, fühlt sich sogar etwas benachteiligt, da alle Neuerungen zuerst dort eingeführt werden. Wenn wir aber die beiden Ortschaften vergleichen, so schneidet Chainpur in vielem besser ab. Entwicklungen müssen harmonisch und bedürfnisgerecht wachsen, und ob dies in Khandbari der Fall ist, darf zumindest bezweifelt werden.

Am letzten Tag unseres königlichen Treks, das wir bei Kaiserwetter bewältigen durften, steigen wir ab in die heiße Talsohle des Arun, wo wir einen Seitenbach durchwaten und darauf das Plateau von Tumlingtar erklimmen, wo wir im »Makalu Hotel« eine *tongba* schlürfen. Jabbar Bahadur Thakuri setzt sich zu uns und trinkt mit.

14 Der Extremtrek – eine Herausforderung für Alpinisten, die genügend Zeit haben

Makalu – Ice Col

Auch auf diesem langen und schwierigen Trek werden mehrere Landschaftstypen gestreift. Zunächst folgt eine heiße, subtropisch geprägte Strecke den Arunfluß entlang. Die Überschreitung des Barun La führt in das gleichnamige Hochtal und an den Fuß des Makalu. Von dort werden insgesamt drei sehr hohe, vergletscherte und technisch schwierige Pässe überschritten, bevor das Khumbu erreicht wird. Kein Trek dieses Buches führt wie dieser so direkt durch das Hochgebirge. Angesichts von Makalu, Everest und Lhotse und einer ganzen Reihe von Siebentausendern bewegt man sich vorwiegend in unbewohnten und auch weglosen Gebieten. Zwischen Tashigaon und Chhukhung bestehen keinerlei Siedlungen. Die Weiden des Baruntales werden im Sommer von den Leuten aus den obersten Dörfern unserer Route besucht.

Hatpatko kaam latpat.
(Zu schnell getane Arbeit endet in Unordnung.) Nepalesisches Sprichwort

Orangerot verfärbt sich der Makalu, der in voller Größe vor uns steht. Wir befinden uns im Sherpani-Tal auf einer Höhe von 5850 Metern. Die Sherpa stellen die Zelte auf die Seitenmoräne des Gletschers, auf dem wir aufgestiegen sind. Die Temperatur sinkt schnell. Sofort fühlen wir die Kälte und suchen uns mit Daunenjacken, Handschuhen und Mützen zu schützen. Subas, der Sirdar, kommt mit den Trägern hinauf, alles Sherpa, die wir über den Salpa La nach Tumlingtar kommen ließen, wo wir vor bald 14 Tagen diesen extremen Trek begannen. Nach heißen Tagen im Arun-Tal und einem langen Anstieg zum Barun La, der Eingangspforte zum Barun-Tal, durchquerten wir eine wilde, unbewohnte Gegend, an deren Ende sich die wohl schönste Alm Nepals befindet: Shershon. Eigenartigerweise erinnert dieser Name an das deutsche »sehr schön«. Auf einer leicht geneigten Weide stehen einige Steinhäuser, die die Hirten im Sommer als Unterkunft benutzen. Gegenüber

Kurzcharakteristik

Für diese schwierige Tour sollten unbedingt vier Wochen eingeplant werden. Sie stellt an Teilnehmer, Sherpa und Träger extreme Anforderungen. Zudem sind die technischen Schwierigkeiten groß und die Höhenlage durchwegs beträchtlich. Dieser Trek führt durch eine weglose, arktische Landschaft, wo die Gruppe völlig auf sich selbst gestellt ist.
Beste Jahreszeit: Oktober, November, April und Mai kommen in Frage.
Gesamtgehzeit: Etwa 23 Tage.
Kartenskizze: Siehe Seite 186.

Hier befindet sich der höchstgelegene Lagerplatz dieser etwas verwegenen Tour, die Gletscherebene am Fuß des Sherpani Col. (Lower Barun Glacier, 6080 m)

steht der mächtige Chamlang, hinter der Alm türmt sich der vierthöchste Berg Nepals auf, der Makalu. Nach einer großzügigen Akklimatisationsphase, die wir mit Ausflügen zum Iswa La und zum Basislager des Makalu ausfüllten, stiegen wir am Rande des Barungletschers bis zu diesem Tal, das wir nun über einen hohen Paß ebenfalls verlassen möchten. Dem Sherpani Col galt heute unsere Aufmerksamkeit, sobald er in unser Blickfeld kam.

Der Sherpani Col

Über diesen Paß, der den Schlüssel zur ganzen Route bildet, hatten wir in Kathmandu alle möglichen Informationen erhalten. Diese reichten von »sehr einfach« bis »unmöglich«. Auf jeden Fall wollten wir nichts dem Zufall überlassen und brachten ein ganzes Team von erfahrenen Expeditionssherpa mit, die die Lasten ab Shershon trugen. Ferner sind in unseren Körben Schneeanker, Eishammer, Felshaken, Eisschrauben, Karabiner und etwa 500 Meter Fixseile versteckt, die wir wohl nun teilweise gebrauchen können.

Wir benutzen den nächsten Tag, den Paß zu erkunden und einzurichten. Der Weg zum Paßfuß entpuppt sich als sehr einfach. Fast flach erreichen wir eine Felswand, von der wir durch einen breiten Schrund getrennt sind. Subas findet aber

Tourenprofil Tour 14

Strecke		Höhe	Gehzeit	Entfernung	Pässe/Bemerkungen
Start: Tumlingtar		390 m	–	–	Flugplatz
1.	Arunthan	1340 m	4 Std.	14 km	–
2.	Munche	2040 m	5 Std.	16 km	–
3.	Sedua	1400 m	4 Std.	13 km	–
4.	Tashigaon	2180 m	2½ Std.	7 km	–
5.	Kongma	3610 m	4½ Std.	11 km	–
6.	Lumbu	3580 m	6 Std.	12 km	Barun La, 4250 m
7.	Nje	3800 m	4 Std.	14 km	–
8.	Shershon	4720 m	4 Std.	12 km	–
9.	Shershon	4720 m	–	–	Ruhetag/ Akklimatisation
10.	Shershon	4720 m	3 Std.	8 km	Makalu Base Camp, 5000 m
11.	Barun Glacier	5180 m	3 Std.	9 km	–
12.	Sherpani B. C.	5850 m	5 Std.	7 km	–
13.	Sherpani B. C.	5850 m	–	–	Ruhetag/ Akklimatisation
14.	Lower Barun	6080 m	4 Std.	2 km	Sherpani Col, 6150 m
15.	West Col B. C.	5740 m	6 Std.	7 km	West Col, 6135 m
16.	Mingbo/Hunku	5160 m	2 Std.	6 km	–
17.	Panch Pokhari	5450 m	2 Std.	6 km	–
18.	Panch Pokhari	5440 m	–	–	Ruhetag
19.	Amphu	5300 m	6 Std.	7 km	Amphu Labtsa, 5950 m
20.	Chhukhung	4730 m	3 Std.	8 km	–
21.	Tengpoche	3867 m	4½ Std.	15 km	–
22.	Monjo	2805 m	5 Std.	17 km	–
23.	Luglha	2834 m	4½ Std.	17 km	–
Ende: Luglha		2834 m	–	–	Flugplatz
Total etwa:			82 Std.	208 km	

sofort einen Durchschlupf, und schon steigen wir auf Trittfirn hinauf. Nun wechseln wir nach rechts auf steile Platten, wobei Pasang und Mingma ein Fixseil für den Rückzug befestigen. Über guten Fels erreichen wir den Fuß eines roten Turms und über dessen Trümmer eine Scharte dahinter. Mittels Schulterstand gelangen wir auf eine feine Felsplatte und über diese zur Paßhöhe. Was für ein Erlebnis! Jetzt sind wir dauernd im Schatten aufgestiegen, die Nase an der Wand, und weit unter uns sahen wir farbige Punkte, unsere Zelte. Nun aber öffnet sich eine riesige Gletscher-

Der Paß ins Baruntal ist zwar nicht sehr hoch, aber oft mit Schnee bedeckt. (Barun La, 4250 m)

In der heißen Ebene von Tumlingtar finden sich sehr behagliche Pahari-Häuser. (Tumlingtar, 390 m)

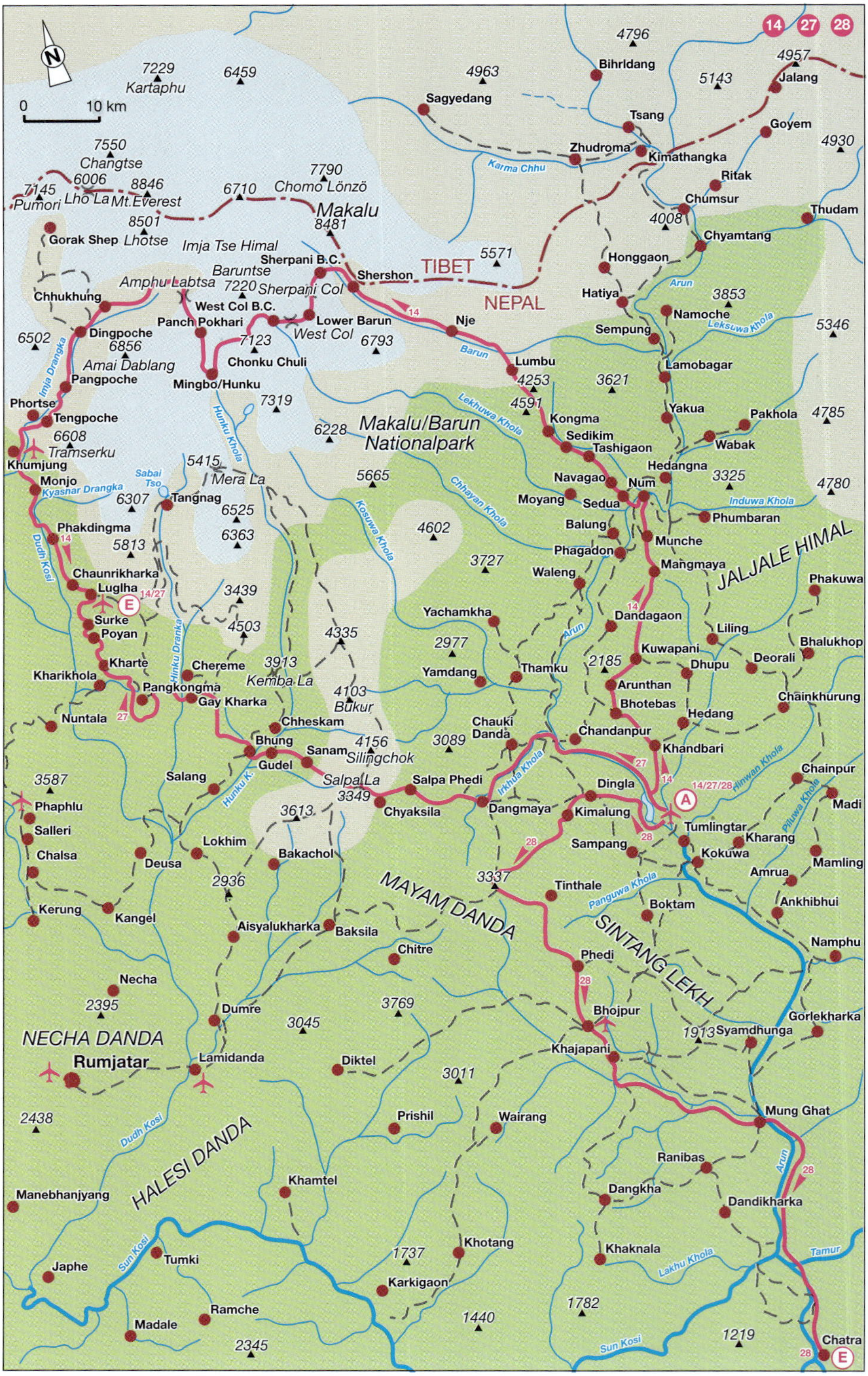

TIBET
NEPAL
Makalu/Barun Nationalpark
Makalu
Mt. Everest
Lhotse
Lho La
Pumori
Changtse
Kartaphu
Chomo Lönzö
Imja Tse Himal
Baruntse
Amphu Labtsa
Sherpani Col
West Col
Mera La
Kemba La
Salpa La
JALJALE HIMAL
MAYAM DANDA
SINTANG LEKH
NECHA DANDA
HALESI DANDA
Rumjatar
Gorak Shep
Chhukhung
Dingpoche
Pangpoche
Tengpoche
Phortse
Khumjung
Monjo
Phakdingma
Chaunrikharka
Lugha
Surke
Poyan
Kharte
Kharikhola
Pangkongma
Gay Kharka
Chereme
Tangnag
Mingbo/Hunku
Panch Pokhari
Chonku Chuli
West Col B.C.
Lower Barun
Sherpani B.C.
Shershon
Nje
Lumbu
Kongma
Sedikim
Tashigaon
Navagao
Num
Sedua
Moyang
Balung
Phagadon
Waleng
Munche
Mangmaya
Dandagaon
Kuwapani
Arunthan
Bhotebas
Chandanpur
Khandbari
Dingla
Kimalung
Sampang
Tumlingtar
Kokuwa
Kharang
Chyaksila
Salpa Phedi
Dangmaya
Chauki Danda
Thamku
Yamdang
Yachamkha
Bhung
Gudel
Sanam
Silingchok
Chheskam
Bukur
Salang
Phaphlu
Salleri
Chalsa
Kerung
Kangel
Deusa
Lokhim
Bakachol
Aisyalukharka
Baksila
Chitre
Necha
Dumre
Lamidanda
Diktel
Prishil
Wairang
Khamtel
Khotang
Karkigaon
Manebhanjyang
Japhe
Tumki
Madale
Ramche
Tinthale
Boktam
Phedi
Bhojpur
Khajapani
Mung Ghat
Ranibas
Dangkha
Dandikharka
Khaknala
Chatra
Syamdhunga
Gorlekharka
Namphu
Ankhibhui
Amrua
Mamling
Madi
Chainpur
Chainkhurung
Hedang
Deorali
Dhupu
Liling
Bhalukhop
Phakuwa
Phumbaran
Hedangna
Wabak
Pakhola
Yakua
Lamobagar
Namoche
Sempung
Hatiya
Honggaon
Chyamtang
Chumsur
Ritak
Kimathangka
Zhudroma
Tsang
Goyem
Jalang
Bihrldang
Sagyedang
Thudam
Karma Chhu
Arun
Barun
Lekhuwa Khola
Chhayan Khola
Kosuwa Khola
Hunku Khola
Hinku Dranka
Hunku K.
Imja Drangka
Kyasnar Drangka
Dudh Kosi
Sabai Tso
Irkhua Khola
Hinwan Khola
Piluwa Khola
Panguwa Khola
Induwa Khola
Leksuwa Khola
Lakhu Khola
Sun Kosi
Tamur
0 10 km
14 27 28
14/27
14/27/28

ebene, der Untere Barungletscher, die von wunderschönen Gipfeln begrenzt wird. Drüben erkennen wir den Baruntse, an dessen Fuß sich der nächste Paß befindet. Mit dem Fernglas erkunden wir die Ebene, und Subas meint, einen guten Lagerplatz für den kommenden Tag gesehen zu haben. Wir steigen ab und erzählen unseren Freunden die frohe Kunde. Das Wetterglück steht uns bei. Am nächsten Tag überwinden wir mit allen Leuten und Lasten den Sherpani Col und stellen die Zelte in den Schnee, auf 6080 Meter. In der Nacht sinkt die Temperatur auf minus 27° Celsius.

Wir spuren zum West Col, der sehr einfach zu erreichen ist. Der Abstieg jedoch wird heikel und trotz Hilfestellung mit Fixseilen kollert ein Tragkorb über die steile Firnflanke – in eine Randspalte. Wir können ihn aber wieder bergen. Auf einer Moräne finden wir einen guten Platz. Nach den Anstrengungen in großer Höhe steigen wir von dort nur zur Sohle des Hunku-Tales ab, wo wir wieder eine Nacht auf »nur« 5160 m verbringen.

Der Amphu Labtsa

Das heikelste Hindernis steht noch vor uns: der Amphu Labtsa, an den wir uns heute anschleichen. Durch eine beeindruckende Moränenlandschaft treten wir in eine Hochebene, in der fünf Seen liegen. Am obersten und zugleich kleinsten See richten wir uns ein, um uns am nächsten Tag den Paß etwas näher anzusehen. Mit Subas, Pasang, Mingma und Wangchuk steigen wir über eine Felsbastion zum Gletschereinstieg. Über mehrere Gletscherterrassen steigen wir steil hinauf, schlagen an heiklen Stellen einige Stufen und legen ein Fixseil, das wir an einigen Eisschrauben befestigen. Auf der anderen Seite beginnen die Schwierigkeiten. Angesichts von Lhotse Shar und Cho Polu steigen wir über einige Felsen, ein steiles Schneefeld und schließlich einen steilen Geröllhang hinunter. »No problem«, meint Subas zuversichtlich. Wir kehren zurück zum Lager und lauschen dem Knakken des Eises auf dem See. Schließlich können wir dank des schönen, aber kalten Wetters auch diesen Paß überschreiten. Subas und Wangchuk sammeln am Schluß die Seile ein, während wir auf der Alm Amphu die Zelte errichten.

Die größten Probleme liegen hinter uns, vor uns liegt der gemütliche Abstieg die Teehäuser entlang durch das Sherpaland. Während sich der Lhotse rosa einfärbt, denken wir zurück an die große Einsamkeit in dieser arktischen Umgebung, an den großen Einsatz unserer Sherpa und das Wohlwollen des Wettergotts.

Nützliche Hinweise:

Anreise / Rückreise: Nach Tumlingtar gibt es tägliche Flugverbindungen ab Kathmandu oder Biratnagar. Der Trek vom Straßenende in Hile bis Tumlingtar dauert ca. 3 Tage. Eine Straße von Hile über Tumlingtar nach Khandbari ist projektiert. Ab Luglha benutzt man mit Vorteil das Flugzeug (Ticket und Buchung vor dem Trek in Kathmandu organisieren und in Luglha bestätigen lassen).
Übernachtung: Bis Tashigaon bestehen noch kleinere Lodges und Teehäuser. Danach ist man auf sich selbst und gute, erprobte Gebirgszelte angewiesen.
Karten: Mandala Map »Kangchenjunga, Makalu, Everest«;
Schneiderkarte 1:50 000, Nr. 2 Khumbu Himal.

15 Auf der Grenze zu Sikkim in Tuchfühlung mit dem dritthöchsten Berg der Welt

Der Kangchenjunga-Trek

Die schönen Täler rund um den dritthöchsten Berg der Welt gehören zu jenen Trekkinggebieten, die erst ab 1989 geöffnet wurden. Obwohl der Weg als einer der wenigen nicht in einem Nationalpark endet, begegnet man einer reichen Fauna und großen Bergwäldern. Die Region stellt eine Hochgebirgslandschaft mit großer Ausstrahlung dar, die aber im Vergleich zum Khumbu viel weniger dicht besiedelt und entsprechend weniger genutzt wird. Yamphudin im Khabeli Khola und Phole (bzw. im Sommer Kambachen) im Ghunsa Khola sind bereits die letzten Dörfer. Das Yalung-Tal dazwischen ist nicht bewohnt, wird aber teilweise als Weide genutzt. Die Pässe (außer dem schwierigen Lapsang La) sind relativ einfach. Der Lapsang La kann übrigens ab Tseram über die Selele-Route, die direkt nach Ghunsa führt, umgangen werden. Der mächtige Kangchenjunga ist sowohl von Süden als auch von Norden zu sehen.

Runglee, rungliot!
(Bis hierher und nicht weiter!)
Ausspruch eines tibetischen Mönchs in Darjeeling, nachdem er dort den allerbesten Tee gefunden hatte.

Kurzcharakteristik

Herrlicher Trek in eine großartige Hochgebirgslandschaft, die nur spärlich bewohnt ist. Dabei kann der mächtige Kangchenjunga von Süden und Norden bestaunt werden.
Starke klimatische Wechsel sind zu beobachten, ebenso eine reiche Flora und Fauna im Hochgebirge.
Beste Jahreszeit: Für den Trek bieten sich die Monate Oktober und November oder April und Mai an.
Gesamtgehzeit: Etwa 21 Tage.
Kartenskizze: Siehe Seite 181.

Während wir in einem Teehaus in Suketar auf unsere Sherpa und Träger warten, verdunkelt sich unvermittelt die Szene. Eine schwarze Wolke schiebt sich in die Berge, Donnergrollen, ein Regenbogen leuchtet kurz ins Tal. Tropfen fallen nur wenige, doch es ist kühl geworden. Wir plaudern mit einigen Leuten aus dem Ort, und die junge Sherpafrau bringt *tongba*, die wir genüßlich schlürfen. Ram und Santa treffen ein und schauen sich um, wechseln einige Worte mit der Wirtin und gehen zielstrebig zum Haus gegenüber, wo sie die Küche einrichten. Bald schon qualmt weißer Rauch aus dem Türspalt. Sie kochen heute mit Holz, denn das Kerosin ist rationiert und unser Vorrat für den langen Trek eher knapp bemessen. Sirdar Subas Singh Lama war bei den Trägern geblieben und wird wohl etwas später kommen. Kaum ist er da, sieht man ihn zusammen mit Lhakpa und Buddhi Man die Zelte auf-

Nach einem Wettbewerb mit Pfeil und Bogen versammeln sich diese hübschen Sherpani bei unserem Lager. (Yamphudin, 2050 m)

bauen. Später klart es auf, ein großartiger Sternenhimmel vertreibt die Dunkelheit, und die Kälte krallt sich ins Gras. Wir ziehen es vor, im Zelt zu essen, denn der Rauch in der Küche ist doch allzu penetrant.

Von Suketar ins Tal des Khabeli Khola

Am nächsten Morgen lassen wir uns etwas Zeit. Ram und Santa sind – wie üblich – die ersten, die für Betrieb sorgen. Ohne Eile, aber stetig und beharrlich, knetet Santa Teig und formt *chapaati*, die er behutsam in einer Bratpfanne erhitzt, um sie an die Glut gelehnt fertig zu backen. Trotz des enormen Rauchs lassen es sich die Träger nicht nehmen, ihre Hände am Feuer zu wärmen. Draußen werden die Lasten gepackt, einige Sherpani vom Dorf schauen zu. Die Zelte lassen wir noch etwas stehen, sie sind vom starken Tau klatschnaß, und wir hoffen, die Sonnenstrahlen werden noch einen Teil der Feuchtigkeit aufsaugen. Am Horizont steht das mächtige Massiv des Kangchenjunga, der Gipfel des Makalu kann im Westen ausgemacht werden.

Altgediente britische Offiziere, die zusammen mit den lokalen Gurkhas das 100jährige Bestehen dieser Elitetruppe gefeiert haben, lassen sich am Rand des Flugfeldes x-mal ablichten: »Three! – One, two, three – klick«,der General-*Saaheb* gibt das Kommando. Er steht in der Mitte, die Gurkhas knien am Boden. Inzwischen sind die Zelte trocken und die Träger weg. Wir folgen ihnen langsam, hinauf auf eine bewaldete Kuppe, von wo wir die Bergsicht nochmals bewundern. *»Amamamama! Ekdam nagich!«* unter Exklamation stellt Santa fest, daß alles so nahe sei. Er schaut durch mein Fernglas.

In einer Lichtung steht ein Teehaus, wo wir essen. Die Träger sind aufgrund der gestrigen Einkäufe in Taplejung schwer beladen und deshalb eher langsam. Wir richten uns dementsprechend ein und entschließen uns, bereits relativ früh unser heutiges Lager aufzubauen. Nach kurzweiliger Wanderung stellen wir die Zelte in Lali Kharka auf ein abgeerntetes Reisfeld. Die nette Familie des nahen Hauses versorgt uns mit Gemüse. Die Bevölkerung dieses Dorfes besteht aus Chhetri und Limbu. Ein sanfter Wind weht den steilen Talhang hinab, während wir unser Nachtessen einnehmen. Unsere Träger quartieren sich teilweise im Haus ein, die anderen begnügen sich mit der großen Zeltbahn am Boden. Nachdem sich alle zurückgezogen haben, hört man noch das Klappern des Geschirrs und der Pfannen, die Santa abwäscht. Eine kleine Petrollampe erhellt noch seinen Arbeitsplatz. Dann wird es sehr still.

In den folgenden zwei Tagen wandern wir durch die subtropische Hügelzone an die Ostgrenze Nepals und erreichen dort das oberste Dorf des Khabeli Khola. Es heißt Yamphudin und wird von Sherpa bewohnt. Ein kleiner *chörten* bewacht die Wasserstelle, eine weiße Gebetsfahne flackert im Wind. Wir wollen einige Träger von hier mitnehmen. Neben der Entlastung unserer Trägermannschaft hat dies den Vorteil, Leute dabeizuhaben, die des Weges kundig sind. Subas hat Mais eingekauft, der von Buddhi Man geröstet wird. In dieser Form kann er im Hochgebirge als Zwischenmahlzeit genossen werden, ohne daß weiterer Brennstoff nötig ist. Bei Yamphudin handelt es sich um eine Streusiedlung, die erst vor wenigen Jahrzehnten auf einer ehemals bewaldeten, nach oben stärker geneigten Terrasse angelegt wurde. Die relativ großen Steinhhäuser sind mit Schindeln bedeckt. Nebst Hirse, Mais und Kartoffeln wird Gemüse und Tee angebaut. Ein paar Gehtage südlich von Taplejung befinden sich ja die bedeutenden Teegärten von Ilam und Khanyam, nicht weit davon liegt die indische Teemetropole Darjeeling.

Am Nachmittag versammelt sich praktisch das ganze Dorf unterhalb des Schulhauses, wo am Waldrand ein Bogenschießen stattfindet. Zwei Gruppen Männer zielen abwechslungsweise auf zwei hölzerne Scheiben. Trotz großem Gehabe und viel Geschrei wird das Ziel jedoch mit Beharrlichkeit verfehlt. Als es nun einem älteren Schützen nach geraumer Zeit gelingt, die Scheibe zu treffen, kennt die Begeisterung kaum mehr Grenzen. Dem Glücklichen werden sofort *kata* umgehängt, eine seidene Glücksschärpe, vermutlich der erste Preis des Wettbewerbs, denn es nimmt wohl niemand hier im Ernst an, ein anderer würde es ihm gleichtun. Die Frauen stehen etwas abseits, aber verfolgen das Treiben ihrer Väter, Brüder, Männer und Söhne mit kritischem Interesse. Abends kommen ein paar Sherpa vorbei, die uns zu begleiten wünschen. Subas diskutiert mit ihnen.

Nahe unserer Küche hat sich ein großer schwarzer Hund hingelegt und schaut in die Runde, als gehöre sie ihm. Wir begrüßen ihn mit einem Biskuit. Er ißt es würdevoll, jedoch erkennen wir an seiner Schnauze böse Wunden eines kürzlichen Kampfes.

Das Yalung-Tal

Am folgenden Morgen verlassen wir Yamphudin. Drei Sherpaträger aus diesem Dorf begleiten uns, ebenso der schwarze Hund. Zunächst queren wir steile Weiden und gelangen in ein Seitental, wo Santa und Ram Maisstengel aussaugen. Bei Ankunft der Träger wird berichtet, der Hund

Tourenprofil Tour 15

Strecke		Höhe	Gehzeit	Entfernung	Pässe/Bemerkungen
Start: Suketar		2430 m	–	–	Flugplatz
1.	Lali Kharka	2250 m	2½ Std.	8 km	–
2.	Khare Bhanjyang	2080 m	4 Std.	14 km	Khare Bhanjyang, 2080 m
3.	Mamankhe	1780 m	5 Std.	16 km	–
4.	Yamphudin	2050 m	3½ Std.	12 km	–
5.	Lamite	3360 m	4½ Std.	10 km	–
6.	Toronden	2990 m	3 Std.	10 km	Lase Bhanjyang, 3510 m
7.	Tseram	3860 m	4 Std.	14 km	–
8.	Tseram	3860 m	–	–	Ruhetag / Akklimatisation
9.	Ramze	4440 m	2½ Std.	7 km	–
10.	Lapsang	4350 m	2½ Std.	8 km	Oktang, 4570 m
11.	Lumbasumba	4110 m	6–9 Std.	10 km	Lapsang La, 5050 m
12.	Ghunsa	3350 m	2 Std.	8 km	–
13.	Kambachen	3990 m	3 Std.	10 km	–
14.	Lhonak	4630 m	2½ Std.	7 km	–
15.	Lhonak	4630 m	4½ Std.	16 km	Pangpema, 5020 m
16.	Ramphuk	3660 m	3½ Std.	11 km	–
17.	Phole	3120 m	4 Std.	14 km	–
18.	Amjilassa	2440 m	5 Std.	16 km	–
19.	Tapethok	1330 m	6 Std.	21 km	–
20.	Phurumbuk	1870 m	6 Std.	22 km	–
21.	Suketar	2430 m	3 Std.	11 km	–
Ende: Suketar		2430 m	–	–	Flugplatz
Total etwa:			77–80 Std.	245 km	

sei wieder ins Dorf zurückgelaufen. Offenbar kamen ihm doch noch Zweifel, ob wir die richtige Gesellschaft für ihn wären. Nach einem guten Mittagessen am Ufer eines kalten Bachs nehmen wir eine sehr steile Rampe in Angriff, deren stark bewaldete Flanken in engen Kehren überwunden werden. Oben stehen wir plötzlich auf einer Lichtung, wo wir uns gemütlich einrichten. Es ist bedeutend kühler hier. Nach einer ruhigen Nacht und einem kräftigen Frühstück durchstreifen wir prächtige Bambus- und Rhododendronbestände. Das Wetter ist herrlich, und die Sonne scheint mit ungezählten Strahlen durch das dichte Geäst auf den moosigen Boden. Bald schon stehen wir auf einem bewaldeten Paß, das Tor zum Shimbua Khola oder Yalung-Tal. Diese wilde, stark bewaldete Talschaft wird nur von Hirten aus Yamphudin im Sommer bestoßen. Im Winter queren die Yaknomaden aus Ghunsa und Kambachen mit ihren großen Herden durch das Tal nach Sikkim hinüber, wo sie Weiderechte besitzen. Am rauschenden Bach halten wir inne. Wir fühlen uns der Einsamkeit nahe und irgendwie erlöst, nun der Zivilisation definitiv entronnen zu sein. Diese Schlucht, das milchige Wasser und die weißen Felsen, die üppige Vegetation, die würzige Luft und der blaue Himmel sind Botschafter einer intakten, ewigen Welt – ein Kontrast zu dem, was wir vor wenigen Tagen bei uns zu Hause zurückgelassen haben.

Im Urwald, unter riesigen Hemlocktannen, finden wir unsere heutige Bleibe. Während Subas, Ram und Santa im Mondschein ein leckeres Gemüsecurry kochen, richten sich die Träger in den Höhlen der Umgebung ein. Der Widerschein ihrer kleinen Feuer vermittelt eine natürliche Geborgenheit.

Ein herrlicher Trekkingtag kündigt sich an. Das Yalung-Tal erweitert sich langsam vom V- zum U-Tal. Immer noch begleitet uns herrlich unberührter Wald. Das starke Gegenlicht hilft mit, die Landschaft zu verzaubern. Langsam gewinnen wir auch an Höhe; die letzten Laubbäume – Khasru-Eichen – verabschieden sich. Ihre Äste sind mit Girlanden von Bartflechten verziert, die im leichten Wind anmutig schwingen. Kurz vor Tseram setzt eine große Yakherde über den eisigen Bach. Ihre Treiber wollen nach Sikkim hinüber, bevor der Schnee fällt. Einer von ihnen geht mit einem großen Hund zurück, denn es fehlen ein paar Kälber. In Tseram selbst finden wir eine schöne Wiese und leider Abfall vor, Spuren einer nachlässigen Expedition. Wir räumen alles weg, dann beruhigen sich unsere Gemüter wieder. Auf einem kurzen Spaziergang in der näheren Umgebung kann sich das Auge wieder an den vielen natürlichen Schönheiten erfreuen. Die letzten Sonnenstrahlen gleiten am Kabru hinauf. Kurz nach Sonnenuntergang verklärt sich alles in unwirklich tote Farben. Eine kalte Nacht steht uns bevor.

Am Morgen ist alles gefroren. Das Gras knirscht unter den Sohlen, der Tau klebt Perlen gleich auf den Zeltbahnen. Wir haben den Wunsch, möglichst bald unterwegs zu sein, denn die Sonne kommt spät in dieses Tal, und bis sie kommt, bleibt es bitterkalt. Oberhalb von Tseram befindet sich ein kleiner Bergsee und über diesem der erste der drei Selele-Pässe. Diesen statten wir anläßlich unseres Akklimatisationstages einen Besuch ab. Die Selele-Route ist etwas länger, als der Lapsang La, jedoch weniger hoch und für Yaks und Pferde begehbar.

Zum Südwall des Kangchenjunga

Bestens vorbereitet, setzen wir uns am nächsten Tag in Bewegung, um die hintersten Winkel des Yalung-Tales zu erkunden. Die Vegetation wird karger. Zuerst durchqueren wir einen Wald aus Wacholder und Zypressen, später beherrschen Zwergrhododendren und Büsche von Caragana und Cotoneaster die recht alpine Szene. Die Eisriesen kommen immer näher: Kabru, 7353 m, und Ratong, 6678 m. Vom letzteren lösen sich mehrere Eislawinen, bis unter großem Getöse ein ganzer Gletscherabbruch zu Tal saust, eine immense Eiswolke hinter sich lassend. Rechter Hand türmt sich die bewachsene Moräne des Yalung-Gletschers auf. Während ich zum Moränenkamm aufsteige, durchstreife ich wohlriechende *supaati*. Oben öffnet sich ein Tiefblick auf den arg abgeschmolzenen, total mit Geröll beladenen Gletscher. Der Wind löst dauernd Steine von der Moränenflanke, die in unberechenba-

Das Yalungtal, unbewohnt und wild, führt zur Südwand des Kangchenjunga. (Devi Thang, 3660 m)

ren Sätzen zu Tal springen und andere Steine unterwegs ermuntern, das gleiche zu tun. Der Staub dreht sich in Wirbeln hinauf und verflüchtigt sich dann. Im Windschatten eines Felsens lagern wir in Lapsang, wo unser Koch das Mittagessen zubereitet. Weiter hinten im Tal folgen drei kleine Seen und ein munteres Bächlein, bevor wir in Ramze auf einer großen Weide von vielen Yaks angeglotzt werden. Hier, auf 4440 Meter, wollen wir übernachten und einen Ausflug nach Oktang unternehmen. Trotz der Höhe wärmt die Sonne stark auf. Nach dem Lunch steigen wir die kahlen Grashänge hinauf und gewinnen einen Überblick über dieses großartige Hochgebirgstal. Auch die Südwand des Kangchenjunga zeigt sich golden im Abendlicht, bevor wir wieder ins Lager zurücksteigen. Unterwegs huscht eine kleine Herde Blauschafe über das karge Gras und beobachtet uns aus sicherer Distanz. Leichten Schrittes erreichen wir die Zelte, der warme Schein der Petrollampe erhellt unsere Küche, die windgeschützt an einer Steinmauer liegt. Sonst ist es eiskalt. In der Nacht zieht wieder ein unglaublich klarer Sternenhimmel auf.

Nach dem lohnenden Ausflug ins hintere Tal, wo wir von der Moränenkuppe oberhalb von Oktang einen prächtigen Blick auf die kolossale Südwand des Kangchenjungas genießen, steigen wir nach Lapsang ab, von wo wir die schrecklichen Trümmerfelder des Lapsang La erklimmen. Die Hoffnungen auf eine schöne Aussicht von der Paßhöhe oder einen besseren Weg auf der anderen Seite werden beide arg enttäuscht. Trotz seiner beachtlichen Höhe von 5050 Metern bildet der Paß einen charakteristischen V-Einschnitt zwischen zwei massigen Bergen. Bei unserer Ankunft auf dem höchsten Punkt wird zudem die Sicht über den Paß hinaus durch eine Nebelbank und Wolken in der Ferne beeinträchtigt. Der Abstieg gestaltet sich beinahe mühsamer als die Plackerei beim Anstieg, dazu kommt die Dämmerung und eine feuchte Kälte. Müde, aber froh, daß wir alle den Paß ohne Zwischenfälle gemeistert haben, richten wir auf der Alm Lumbasumba unser Nachtlager ein. Der Abstieg von hier nach Ghunsa entschädigt jedoch für die Anstrengungen am geröllbeladenen Paß. Zwar müssen wir einen vereisten Bach überqueren, aber die zunehmende Vegetation bildet einen wohltuenden Kontrast zur gestrigen Trostlosigkeit. Der gute Weg wird nach und nach von Buschwerk gesäumt, verschiedenen Rhododendren, Berberitzen, dann Wacholder und Zypressen, später schöne Bestände von Hemlocktannen und Föhren sowie Fichten. Nach der Kälte und Kargheit des oberen Yalung-Tales und der chaotischen Szenerie am Lapsang La, erinnert Ghunsa direkt an eine Oase. Die Wärme der Sonnenstrahlen, die Düfte von Harz und Nadeln, das muntere Plätschern von glasklaren Bächlein, die feinen Töne der Yakglöckchen und die herbe Derbheit der hiesigen Bauweise fördern das Gefühl von Geborgenheit und Heimkehr, das wir mehr und mehr empfinden.

Ghunsa und sein herrliches Tal

Beim neuen Schulhaus richten wir uns ein. Sogleich erscheint eine junge Frau mit ihrem Kleinkind auf dem Rücken. Sie trägt die tibetische Tracht der hiesigen Bhotia. Wenig später sitzen wir am Herd ihres einfachen Hauses, trinken gesalzenen Buttertee und schauen uns jene Teppiche an, die sie uns verkaufen möchte.

Es handelt sich um schöne Bauernteppiche, etwas derb geknüpft, mit Schußfäden aus Yakwolle. Sie weisen alle alte tibetische Muster mit Drachen und Phönix-Vögeln auf. Die Leute hier bevorzugen möglichst knallige Farben, wobei rot und blau vorherrschen. Beim Schlendern durch das sonnige Dorf stellen wir fest, daß praktisch in jedem zweiten Haus Teppiche hergestellt werden.

Der Verkauf findet nun häufiger lokal an Durchreisende statt. Vorher wurde die Produktion nach Kathmandu spediert, wo sie unter der Qualitätsbezeichnung »Walung« gehandelt werden, benannt nach dem nahe gelegenen Walungchung, wo ebenfalls solche Teppiche geknüpft werden.

Am Nachmittag baut sich hier eine starke Thermik zur Bergseite auf. Der Wind weht durch unzählige Gebetsfahnen, über die Schindeldächer, die mit Steinen beschwert sind, zwischen den Häusern, durch Büsche und Steinmauen. Man arbeitet mit Vorliebe im Windschatten oder verzieht sich vollends in die spärlich beleuchteten Wohnräume. Aufgrund der undichten Bauweise mit Holz und der Lage der Häuser quer zum Wind pfeift der Durchzug überall durch die Stuben.

Ghunsa zeigt uns ein anderes Gesicht. Heute früh kam es uns als eine Oase vor, nun wirken die steilen Felsfluchten an beiden Talseiten eher bedrohlich. Der Wind heult penetrant, wirbelt Staub herum und läßt die Balken der Gebäude knarren und knacken, die Gebetsfahnen knattern. Die Sonne ist längst hinter dem schwarzen Berg gegenüber verschwunden. Ungemütliche Kälte, der man kaum entrinnen kann, schleicht sich in die Knochen. Wir trinken *tongba*, was die Extremitäten aufwärmt, und gehen dann zurück zum Lager, die Hände in den Hosentaschen.

Am folgenden Tag müssen wir bis zehn Uhr warten, erst dann erreicht uns die Sonne. Reif überzieht die Matten, die lustigen Bächlein sind unter einer dünnen Eisschicht erstickt, die Blätter der Rhododendren haben sich zusammengerollt,

Rauhreif klebt an den Zelten, Rauch gleitet aus den Häusern von Ghunsa. Zwei Raben hocken auf einer Tanne und verfolgen unsere Bewegungen aufmerksam.

Die Gompa am andern Ufer des Ghunsa Khola liegt schon lange in der Sonne, weshalb wir ihr einen Besuch abstatten. Im Dorf treffen wir auf eine kleine Karawane von Zopkyo, die von zwei Männern beladen werden. Ihr Ziel ist Phole, und wir folgen ihnen. Ghunsa hat wieder sein freundliches Antlitz aufgesetzt, herrliche Herbstfarben leuchten in die klare Luft, die von warmem Licht erfüllt wird. Nach kurzem Marsch zeigt uns einer der Treiber den Weg zum Kloster hinauf. Außer einer Kuh und wiederkäuenden Yaks treffen wir niemand an. Die ganze Anlage macht einen etwas verwaisten Eindruck. Dafür schwirrt ein Schwarm Schneetauben über uns und dreht skurrile Runden.

Nach dem ausgezeichneten Mittagessen besuchen wir nochmals einige Häuser. Viele Bewohner von Ghunsa schicken sich gerade an, ins Winterquartier nach Phole abzuwandern, das ein weit ausgeglicheneres Klima bietet, obwohl es nur knapp 300 Meter tiefer liegt. Nun gilt es, die Lasten für den morgigen Abmarsch in das obere Tal zusammenzustellen. Was wir nicht unbedingt brauchen, stellen wir bei der hübschen Teppichknüpferin unter.

Oberhalb von Ghunsa gibt es nur noch Kambachen, eine kleine Sommersiedlung, die wir tags darauf nach einer besonders herrlichen Wanderung durch schöne Waldbestände mit auffallend vielen Lärchen erreichen.

Die Wildheit der Gegend nimmt zu. Besonders eindrucksvoll ist die kühne Gestalt des Khumbhakarna, der uns seine kalte, riesige Nordwestwand zeigt. Über den hohen Gipfeln bilden sich Kondenswolken, sonst können wir nur blauen Himmel sehen. Auf einer Anhöhe wehen farbige Gebetsfahnen. In Kambachen selbst sind nur eine junge Frau und ihre drei Kinder zurückgeblieben, sonst ist die Siedlung leer, fast gespenstisch still. Hie und da sieht man einen molligen Lemming von Stein zu Stein rasen. Der sandige Boden gibt im Sommer ausgezeichnete Kartoffeln her. Gegenüber grast eine stattliche Herde Blauschafe. Vom Berg im Seitental vernehmen wir dumpfes Grollen – eine Eislawine hat sich gelöst, dröhnt träge zu Tale. Die Kinder schauen kurz hin und spielen dann weiter. Je höher wir kommen, desto kälter werden die Nächte, nur der ganz große Bach friert nicht ganz zu. Eindrucksvoll ist der gewaltige Temperatursturz der sofort mit dem Verschwinden der Sonne hinter den Eisriesen einsetzt. In der Dämmerung erkennen wir einen Mann, der, ein Yak

Nützliche Hinweise:

Anreise / Rückreise: Der Ausgangspunkt Taplejung kann neuerdings per Bus über Ilam und Phidim erreicht werden. Die Reise von Kathmandu dorthin nimmt 30 bis 35 Stunden in Anspruch. Einfacher ist der Flug via Biratnagar nach Suketar, das eine Wegstunde oberhalb von Taplejung liegt. Die Rückreise erfolgt nach dem gleichen Muster (Flugticket und Buchung in Kathmandu organisieren und in Taplejung bestätigen lassen).

Übernachtung: In den bewohnten Gebieten sind Teehäuser vorhanden und Lodges im Aufbau. In den unbewohnten Abschnitten (zwischen Yamphudin und Ghunsa und oberhalb von Kambachen) jedoch kann nur in Zelten übernachtet werden.

Karten: Mandala Map »Kangchenjunga, Makalu, Everest«.

vor sich hertreibend, den eisigen Ghunsa Khola durchwatet. Das Tier hatte sich vor einigen Wochen schon von seiner Herde abgesetzt und offenbar im Khumbhakarna-Tal die Einsamkeit gesucht.

Kambachen und Lhonak

Am nächsten Morgen wandern wir weiter talauf. Ein steifer Wind weht uns entgegen, die Sonne liegt noch hinter dem Kangchenjunga-Massiv.

Wie unterhalb von Kambachen schon, scheint auch hier ein riesiger Erdrutsch den Weg nach oben zu versperren. Doch mitnichten, sogar zwei Wege führen durch das Chaos von Steinblöcken, Geröll und Schneeresten hinauf auf die nächste Alm: Ramthang.

Hier scheint sich das Tal vollends zu öffnen. Auch die Wärme kommt zurück. Faserpelz und Mütze verschwinden im Rucksack, im Hemd geht es weiter. Die Vegetation scheint sehr karg, doch beim näheren Hinsehen entdecken wir Zwergberberitzen, Zwergginster, Sanddorn, Edelweiß und viele Moos- und Flechtenarten sowie einige Trockenblumen, die bis zur Vegetationsgrenze bei rund 5500 Meter Höhe anzutreffen sind.

Der Kangchenjunga-Gletscher macht sich rechter Hand durch eine hohe Moräne bemerkbar. Über ihren Kamm erreichen wir eine eher unerwartete Landschaft: felsige Berge, darunter eine riesige, fast horizontale Ebene mit vielen Yaks, die darauf weiden. Zwei kleine Yakhaarzelte stehen dort. Mit Subas gehe ich in eines hinein. Es wird von Chembe, einem Exiltibeter aus Phole, bewohnt und betrieben. Wir trinken Buttertee. In der Mitte des Zelts liegt die Feuerstelle, gegenüber dem Eingang steht eine Truhe, darauf das Bild des Dalai Lama. Hier drinnen ist es sehr warm. Die eng gewobenen, schweren Zeltbahnen saugen die Wärme förmlich auf, zudem bildet die Behausung einen wirksamen Windschutz. Auf dem Fell eines Blauschafes sitzen wir und hören von Chembe, daß er mit seinen 250 Yaks, hauptsächlich weibliche Tiere und Kälber, den ganzen Winter hier bleibt. Zwar wird es sicher ein paar Mal richtig zuschneien, aber die Widerstandskraft der Grunzochsen ist sprichwörtlich. Mit stoischer Ruhe werden sie bessere Zeiten abwarten und an geeigneten Stellen mit ihren harten Hufen jenes wenige Gras freischarren, das sie brauchen, um zu überleben. Chembe hat sich mit Gerstenmehl, Tee und Salz eingedeckt; Milch, Butter und Käse liefern ihm seine Schützlinge. Zwei Wachhunde knurren unwillig, als wir diese einfache Wohnstatt verlassen.

Rundherum leuchten die mächtigen Schneegipfel. Später ertönen die Glöckchen und Glocken der Yaks, die von den anderen Hirten von den Hochweiden zurück nach Lhonak getrieben werden. Während die Yaks in der Regel auf Annäherungsversuche von Fremden unwirsch zu reagieren pflegen, hält eine schwarz-weiße Yakkuh zutraulich den Kopf hin und läßt sich sogar hinter den Ohren kraulen. Einer der Hirten demonstriert, daß »Rosy« – wie wir sie fortan nennen – als Reittier gebraucht werden kann. Nach dem Melken wärmt er seine Hände im dichten Fell des freundlichen Tieres, dessen aufgewecktes Kalb ebenfalls die Wärme seiner Mutter sucht.

Kangchenjunga-Basislager und Rückweg

Von Lhonak schwärmen wir in den folgenden Tagen in die verschiedenen Täler aus. Es wimmelt buchstäblich von Blauschafen, die teilweise in Rudeln von über 70 Exemplaren friedlich weiden. Natürlich gehen wir noch hinauf nach Pangpema,

Der Ratong, 6678 m, eine stolze Pyramide mit wilden Hängegletschern, ist nichts weiter als ein Ausläufer des mächtigen Kangchenjunga. (Ramze, 4440 m)

wo sich das Basislager des Kangchenjunga befindet. Der Weg dorthin führt über herrliche Matten und einige Geröllfelder. Pangpema selbst ist eine Hochweide auf gut 5020 Meter Höhe. Dort präsentiert sich das erhabene Panorama auf die Nordwand des dritthöchsten Berges der Erde, des Kangchenjunga, 8598 m. Mächtige Gletscherterrassen dritteln diese imposante Wand, aus der ein wohlgeschwungener, geröllbeladener Gletscher schleicht. Harte Winde überziehen die Wände mit Schneefahnen, und an den Graten bilden sich Kondenswolken.

Subas zeigt uns den Ort des Basislagers. Darüber erhebt sich der geröllbeladene Grashang des Drohmo Peaks, eines beliebten Ausflugsziels von Pangpema aus.

Ein zweiter Gipfel, etwas weiter hinten, erfordert jedoch Alpinausrüstung, da die Spitze in einem Eispanzer steckt.

Wir steigen ab! Die Träger sind alle guter Laune, die Nachricht über die langsame Rückkehr ins Land der Orangen und Bananen, der Granatäpfel und des Zuckerrohrs elektrisiert sie. Schnell wie die Hasen entschwinden sie unserem Blickfeld. Wir wandern entlang der senkrechten Nordwand des Ramthang Chang Himal und verlassen das Hochgebirge, das uns makelloses Herbstwetter und Kälte offeriert habe. Wir verlassen den Kangchenjunga, die Blauschafe, die Yaks, die Hirten in Lhonak, die Bergdohlen, den wunderbaren Duft der *sunpaati* und die Farbenpracht. Wir verlassen es mit dem Wunsch, möglichst bald zurückzukehren.

Wie wir bis jetzt gesehen haben, gibt es wirklich nicht nur die Hauptgebiete Annapurna, Khumbu und Langtang. In den vorangegangenen Beschreibungen konnten wir noch andere Gegenden streifen und kennenlernen. In diesen ist man oft allein, aber sie bedingen eine eingehendere Vorbereitung und auch meist die Form des Karawanen-Treks.

Nun folgen noch weitere 15 Vorschläge, die zwar nur ganz knapp besprochen werden, jedoch jenen, die Nepal von der eher wilden, aber auch beschaulichen Seite kennenlernen möchten, ein paar Ideen dazu vermitteln können. Auch diese Touren stellen nicht unbedingt den Anspruch, ganz Nepal abzudecken. Weitere, große Freiräume stehen zur Verfügung.

16 Durch Westnepal

!!

Wer nicht nach Jumla fliegen möchte oder von dort zu Fuß zurückzukehren wünscht, benutzt den alten Handelsweg von Surkhet dorthin. Besonders lieblich sind die Flußlandschaften im Süden, später folgt eine spektakuläre Kammwanderung, an deren Ende sich der einzige Paß der Tour befindet, der Buanethan Bhanjyang, 2950 m. Nun erleben wir eine eher montane Landschaft mit Koniferen. Kalikot, eine bedeutende Siedlung, liegt wunderschön über der Schlucht des Tila, ein türkisblauer Fluß, dem wir bis Jumla treu bleiben. Dieses Tal wird zunehmend trokkener und thermische Winde nehmen es nachmittags in Beschlag. Es folgen einige sehr eindrucksvolle Großdörfer, so besonders Raka, bevor wir in Jumla eintreffen. Dort beginnen die Treks zum Rarasee oder nach Dolpo.

Zu Beginn dieser Route durchqueren wir das liebliche Tal des Chhama Khola.

Kurzcharakteristik
Ein herrlicher Bergweg führt durch die montane Hügellandschaft Westnepals nach Jumla. Er wird von den Einheimischen sehr rege benutzt. Die beschriebene Route ist beliebter als der ausgesetztere Pfad über Dailekh.
Beste Jahreszeit: September bis Juni.
Gesamtgehzeit: Etwa 7 Tage.
Kartenskizze: Siehe rechte Seite.

Der Tila Khola liegt bereits im trockeneren Bereich der Hügelzone. Der Flachdachbau herrscht hier vor.

Nützliche Hinweise

Anreise/Rückreise: Dungisor wurde 1995 mit dem Straßennetz verbunden. Tägliche Direktbusse verkehren ab Kathmandu nach Surkhet, danach folgt ein Lokalbus. Die lange Reise kann durch den Flug nach Nepalganj abgekürzt werden. In Jumla starten täglich Flugzeuge nach Nepalganj und auch nach Kathmandu (Ticket dort besorgen und in Jumla rechtzeitig rückbestätigen).

Übernachtung: Zelte sind nötig, da nur sehr wenig touristische Lodges vorhanden sind. Jedoch kann man sich auf der ganzen Route gut verpflegen.

Karte: Mandala Map »Jomosom, Jumla & Surkhet«.

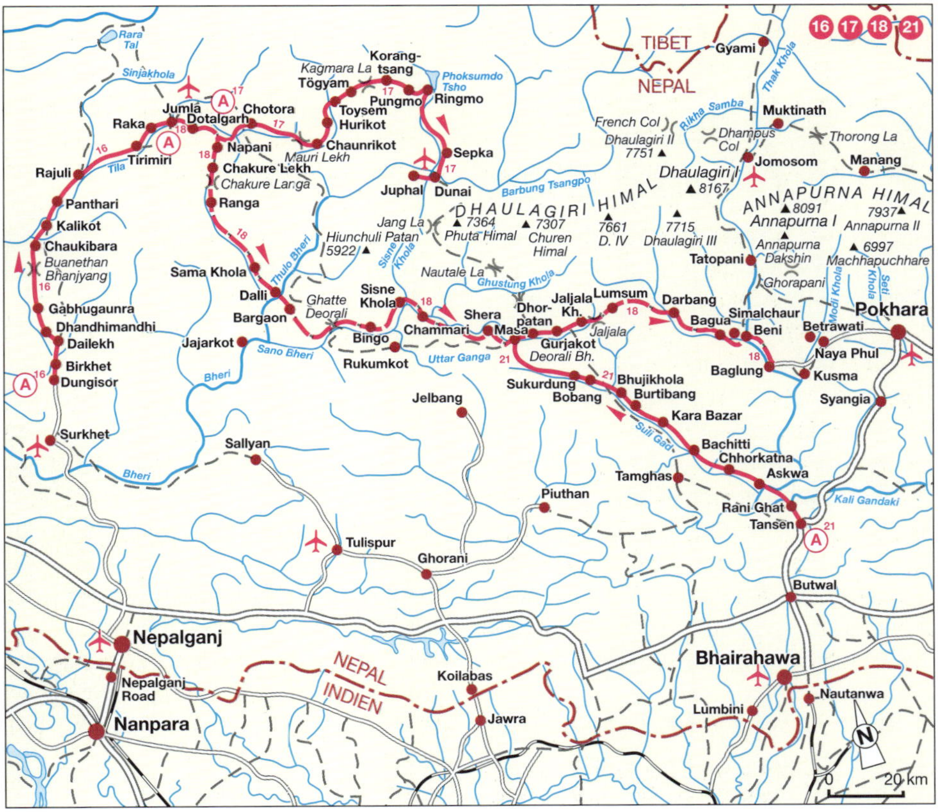

Tourenprofil Tour 16

Strecke		Höhe	Gehzeit	Entfernung	Pässe/Bemerkungen
Start: Dungisor		720 m	–	–	neue Straße von Surkhet
1.	Birkhet	860 m	4 Std.	16 km	–
2.	Gabhugaunra	1980 m	5½ Std.	20 km	–
3.	Chaukibara	2400 m	5½ Std.	19 km	Buanethan Bhanjyang, 2950 m
4.	Panthari	1250 m	5 Std.	21 km	–
5.	Rajuli	1910 m	5½ Std.	18 km	–
6.	Tirimiri	2160 m	4½ Std.	18 km	–
7.	Jumla	2400 m	5 Std.	22 km	–
Ende: Jumla		2400 m	–	–	Flugplatz
Total etwa:			35 Std.	134 km	

17 Entlang dem Sisne und Kanjiroba Himal

Kurzcharakteristik

Auf diesem alten Karawanenweg, auf dem heute noch Salz von Tibet in die Gegend von Jumla gebracht wird, gelangt man auf eindrucksvolle Weise ins Dolpo. Er eignet sich vorzüglich zur Vorbereitung eines Treks in diese hoch gelegenen Regionen. Der Kagmara La, 5040 m, kann ab Hurikot über den Bolangra Bhanjyang südlich umgangen werden.

Beste Jahreszeit: Mai bis Dezember.

Gesamtgehzeit: Etwa 12 Tage.

Kartenskizze: Siehe Seite 199.

Dies ist eine der herrlichen Routen ins Äußere Dolpo. In den ersten Tagen durchqueren wir hohe, bewaldete Hügel, überschreiten die Mauri Lekh, 3850 m, und betreten bei Toysem den Shey-Phoksumdo-Nationalpark. Danach überqueren wir den 5040 Meter hohen Kagmara La, einen technisch einfachen, aber langgezogenen Paß. Nach dem Abstieg treffen wir auf den Suli Gad, dem wir bis zum Phoksumdosee folgen. Der Abstieg erfolgt über Dunai nach Juphal und sein Flugfeld. Die Tour eignet sich als Anmarsch für einen ausgedehnten Besuch Dolpos.

Dieses Chhetri-Mädchen aus Roha sucht sich mit seinem Wollschal gegen die Feuchtigkeit der aufziehenden Nebel zu schützen.

Neben Raps, Hirse, Mais und Kartoffeln wird in Jumla auch noch Reis angebaut.

Nützliche Hinweise

Anreise/Rückreise: Nach Jumla bestehen tägliche Flugverbindungen ab Nepalganj. Ferner verkehrt mindestens einmal wöchentlich ein Direktflug ab Kathmandu. Auch bietet sich der Trek Nr. 16 dafür an. In Juphal starten praktisch täglich Twin-Otter in Richtung Nepalganj. Zwischen Nepalganj und Kathmandu verkehren mehrere tägliche Flug- und Buslinien.

Übernachtung: Außer in Jumla, Dunai und Juphal bestehen nirgends Lodges. Auch Teehäuser sind relativ spärlich. Also: Zelte mitnehmen.

Karte: Mandala Map »Jomosom, Jumla & Surkhet«.

Tourenprofil Tour 17

Strecke		Höhe	Gehzeit	Entfernung	Pässe/Bemerkungen
Start: Jumla		2400 m	–	–	Flugplatz
1.	Dotalgarh	2660 m	2½ Std.	10 km	–
2.	Chotara	3140 m	5½ Std.	22 km	Ort heißt auch Naphukhona
3.	Chaunrikot	3010 m	5 Std.	16 km	Mauri Lekh, 3850 m
4.	Hurikot	2760 m	4 Std.	16 km	–
5.	Toysem	3010 m	3 Std.	12 km	–
6.	Tögyam	4050 m	4½ Std.	14 km	–
7.	Tögyam	4050 m	–	–	Ruhetag/ Akklimatisation
8.	Korangtsang	4320 m	5½ Std.	10 km	Kagmara La, 5040 m
9.	Pungmo	3320 m	4 Std.	16 km	–
10.	Sepka	2750 m	5½ Std.	20 km	–
11.	Dunai	2230 m	4 Std.	16 km	–
12.	Juphal	2550 m	3 Std.	10 km	–
Ende: Juphal		2550 m	–	–	Flugplatz
Total etwa:			46½ Std.	162 km	

18 Durch das Land des Kham-Magar

Kurzcharakteristik

Dieser lange und landschaftlich sehr abwechslungsreiche Weg bildet eine echte Herausforderung für den erfahrenen Trekker. Der Weg ist oft nicht leicht zu finden. Dafür führt er durch sehr einsame und abgelegene Winkel, zudem durch das Siedlungsgebiet der Kham-Magar, der ursprünglichsten Vertreter des Magarvolkes.
Beste Jahreszeit: Oktober bis Mai.
Gesamtgehzeit: Etwa 12 Tage.
Kartenskizze: Siehe Seite 199.

Abschied von den Wirtsleuten auf dem Flachdach ihrer Bleibe in Jumla.

Der Lebensraum der Magar erstreckt sich vom subtropischen Terai bis in die ariden Bergwüsten des Inneren Himalaya. Auf diesem Trek begegnen wir einer Untergruppe dieses Volksstamms, den Kham-Magar, die im gemäßigten Bergland Westnepals zu Hause sind. Diese Zone erreichen wir nach Überschreitung der Chakure Lekh, einem breiten Bergrücken mit schönen Ausblicken auf Sisne- und Patrasi Himal. Später führt der Weg vorwiegend entlang großer Flüsse, so dem Sano Bheri und dem Uttar Ganga, der das Hochtal von Dhorpatan entwässert. Den Abschluß bildet der Jalja La mit seinem Panorama auf Dhaulagiri und Annapurna. Auf dem ganzen Trek wechseln schöne Wälder und ursprüngliche Berglandschaften mit eigenwilligen Dörfern ab.

Nützliche Hinweise

Anreise / Rückreise: Nach Jumla kann das Direktflugzeug ab Kathmandu (einmal pro Woche) oder der tägliche Flug ab Nepalganj benutzt werden. Am Zielpunkt Baglung angelangt, fährt man im Lokalbus nach Pokhara und von dort per Flugzeug oder Bus nach Kathmandu.
Übernachtung: Außer in Jumla und zwischen Beni und Baglung besteht keine touristische Einrichtung. Auch Teehäuser sind äußerst spärlich. In Zelten ist man gut aufgehoben.
Karten: Mandala Map »Jomosom, Jumla & Surkhet« und »Pokhara, Dhorpatan – Tansen Circuit«.

Die Dörfer des Kham-Magar sind von archaischer Art und oft an Steilhängen hoch über dem Tal zu finden.

Tourenprofil Tour 18

Strecke		Höhe	Gehzeit	Entfernung	Pässe/Bemerkungen
Start: Jumla		2400 m	–	–	Flugplatz
1.	Dotalgarh	2660 m	2½ Std.	10 km	–
2.	Napani	2940 m	4 Std.	16 km	–
3.	Chakure Lekh	3500 m	3 Std.	9 km	–
4.	Ranga	2400 m	3½ Std.	11 km	Chakure Langa, 4050 m
5.	Sama Khola	1840 m	5 Std.	18 km	–
6.	Dalli	900 m	5½ Std.	21 km	–
7.	Bargaon	1100 m	5 Std.	18 km	Ghatte Deorali, 2150 m
8.	Bingo	1200 m	4½ Std.	14 km	–
9.	Sisne Khola	1350 m	4 Std.	16 km	–
10.	Chammari	1690 m	4½ Std.	14 km	–
11.	Shera	2150 m	5 Std.	18 km	–
12.	Masa	2750 m	5½ Std.	21 km	–
13.	Gurjakot	3100 m	4½ Std.	18 km	–
14.	Lumsum	2100 m	4 Std.	20 km	Jalja La, 3400 m
15.	Darbang	1113 m	4½ Std.	22 km	–
16.	Bagua	876 m	4 Std.	20 km	–
17.	Baglung	920 m	3½ Std.	18 km	–
Ende: Baglung		920 m	–	–	Straße
Total etwa:			72½ Std.	284 km	

19 Pokhara – Dolpo

Kurzcharakteristik
Ein echter Geheimtip, ein wunderschöner Trek über viele Pässe, durch Urwaldschluchten und über die Himalaja-Hauptkette. Er führt durch verschiedenste Landschaften nach Tarakot im Äußeren Dolpo und eignet sich vorzüglich zur Vorbereitung eines Treks im Dolpo selbst (siehe auch Tour 7).
Beste Jahreszeit: Oktober bis Dezember, April bis Juni.
Gesamtgehzeit: Etwa 15 Tage.
Kartenskizze: Untenstehend.

Eine anstrengende, aber äußerst lohnende Tour, die über viele Pässe von Baglung ins Äußere Dolpo führt. Nach den Niederungen des Kali Gandaki und Myagdi Khola folgt der Jalja La, 3400 m, von wo wir in die unbewohnte und bewaldete Schlucht des Ghustung Khola absteigen. Der nächste Paß, Nautale La, 3990 m, läßt nicht lange auf sich warten, bevor wir mit dem Jang La, 4520 m, die Hauptkette des Himalaja überschreiten. Dahinter steigen wir nach Tarakot ab, wo wir entweder ins Innere Dolpo aufbrechen oder zum Flugfeld von Juphal die Rückkehr antreten.

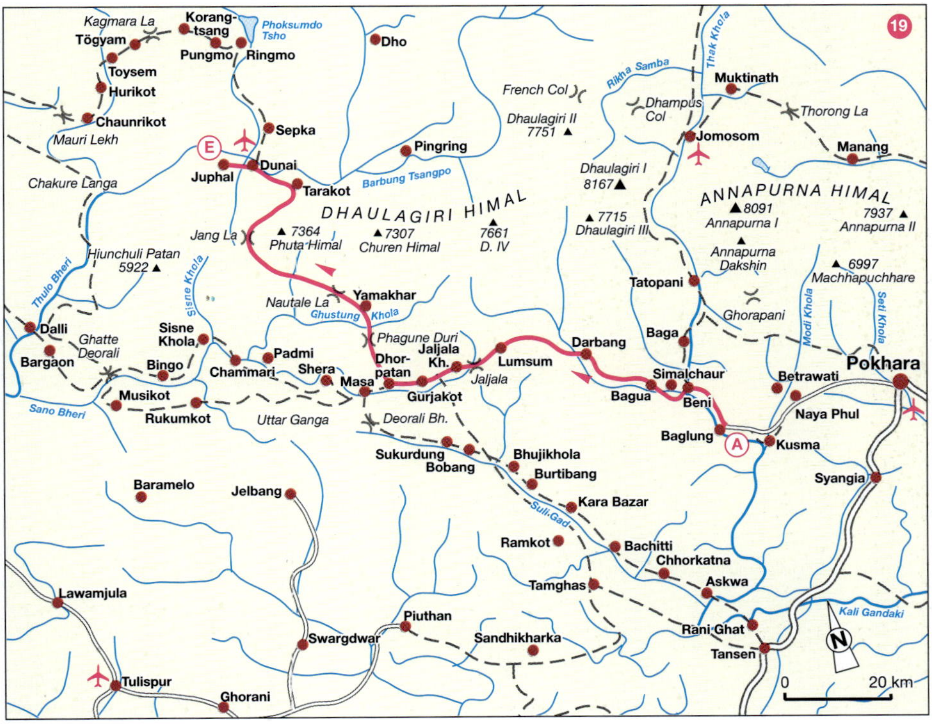

Tourenprofil Tour 19

Strecke		Höhe	Gehzeit	Entfernung	Pässe/Bemerkungen
Start: Baglung		920 m	–	–	Straße
1.	Lamoghara	905 m	2 Std.	10 km	–
2.	Bobichaur	985 m	5 Std.	20 km	–
3.	Dandapani	1562 m	4½ Std.	16 km	–
4.	Phallegaon	1820 m	3 Std.	12 km	–
5.	Moreni	2600 m	3 Std.	9 km	–
6.	Gurjakot	3100 m	4½ Std.	13 km	Jalja La, 3400 m
7.	Phagune Phedi	3250 m	4 Std.	16 km	–
8.	Thankur	3430 m	4½ Std.	14 km	Phagune Duri, 4150 m
9.	Yamakhar	2580 m	4½ Std.	15 km	–
10.	Dhule	3410 m	3½ Std.	12 km	–
11.	Phuphal Phedi	3940 m	3½ Std.	10 km	Nautale La, 3990 m
12.	Purbang	4070 m	3½ Std.	9 km	Phuphal Tal, 4370 m und Sunpati Danda, 4500 m
13.	Samdeling	3100 m	4 Std.	16 km	Jang La, 4520 m
14.	Dunai	2230 m	5 Std.	20 km	–
15.	Juphal	2550 m	3 Std.	10 km	–
Ende: Juphal		2550 m	–	–	Flugplatz
Total etwa:			57½ Std.	202 km	

Nützliche Hinweise

Anreise / Rückreise: Viele direkte Busse verkehren täglich von Kathmandu nach Pokhara. Von dort besteigt man einen Lokalbus nach Baglung. In Juphal starten fast täglich Twin-Otter nach Nepalganj oder in der Hauptsaison auch nach Pokhara. Von dort gelangt man mit Anschlußflügen oder im Bus zurück nach Kathmandu.

Übernachtung: Es bestehen praktisch keine Lodges und auch nur wenige Teehäuser. Zelte sind gefragt. Sehr schöne Plätze sind vorhanden.

Karte: Mandala Map »Jomosom, Jumla & Surkhet«.

Rechte Seite, oben:
Nach dem Hochtal von Dhorpatan klettert der Weg zum Phagune Duri, einem 4150 Meter hohen Paß, der oft mit Schnee bedeckt bleibt. Bei gutem Wetter bietet sich von hier eine Aussicht auf die Ausläufer des Dhaulagiri.

Rechte Seite, unten:
Soeben haben wir den Hauptpaß dieses Treks überwunden, den 4520 Meter hohen Jang La. Unser Blick bleibt auf der ariden Berglandschaft Dolpos haften.

20 Die Dhaulagiri-Rundtour

Kurzcharakteristik

Dieser schwierige alpinistische Trek umrundet mit einer engen Schlaufe den höchsten Berg, der ganz in Nepal steht. Dabei wird die tiefe und enge Schlucht des Myagdi Khola durchquert. Der Schluß erfolgt auf der großen Kali Gandaki-Route. Eine Idee wäre die anschließende Umrundung der Annapurna (Tour 22 und 1).

Beste Jahreszeit: Oktober bis November, April bis Mai.

Gesamtgehzeit: Etwa 15 Tage.

Kartenskizze: Untenstehend.

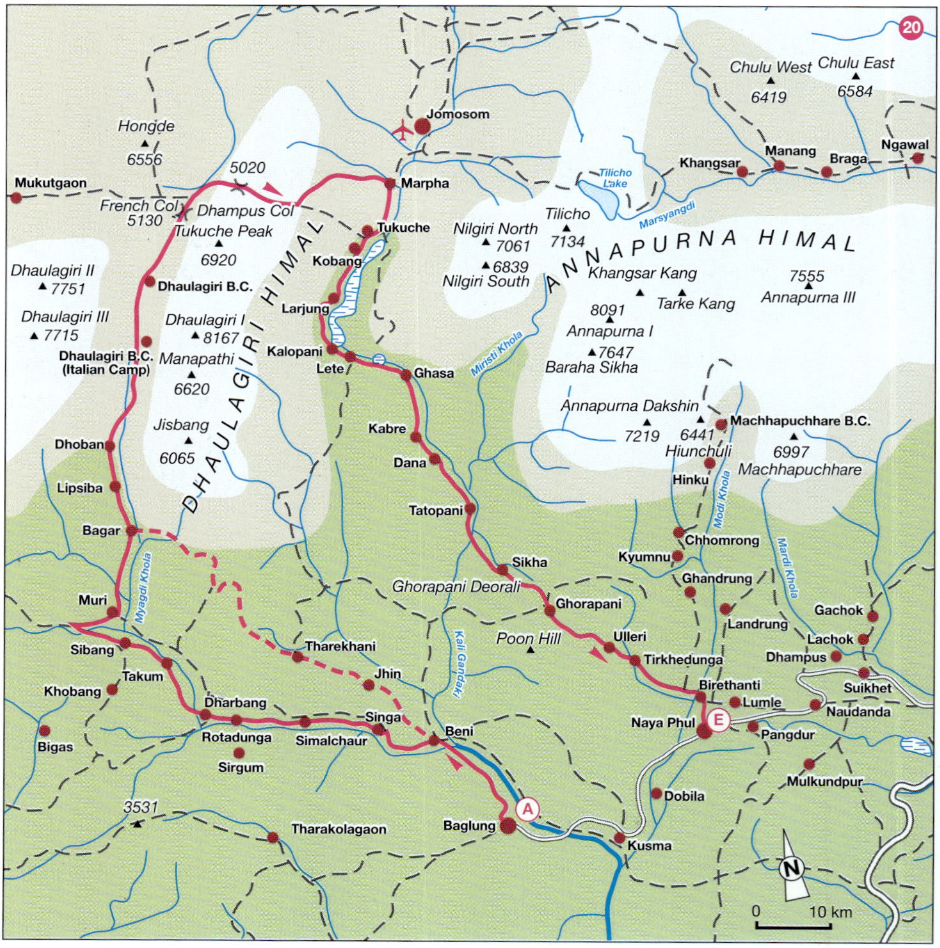

Tourenprofil Tour 20

Strecke		Höhe	Gehzeit	Entfernung	Pässe/Bemerkungen
Start: Baglung		920 m	–	–	Straße
1.	Lamoghara	905 m	2 Std.	10 km	–
2.	Bobichaur	985 m	5 Std.	20 km	–
3.	Dandapani	1562 m	4½ Std.	16 km	–
4.	Muri	1850 m	5 Std.	17 km	–
5.	Bagar	2050 m	3½ Std.	12 km	–
6.	Dhoban	2630 m	4½ Std.	12 km	–
7.	Italian Camp	3250 m	6½ Std.	11 km	–
8.	Dhaulagiri B. C.	4210 m	5 Std.	12 km	–
9.	Rikha Samba	4720 m	6 Std.	17 km	French Col, 5130 m
10.	Dhampus Kharka	3430 m	7 Std.	21 km	Dhampus Col, 5020 m
11.	Larjung	2560 m	5 Std.	20 km	–
12.	Tatopani	1189 m	6 Std.	21 km	–
13.	Ghorapani Deorali	2835 m	5 Std.	15 km	Ghorapani Deorali, 2835 m
14.	Tirkedhunge	1439 m	5 Std.	17 km	Poon Hill, 3170 m
15.	Naya Phul	1030 m	4 Std.	16 km	–
Ende: Naya Phul		1030 m	–	–	Straße
Total etwa:			74 Std.	237 km	

Hier handelt es sich um eine äußerst schwierige, ja teilweise gefährliche Tour, geeignet nur für alpinistisch erprobte und ausgerüstete Trekker. Der Anmarsch bis Muri führt auf guten Pfaden, dann folgt die Myagdischlucht, die einige knifflige Stellen aufweist. Zwischen dem Basislager und dem French Col, 5130 m, bestehen einige lawinengefährliche Abschnitte, die nur bei entsprechend guten Verhältnissen passiert werden sollten. Zwischen dem French Col und dem Dhampus Col zeigt sich bereits eine trockene Hochgebirgswüste, bevor der große Abstieg ins Kali Gandaki das Ende einleitet. Der Rest des Treks folgt der Annapurna-Route.

Nützliche Hinweise

Anreise / Rückreise: Baglung ist erreichbar mit einem der regelmäßigen Lokalbusse, die ab Pokhara verkehren. Der hier beschriebene Trek endet in Naya Phul, von wo ebenfalls regelmäßig Busverbindungen nach Pokhara angeboten werden. Zwischen Kathmandu und Pokhara existiert eine Reihe täglicher Bus- und Flugverbindungen.

Übernachtung: Außer im Kali Gandaki, wo genügend Lodges vorhanden sind, kann nur mit Zelten in diese wilde Gegend vorgedrungen werden.

Karte: Mandala Map »Pokhara, Dhorpatan – Tansen Circuit«.

21 Tansen – Dhorpatan – Pokhara

Kurzcharakteristik

Ein langer, trotzdem gemütlicher Trek südlich des Dhaulagirimassivs. Die subtropischen Täler des Bari Gad und des Myagdi Khola werden durch das herrliche Hochtal von Dhorpatan getrennt.

An dessen Ende befindet sich auch der höchste Paß der Route, der Jalja La.

Beste Jahreszeit: Oktober bis Mai.
Gesamtgehzeit: Etwa 12 Tage.
Kartenskizze: Siehe Seite 199.

Diese beschauliche Tour folgt zunächst dem Bari Gad-Tal, wo es kurz vor und nach den Monsuns außerordentlich heiß werden kann. Über einen leichten Paß erreicht man das Hochtal von Dhorpatan. Nun wendet man sich nach Osten und durchquert die schönen Mischwälder bis zum Jalja La, 3400 m, wo sich eine sehr schöne Rundsicht zum Dhaulagiri und Annapurna Himal auftut. Am Schluß folgt der Abstieg durch das Myagdi Khola nach Beni und zur Straße in Baglung.

Tourenprofil Tour 21

Strecke		Höhe	Gehzeit	Entfernung	Pässe/Bemerkungen
Start: Tansen		1372 m	–	–	Straße
1.	Rani Ghat	450 m	3 Std.	11 km	–
2.	Aslewa	520 m	6 Std.	18 km	–
3.	Chhorkatna	620 m	4½ Std.	17 km	–
4.	Bachitti	709 m	5½ Std.	21 km	–
5.	Kara Bazar	869 m	4 Std.	16 km	–
6.	Bhuji Khola	1270 m	4 Std.	14 km	–
7.	Sukurdung	2020 m	4½ Std.	15 km	–
8.	Dhorpatan	3000 m	5 Std.	15 km	Deorali Bhanjyang, 3100 m
9.	Jaljala Kharka	3250 m	4½ Std.	17 km	–
10.	Sibang	1753 m	6 Std.	21 km	Jalja La, 3400 m
11.	Simalchaur	968 m	5½ Std.	20 km	–
12.	Baglung	920 m	6 Std.	23 km	–
Ende: Baglung		920 m	–	–	Straße
Total etwa:			58½ Std.	208 km	

Eine Twin-Otter steht auf dem Flugfeld von Pokhara.

Nützliche Hinweise

Anreise / Rückreise: Direkt fahrende Busse verkehren ab Kathmandu bis nach Tansen (über Mugling, Narayanghat, Butwal).

Vom Endpunkt in Baglung fahren Lokalbusse nach Pokhara, und von dort verkehren mehrmals täglich Flugzeuge und Busse nach Kathmandu.

Übernachtung: Die Route weist Teehäuser und kleine Gaststätten auf, man ist jedoch im Zelt besser aufgehoben.

Karten: Mandala Map »Pokhara / Dhorpatan / Tansen Circuit«.

Üppige Vegetation und subtropisches Klima sind die Markenzeichen der Tallagen nach Tansen.

22 Annapurna – Lamjung

Kurzcharakteristik
Im Prinzip handelt es sich hier nochmals um die klassische Umrundung des Annapurnamassivs, die aber diesmal im Uhrzeigersinn erfolgt und mit der schwierigen Variante des Namun Bhanjyang versehen wurde, anstatt den Abstieg durch die Marsyangdischlucht zu wählen. Dieser Paß kann jedoch nach Schneefällen lawinengefährlich sein.
Beste Jahreszeit: April, Mai, Oktober, November.
Gesamtgehzeit: Etwa 22 Tage.
Kartenskizze: Siehe Seite 65.

Diese Route folgt dem klassischen Annapurna-Trek durch das Kali Gandaki nach Jomosom. Nach der Überquerung des Thorong La, 5416 m, steigen wir den Marsyangdi entlang über Manang ab nach Thangja. Dort zweigt der Weg nach Süden ab. Nach Temang, der letzten Siedlung auf dieser Seite, steigen wir hinauf zum Namun Bhanjyang, 4890 m, und folgen dem mächtigen Hügelkamm hinunter nach Ghanpokhara. Besonders die Blicke auf den nahen Lamjung Himal entschädigen für die mühsame Überschreitung des schwer zu findenden Passes. Am Schluß gelangt man ins Tal von Pokhara.

Nach dem Thorong La gelangen wir nach Braga. Ganz oben ist die Gompa zu sehen.

Tourenprofil Tour 22

Strecke		Höhe	Gehzeit	Entfernung	Pässe/Bemerkungen
Start: Baidam		915 m	–	–	Straße
1.	Naudanda	1458 m	4 Std.	13 km	Sarangkot, 1676 m
2.	Birethanti	1037 m	4½ Std.	16 km	–
3.	Ulleri	2037 m	4½ Std.	14 km	–
4.	Ghorapani Deorali	2835 m	4½ Std.	12 km	Poon Hill, 3170 m
5.	Dana	1448 m	6 Std.	23 km	–
6.	Kalopani	2510 m	5½ Std.	17 km	–
7.	Marpha	2667 m	4 Std.	15 km	–
8.	Kagbeni	2880 m	4 Std.	16 km	–
9.	Muktinath	3580 m	3 Std.	9 km	–
10.	Muktinath	3580 m	–	–	Ruhetag / Akklimatisation
11.	Muktinath Phedi	4100 m	2½ Std.	6 km	–
12.	Thorong Phedi	4200 m	4–7 Std.	7 km	Thorong La, 5416 m
13.	Manang	3505 m	3½ Std.	15 km	–
14.	Pisang	3353 m	4 Std.	16 km	–
15.	Thangja	2250 m	6 Std.	21 km	–
16.	Temang	2840 m	2 Std.	7 km	–
17.	Danphe Kharka	4230 m	6 Std.	15 km	–
18.	Behro Kharka	4000 m	5–8 Std.	11 km	Namun Bhanjyang, 4890 m
19.	Telbrung	3340 m	5½ Std.	17 km	–
20.	Ghanpokhara	2240 m	5 Std.	20 km	–
21.	Rudi Dhoban	800 m	5½ Std.	21 km	–
22.	Begnas Tal	889 m	4½ Std.	16 km	–
Ende: Begnas Tal		889 m	–	–	Straße
Total etwa:			94–100 Std.	307 km	

Nützliche Hinweise

Anreise / Rückreise: Ab Kathmandu fliegen täglich mehrere Maschinen nach Pokhara. Noch dichter ist das Angebot an Direktbussen. Vom Buspark und vom Flughafen verkehren Taxi oder Lokalbusse nach Baidam am Phewasee.

Nach Ankunft in Begnas Tal, dem Endpunkt, besteigt man einen Lokalbus nach Pokhara und fährt oder fliegt zurück in die Hauptstadt.

Übernachtung: Der größte Teil der Route ist mit Lodges ausgerüstet. Ab Temang jedoch verläßt man bewohntes Gebiet bis Ghanpokhara. Deshalb müssen Zelte mitgeführt werden.

Karten: Mandala Map »Pokhara, Jomosom, Manang« und ACAP Map.

23 Südlich der Gurkhaberge

Kurzcharakteristik
Eine sehr schöne alpine Bergwanderung entlang der Buri Gandaki-Schlucht und durch einsame Hochtäler und über zwei hohe Pässe hinüber ins Marsyangdital. Herrliche Blicke auf den Himalchuli und die umliegenden Massive werden geboten.
Beste Jahreszeit: April bis Mai und Oktober bis November.
Gesamtgehzeit: Etwa 15 Tage.
Kartenskizze: Siehe Seite 152.

Zunächst folgen wir demselben Weg wie bei der Umrundung des Manaslu (Tour 9). Nach Jagat bleiben wir auf der linken (westlichen) Seite des Buri Gandaki und schwenken in das Tal des Chhuling Khola. Bald werden wir dort inmitten herrlichster Wälder einen Gletscher entdecken, der vom Himalchuli herunterfließt. Der Rupina La ist 4570 Meter hoch, aber nicht sonderlich schwierig. Danach folgt ein Abstieg in die Waldzone, um auf einen nächsten Paß aufzusteigen: Dudh Pokhari, 4590 m. Nach einigen Talstufen gelangen wir nach Tonje und von dort auf guten Wegen ins Marsyangdi-Tal.

Nützliche Hinweise
Anreise / Rückreise: Der Trek beginnt in Gurkha, das man von Kathmandu mit Direktbussen erreicht. Am Schluß besteigt man bei Phalesangu einen Lokalbus in Richtung Dumre und dort wiederum einen direkten Bus nach Kathmandu. Diese Rückfahrt kann je nach Straßenzustand gut zwei Tage dauern. In diesem Fall muß man sich auf eine Übernachtung in Dumre einrichten.
Übernachtung: Da nur wenige bis gar keine Lodges vorhanden sind, müssen Zelte verwendet werden. Zwischen Pangsing und Tonje (sieben Tage) befindet man sich in unbewohntem Gebiet.
Karte: Mandala Map »Kathmandu to Pokhara«.

Nach einer Gewitternacht bei Gurkha Durbar gibt der Morgendunst die Sicht auf den Gurkha Himal frei: Manaslu, 8156 m, Ngadi Chuli, 7835 m, und Himalchuli, 7893 m.

Tourenprofil Tour 23

Strecke		Höhe	Gehzeit	Entfernung	Pässe/Bemerkungen
Start: Gurkha		1143 m	–	–	Straße
1.	Gurkha Durbar	1380 m	2 Std.	4 km	–
2.	Arkhol	810 m	4 Std.	16 km	–
3.	Ralung	890 m	4½ Std.	18 km	–
4.	Gupche Danda	2730 m	5½ Std.	16 km	Gupche Danda, 2730 m
5.	Khorlak Bensi	890 m	6 Std.	17 km	–
6.	Jagat	1250 m	5½ Std.	18 km	–
7.	Chhuling Khola	2050 m	5 Std.	16 km	–
8.	Dhungopani	2950 m	4½ Std.	12 km	–
9.	Rupina B. C.	3750 m	4 Std.	10 km	–
10.	Hemlock	3220 m	5–7 Std.	8 km	Rupina La, 4570 m
11.	Pokhri Danda	3920 m	4½ Std.	12 km	–
12.	Chyadi Danda	3810 m	5½ Std.	13 km	Dudh Pokhri Bhanjyang, 4590 m
13.	Tonje	1550 m	6 Std.	18 km	–
14.	Chiti	1100 m	5½ Std.	20 km	–
15.	Phalesangu	632 m	2 Std.	8 km	–
Ende: Phalesangu		632 m	–	–	Straße Dumre – Bensisahar
Total etwa:			70–72 Std.	206 km	

24 Seitenwege im Khumbu

A !!

B !!!

Kurzcharakteristik

Die folgenden zwei Wege laufen ungefähr parallel zur Khumbu-Hauptroute. Die eine führt ins einsame Lumdingtal, die andere in die Täler Hinku und Hunku. Da respektable Höhendifferenzen und im zweiten Trek auch alpinistische Hürden zu überwinden sind, bieten sie dem erfahrenen Trekker reizvolle Alternativen zum großen Karawanenweg in den Haupttälern.

Beste Jahreszeit: A) +B) April bis Mai und Oktober bis November.

Gesamtgehzeit: A) Etwa 6 Tage; B) Etwa 14 Tage

Kartenskizze: Siehe Seite 80.

Nützliche Hinweise

Anreise/Rückreise: Beide Touren starten und enden in Luglha. Mehrere direkte Flüge verkehren täglich ab Kathmandu dorthin. Für die Tour B wäre ein akklimatisationsfördernder Marsch ab Jiri oder Tumlingtar angezeigt (siehe Touren 3 und 27).

Übernachtungen: Da diese Seitentäler nicht bewohnt sind, bestehen nur ganz wenig Stützpunkte, so z. B. neuerdings in Tangnag. Die Übernachtung in mitgebrachten Zelten ist angezeigt.

Karten: »Schneiderkarten« 1:50 000: Nr. 5 Shorong/Hinku und Nr. 2 Khumbu Himal.

Tourenprofil Tour 24A

Strecke		Höhe	Gehzeit	Entfernung	Pässe/Bemerkungen
Start: Luglha		2834 m	–	–	Flugplatz
1.	Seongma	2720 m	2 Std.	8 km	–
2.	Pangchung	3625 m	4 Std.	8 km	–
3.	Lumding	3963 m	4 Std.	12 km	Abrog La (auch Moro La) 4343 m
4.	Lumding	3963 m	–	–	Ruhetag
5.	Phakdingma	2600 m	4½ Std.	16 km	Lumding La, 4616 m
6.	Luglha	2834 m	2 Std.	8 km	–
Ende: Luglha		2834 m	–	–	Flugplatz
Total etwa:			16½ Std.	52 km	

Wang Chhuk, Norbu, Ram, Tenzing und Subas Singh Lama umrahmen den Everest auf dem Lumding La, 4616 m.

Trek A) Luglha – Ghat – Seongma – Lumding – Phakdingma – Luglha
Diese kurze Schleife kann als sehr geeignete Akklimatisationstour für den Khumbu-Trek oder auch für die Variante »B« dienen. Seongma liegt in Sichtweite von Luglha, aber auf der anderen Talseite. Von dort steigt man recht steil über Grashalden zum Abrog La (auch Moro La), 4343 m, und hinunter zur Alpweide von Lumding. Der Lumding La, 4516 m, wiederum führt aus dem Tal hinaus nach Phakdingma hinunter. Die Abgeschiedenheit des Tals am Fuß von Karyolung und Numbur und die phantastische Sicht von den Pässen lohnen den Umweg.

Trek B) Luglha – Zatrawala – Hinku – Tangnag – Mera La – Hunku – Amphu Labtsa – Chhukhung – Luglha
Vor dieser alpinistischen Tour sollte eine sehr gute Akklimatisation sichergestellt werden, zum Beispiel mit dem Vorschlag A, denn nach Luglha geht es sofort stark in die Höhe. Das Hinkutal wird über den Zatrawala, 4540 m, erreicht. Dort stößt man auf eine großartige Vegetation. In Tangnag befindet sich sogar ein Teashop. Durch eine schöne Hochgebirgslandschaft zwischen Tramserku, Kang Taiga und Mera geht es zum Gletscherpaß Mera La, 5415 m. Von dort kann mit geeigneter Ausrüstung der Mera Peak, 6476 m, bestiegen werden. Es folgt der kurze Abstieg ins Hunku-Tal, in dem wir bis Panch Pokhari ansteigen. Von dort überqueren wir noch den heiklen Amphu Labtsa, 5950 m, und landen in Amphu wieder auf fast ebenem Boden. Der Abstieg vollzieht sich über die traditionellen Yakpfade des Khumbu, über Chhukhung und Tengpoche nach Namche Bazar und Luglha. Ein interessantes Trekking in großartiger Hochgebirgslandschaft geht zu Ende.

Tourenprofil Tour 24 B

Strecke		Höhe	Gehzeit	Entfernung	Pässe/Bemerkungen
Start: Luglha		2834 m	–	–	Flugplatz
1.	Tukdingma	3310 m	2½ Std.	5 km	–
2.	Kharka Teng	4050 m	2 Std.	4 km	–
3.	Tashing Dingma	3390 m	4½ Std.	12 km	Zatrawala, 4540 m
4.	Tangnag	4356 m	4 Std.	15 km	–
5.	Tangnag	4356 m	–	–	Ruhetag / Akklimatisation
6.	Khare	5000 m	3 Std.	7 km	–
7.	Mera High Camp	5850 m	5 Std.	8 km	Mera La, 5415 m
8.	Kongme Dingma	4800 m	5–10 Std.	8 km	Mera Peak, 6476 m
9.	Chamlang B. C.	4820 m	4 Std.	12 km	–
10.	Panch Pokhari	5450 m	4 Std.	8 km	–
11.	Amphu	5300 m	5–10 Std.	8 km	Amphu Labtsa, 5950 m
12.	Pangpoche	3985 m	4½ Std.	12 km	–
13.	Namche Bazar	3440 m	5 Std.	15 km	–
14.	Luglha	2834 m	6 Std.	21 km	–
Ende: Luglha		2834 m	–	–	Flugplatz
Total etwa:			55–65 Std.	135 km	

25 Zauberhaftes Solu

Kurzcharakteristik

Diese etwas gesuchte Tour führt über die großen Bergrücken des Solu. Dort finden sich einsame Bergklöster und eine bemerkenswerte Rundsicht in die Himalajakette im Norden. Am Schluß stößt man bei Bhandar auf die Tour 3.

Beste Jahreszeit: Oktober bis April.

Gesamtgehzeit: Etwa 7 Tage.

Kartenskizze: Siehe rechte Seite.

Nützliche Hinweise

Anreise / Rückreise: Rumjatar verfügt über mehrere wöchentliche Flüge ab Kathmandu. Bald wird auch die Straße Katari – Okhaldhunga fertig. Ab Jiri benutzt man die täglichen Direktbusse in die Hauptstadt.

Übernachtung: In Zelten.

Karten: »Schneiderkarten« 1:50 000: Nr. 6 Tamba Kosi / Likhu Khola und Nr. 7 Dudh Kosi.

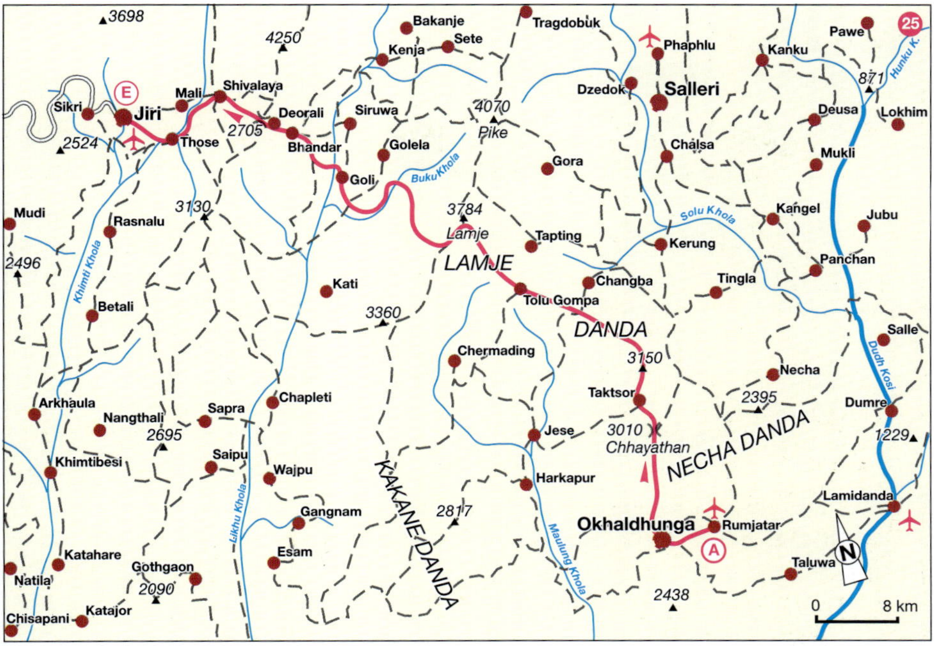

Dies ist eine sehr stille und landschaftlich wunderschöne Wanderung über zwei Kämme im Solu. Zunächst ersteigt man vom Flugfeld in Rumjatar den 3000 Meter hohen Chhayathan. Statt nach Salleri abzusteigen, folgt man dem Rücken nach links (Westen) und wandert im Wald und über Wiesen zur Lamje Danda. Unterwegs befinden sich zwei sehr einsame Bergklöster. Die Aussicht auf den Khumbu Himal ist praktisch immer gegenwärtig. Nach einem markanten Abstieg landen wir im subtropischen Tal des Likhu Khola. Bald erreichen wir die große Route bei Bhandar und folgen dieser bis Jiri. Der Zielort kann auch über Those erreicht werden.

Tourenprofil Tour 25

Strecke		Höhe	Gehzeit	Entfernung	Pässe/Bemerkungen
Start: Rumjatar		1382 m	–	–	Flugplatz
1.	Okhaldhunga	1800 m	2 Std.	6 km	–
2.	Taktsor	2540 m	4½ Std.	13 km	Chhayathan, 3010 m
3.	Tolu Gompa	3220 m	3 Std.	9 km	–
4.	Buku Kola	1980 m	3½ Std.	11 km	Lamje, 3430 m
5.	Bhandar	2200 m	3 Std.	9 km	–
6.	Those	1760 m	4½ Std.	12 km	Deorali, 2705 m
7.	Jiri	1860 m	2½ Std.	6 km	–
Ende: Jiri		1860 m	–	–	Straße
Total etwa:			23 Std.	66 km	

26 Von Süd nach Nord

Kurzcharakteristik
Diese Tour führt durch alle Klimastufen vom subtropischen Terai bis in die subalpine Stufe um Luglha. Früher ein wichtiger Handelsweg, verlor sie durch den Bau der Straße nach Jiri rasch an Bedeutung.
Beste Jahreszeit: Oktober bis Mai.
Gesamtgehzeit: Etwa 12 Tage.
Kartenskizze: Siehe rechte Seite.

Diese faszinierend gerade Linie vom Terai ins Everestgebiet wird leider demnächst durch eine Straße ersetzt, die Salleri mit der großen Welt verbinden soll. Nun sind aber der Phantasie keine Grenzen gesetzt, denn es kann eine ähnliche Tour westlich oder östlich davon kreiert werden. Der Chhayathan ist ein Paß, auf dem man im Winter Schnee antreffen kann. Er kann jedoch immer begangen werden. Danach folgt das Zentrum des Solu, der Solu Khola mit der Distrikthauptstadt Salleri. Auf dem Weg zum Dudh Kosi-Tal überqueren wir noch den Tragsindo La, wo wir auf die Route von Jiri treffen.

Tourenprofil Tour 26

Strecke		Höhe	Gehzeit	Entfernung	Pässe/Bemerkungen
Start: Bantipur		120 m	–	–	Straße
1.	Patlinge	180 m	5½ Std.	20 km	–
2.	Katari	195 m	4 Std.	16 km	Straße nach Mirchai
3.	Bisauna Bazar	450 m	5 Std.	20 km	–
4.	Bhadaure	820 m	4½ Std.	13 km	Chauki Bhanjyang, 1200 m
5.	Hilepani	1420 m	5 Std.	20 km	–
6.	Githuke	1850 m	4½ Std.	14 km	–
7.	Biplate	2050 m	3½ Std.	10 km	–
8.	Pekarnasa	2240 m	6 Std.	13 km	Chhayathan, 3010 m
9.	Phera	2720 m	5 Std.	18 km	–
10.	Manedingma	2250 m	4½ Std.	14 km	Tragsindo La, 3071 m
11.	Poyan	2770 m	6 Std.	18 km	–
12.	Luglha	2834 m	3½ Std.	12 km	–
Ende: Luglha		2834 m	–	–	Flugfeld
Total etwa:			57 Std.	188 km	

Nützliche Hinweise

Anreise / Rückreise: Bantipur liegt an der Strecke Hetauda – Dharan. Viele Nachtbusse verlassen jeden Abend Kathmandu in diese Richtung. In Luglha kann man ins obere Khumbu weitertrekken und/oder nach Kathmandu zurückfliegen (Ticket vor dem Trek in Kathmandu organisieren und in Luglha bestätigen lassen).

Übernachtung: Es bestehen Lodges ab Salleri bis Luglha. Zwischen Bantipur und Salleri Zelte benutzen. Überall sind Teestuben zu finden.

Karten: »Schneiderkarten« 1:50 000: Nr. 6 Tamba Kosi/Likhu Khola, Nr. 7 Dudh Kosi und Nr. 5 Shorong/Hinku.

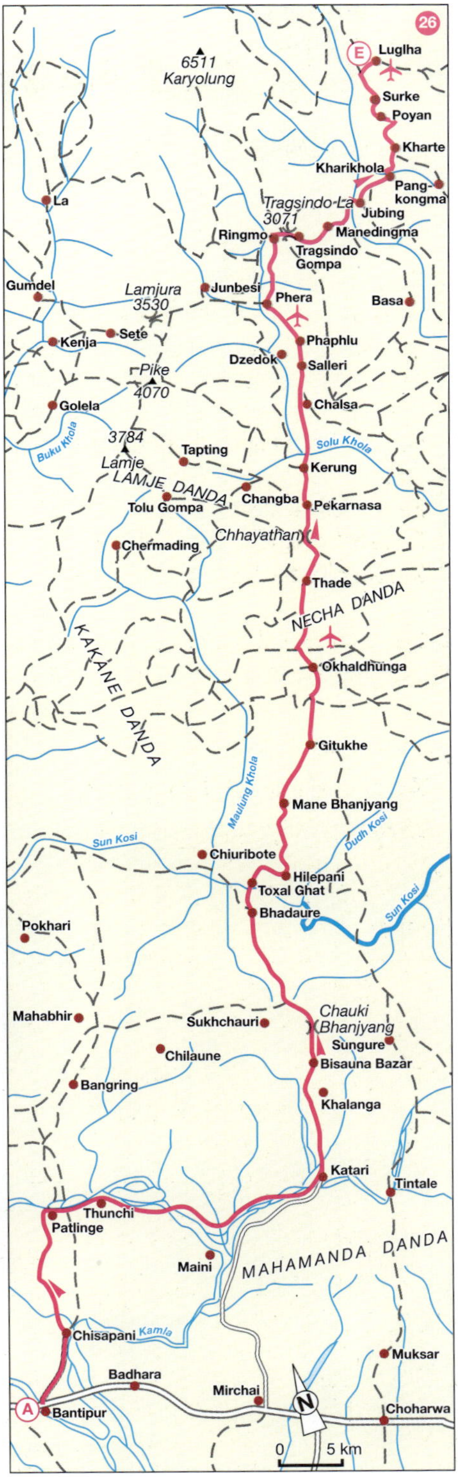

Markt in Salleri – feilschen und soziales Ereignis.

27 Auf und Ab

Kurzcharakteristik
Dies ist die ideale Vorbereitung für einen Trek in das obere Khumbu. Der anstrengendste der drei Hauptwege dorthin führt über drei große und steile Pässe, die von zwei tiefen Schluchten unterbrochen werden.
Beste Jahreszeit: Oktober bis Mai.
Gesamtgehzeit: Etwa 9 Tage.
Kartenskizze: Siehe Seite 186.

Nur wenige Treks dieses Buches weisen so viele Höhenmeter auf wie dieser. Nach den heißen Talsohlen im Aruntal und bis Salpa Phedi folgen hintereinander drei über 3000 Meter hohe Pässe. Der erste heißt Salpa La, 3349 m, danach durchqueren wir das Herzland der Rai, respektive ihre großen Dörfer Gudel und Bung. Von dort steigen wir zum Surkie La, 3085 m, und dann nochmals gute 1000 Meter ab, um von dort den Pangkongma La, 3173 m, zu überqueren. Schließlich erreichen wir in Poyan die große Karawanenstraße nach Luglha. Dieser wenig begangene Pfad eignet sich vor allem für eine Vorbereitung zum Khumbu-Trek.

Dies sind die Opfergaben für einen Hindutempel im Aruntal.

Die Dörfer in der Hügelzone sind meist locker über großartige Lagen verteilt.

Nützliche Hinweise

Anreise/Rückreise: Tumlingtar wird täglich ab Biratnagar oder Kathmandu angeflogen. Ferner endet die Straße in Hile, von wo Tumlingtar in drei Tagesmärschen erreicht wird. Die Rückreise ab Luglha erfolgt per Flugzeug, tägliche Verbindungen nach Kathmandu (Ticket dort besorgen und in Luglha bestätigen lassen).

Übernachtung: Der ganze Weg ist mit einfachen Lodges bestückt. Auch Teehäuser finden sich überall.

Karten: Mandala Map »Kangchenjunga, Makalu, Everest«; »Schneiderkarten« 1:50 000: Nr. 7 Dudh Kosi und Nr. 5 Shorong/Hinku.

Tourenprofil Tour 27

Strecke		Höhe	Gehzeit	Entfernung	Pässe/Bemerkungen
Start: Tumlingtar		390 m	–	–	Fluplatz
1.	Katike Ghat	490 m	3 Std.	10 km	–
2.	Dhopane	990 m	5½ Std.	22 km	–
3.	Chaubhari	2230 m	4 Std.	12 km	–
4.	Sanam	2650 m	5 Std.	10 km	Salpa La, 3349 m
5.	Bung	1740 m	4 ½ Std.	12 km	–
6.	Gay Kharka	2300 m	5½ Std.	11 km	Surkie La, 3080 m
7.	Pangkongma	2846 m	4 Std.	10 km	Pangkongma La, 3173 m
8.	Poyan	2770 m	4 Std.	14 km	–
9.	Luglha	2834 m	3½ Std.	12 km	–
Ende: Luglha		2834 m	–	–	Flugplatz
Total etwa:			39 Std.	113 km	

28 Mayam Danda

Kurzcharakteristik
Während der 8 oder 12 Tage dieses Treks entdecken wir auf guten Wegen ein wenig bekanntes Stück Nepal, den Bhojpur District. Dabei wird ein prächtiger Aussichtsberg bestiegen.
Beste Jahreszeit: Oktober bis Mai.
Gesamtgehzeit: Etwa 12 Tage.
Kartenskizze: Siehe Seite 186.

Nützliche Hinweise
Anreise/Rückreise: Von Kathmandu und Biratnagar gibt es täglich Flugverbindungen nach Tumlingtar. Vom Endpunkt Chatra fahren Taxis zum Buspark von Dharan, von wo die Nachtbusse nach Kathmandu starten. Etwas teurer wäre die Fahrt nach Biratnagar und von dort der Flug zurück in die Hauptstadt. Der Trek kann nach 8 Tagen bereits in Bhojpur beendet werden, von wo mehrere Flüge pro Woche in Richtung Biratnagar starten.
Übernachtung: Lediglich in Tumlingtar bestehen Lodges, weshalb auf Zelte zurückgegriffen werden muß.
Karten: Mandala Map »Dhankuta to Kangchenjunga, Mt. Everest, Makalu & Arun«.

Diese Tour führt abseits der großen Pfade auf einen 3400 Meter hohen, sehr isoliert stehenden Hügelrücken westlich des mittleren Arun-Tales, von wo eine umfassende Rundsicht genossen werden kann. Nebst schmucken Marktorten, wie Dingla und Bhojpur, ist hier relativ viel Wald zu finden. Der Schluß des Treks führt in die heißen Niederungen des Sapt-Kosi-Systems. Dabei kommt man an jenem geographisch interessanten Punkt vorbei, wo Arun, Tamur und Sun Kosi zusammenfließen. Von Chatra nach Dharan führt eine Straße.

Immer wieder sind verblüffende Parallelen zu den Alpen zu sehen. Ein Speicherhaus steht auf eleganten Maustellern.

Tourenprofil Tour 28

Strecke		Höhe	Gehzeit	Entfernung	Pässe/Bemerkungen
Start: Tumlingtar		390 m	–	–	Flugplatz
1.	Dingla	1140 m	3 Std.	8 km	–
2.	Baidar Bhanjyang	1920 m	2½ Std.	6 km	–
3.	Talkharka	2380 m	4 Std.	9 km	–
4.	Dilbanagi	3120 m	4 Std.	8 km	–
5.	Ekrati Kharka	2720 m	4½ Std.	11 km	Mayam Danda, 3400 m
6.	Ghurbese	2400 m	3½ Std.	10 km	–
7.	Suntale	2160 m	3½ Std.	12 km	–
8.	Bhojpur	1360 m	2½ Std.	8 km	Flugplatz
9.	Kawuha	440 m	4 Std.	14 km	–
10.	Lamibagar	395 m	4 Std.	15 km	–
11.	Barachhetra	365 m	4½ Std.	16 km	–
12.	Chatra	340 m	4 Std.	14 km	–
Ende: Chatra		340 m	–	–	Straße
Total etwa:			44 Std.	131 km	

29 Unbekannter Lumbasumba Himal

Kurzcharakteristik
Große Abgeschiedenheit und sehr ursprüngliche Landschaften und Dörfer prägen diesen Trek in Ostnepal.
Beste Jahreszeit: Oktober bis Dezember und Februar bis Mai.
Gesamtgehzeit: Etwa 12 Tage.
Kartenskizze: Siehe Seite 181.

Die Schwierigkeit dieses Treks besteht darin, eine Bewilligung dafür zu erhalten. Das Gebiet ist nämlich derart abgelegen und dermaßen unbekannt, daß in den Ämtern von Kathmandu niemand so genau wissen will, wo es eigentlich ist. Die Route führt durch schwach besiedelte Gebirgsgegenden, deren Weiden hauptsächlich im Sommer genutzt werden. Nach Überschreiten eines über 4800 Meter hohen Passes wird Thudam erreicht und damit eine der vergessensten Zonen des Landes. Wir sind im Land der Lhomi. Durch die engen Schluchten des Arun geht es schließlich zurück nach Tumlingtar. Aufgrund des Staudammprojekts »Arun III« könnte ein Teil dieser Route bald verschwinden. Dieses kontrovers beurteilte Riesenprojekt soll nun trotz aller Bedenken wegen der seismisch aktiven Zone und des unsicheren Nutzens in Bälde realisiert werden. Man fragt sich warum.

Windpferde, die farbigen Gebetswimpel, werden in den Klöstern angefertigt.

Tourenprofil Tour 29

Strecke		Höhe	Gehzeit	Entfernung	Pässe/Bemerkungen
Start: Taplejung		1798 m	–	–	Flugplatz / Straße
1.	Lingtep	890 m	4 Std.	14 km	–
2.	Tankhu	1980 m	4½ Std.	16 km	–
3.	Mewa Khola	2230 m	5 Std.	18 km	–
4.	Topke Gola	3860 m	4½ Std.	15 km	–
5.	Lumbasumba Kharka	4260 m	5½ Std.	12 km	Thang La, 4826 m
6.	Thudam	3470 m	4 Std.	13 km	–
7.	Chepuwa	2280 m	5 Std.	17 km	–
8.	Sempung	1870 m	4 Std.	15 km	–
9.	Uwa	1360 m	5 Std.	18 km	–
10.	Munche	2040 m	4 Std.	12 km	–
11.	Arunthan	1340 m	4½ Std.	14 km	–
12.	Tumlingtar	390 m	3 Std.	11 km	–
Ende: Tumlingtar		390 m	–	–	Flugplatz
Total etwa:			53 Std.	175 km	

Nützliche Hinweise

Anreise / Rückreise: Mehrere wöchentliche Flüge erreichen den Ausgangsort Taplejung aus Biratnagar. Auch besteht neuerdings eine Straße ab Birtamod über Ilam und Phidim nach Taplejung. In Tumlingtar nimmt man einen der vielen wöchentlichen Flüge nach Kathmandu oder Biratnagar (Ticket mitbringen und bestätigen lassen).

Übernachtung: Lediglich in Taplejung und Tumlingtar sind Unterkünfte vorhanden, weshalb Zelte empfohlen sind.

Karten: Mandala Map »Dhankuta to Kangchenjunga, Mt. Everest, Makalu & Arun«.

Die Einsamkeit der Hügel Ostnepals wird durch den Blick zum Horizont noch verstärkt.

30 Rund um Kathmandu

Kurzcharakteristik

Zwar liegt Kathmandu etwas weiter von den Schneebergen entfernt als etwa Pokhara, die Hügelreihen, die die Hauptstadt umschließen, bieten trotzdem fabelhafte Aussichtspunkte und beschauliche Wege. Der Trek dauert sieben Tage, kann aber unterwegs bei einer Straße abgebrochen werden.

Beste Jahreszeit: Oktober bis Mai.
Gesamtgehzeit: Etwa 7 Tage.
Kartenskizze: Untenstehend.

Warum denn in die Ferne schweifen… Rund um die Hauptstadt bieten sich einige Wanderungen an, für die es nicht einmal ein Trekkingpermit braucht. Dabei sind wunderschöne Aussichten auf die Berge in der Ferne, aber auch ins Kathmandutal möglich. Die Dörfer unterwegs weisen einen speziellen Charme auf, sind doch verschiedenste Volksgruppen anzutreffen, wobei die Newar vorherrschen. Natürlich bieten sich auch nur einzelne kurze Abschnitte dieser Rundtour für eintägige Wanderungen an.

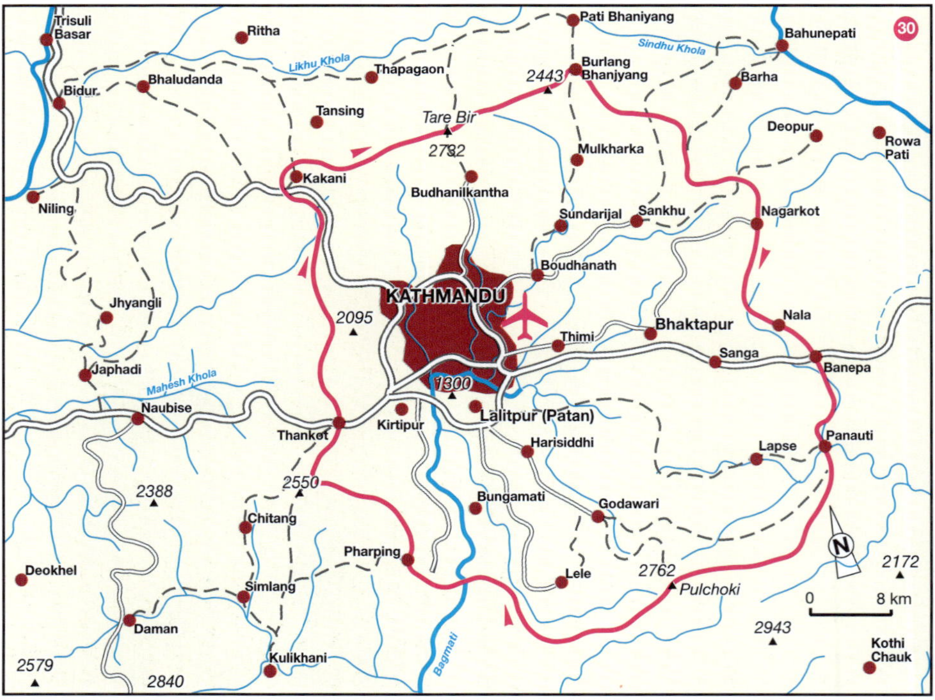

Tourenprofil Tour 30

Strecke		Höhe	Gehzeit	Entfernung	Pässe/Bemerkungen
Start: Nagarkot		1985 m	–	–	Straße
1.	Banepa	1465 m	2 Std.	8 km	Straße
2.	Lele	1480 m	5 Std.	18 km	Pulchoki, 2762 m
3.	Pharping	1570 m	3½ Std.	10 km	Straße
4.	Singarepati	1420 m	4 Std.	10 km	Pharkhel Danda, 2563 m
5.	Kakani	1940 m	4½ Std.	11 km	Jamachok, 2096 m
6.	Burlang Bhanjyang	2438 m	4½ Std.	12 km	Tare Bir, 2732 m
7.	Nagarkot	1985 m	3½ Std.	11 km	–
Ende: Nagarkot		1985 m	–	–	Straße
Total etwa:			27 Std.	80 km	

Nützliche Hinweise

Anreise / Rückreise: Ausgangs- und Endpunkt bildet Nagarkot, das mit Bussen ab Bhaktapur und mit Taxis ab Kathmandu schnell erreicht werden kann.

Übernachtung: In Nagarkot bestehen viele Lodges und Hotels. Unterwegs trifft man dauernd auf Dörfer mit Unterkunftsmöglichkeiten und Teestuben. Jedoch sind Zelte empfehlenswert.

Karten: »Schneiderkarte« 1:50 000: Nr. 1 Kathmandu Valley.

Wenn das kein schlechtes Omen ist! Bei Bungamati stürzte der Tempelwagen des Rato Machhendranath in einen Graben.

Die Hirse bildet in Form von Brei eine alltägliche Nahrung.
Sie wird auch zu *raksi* gebrannt und getrunken.

Serviceteil

Wer geht auf welchen Trek?

In der folgenden Tabelle sind einige Modelle von Nepal-Trekkern aufgelistet, mit den Trekkingrouten, die ihnen jeweils empfohlen werden können.

Trekker	empfohlene Touren
• Einsteiger ohne Trekkingerfahrung	2, 6, 11, 13, 30
• Neuling mit Trekkingerfahrung	1, 2, 3, 4, 5, 6, 13, 15, 21, 25, 26, 30
• Nepalkenner (Wanderer)	1, 3, 4, 5, 6, 8, 9, 10, 15, 16, 17, 18, 19, 21, 23, 25, 26, 27, 28, 29, 30
• Nepalkenner (Alpinist)	4, 12, 14, 15, 20, 22, 24
• Liebhaber von Volksgruppen	1, 4, 9, 10, 17, 18, 19, 23, 26, 27
• Liebhaber von Panorama/Bergen	2, 4, 5, 13, 14, 15, 19, 22, 24, 25, 28, 30
• Liebhaber von Flora/Fauna	3, 4, 5, 6, 9, 10, 15, 18, 22, 23, 25, 29
• Liebhaber des Hinduismus	1, 2, 6, 11, 13, 16, 21
• Liebhaber des Buddhismus/von Klöstern	1, 3, 4, 5, 7, 8, 9, 12, 17, 22, 25
• Liebhaber des	
– subtropischen Klimas	2, 11, 16, 18, 21, 30
– gemäßigten Klimas	3, 6, 10, 13, 23, 25, 26, 27, 28, 29
– alpinen Klimas	4, 5, 9, 12, 14, 15, 17, 19, 20, 22, 24
– Wüstenklimas	7, 8

Wie verhalte ich mich richtig?

Nepal ist ein mittelalterlicher, traditionsbewußter Agrarstaat, und die Nepali sind gläubige Hinduisten und Buddhisten, die mit altertümlichen Methoden und Werkzeugen arbeiten. Die meisten Fremden dagegen, die das Land besuchen, haben bereits die dritte industrielle Revolution hinter sich und entstammen Gesellschaftsformen, in denen das Wissen und der Fortschritt immens, menschliche Einsichten und die Zeit enorm knapp sind. In diesem Umfeld gehört zu den selbstverständlichen Anstandsregeln eine dem Gastland angepaßte, zurückhaltende Verhaltensweise.

Vorbereitung und Einkauf

Die Vorbereitung beginnt einige Monate vor der Reise zu Hause. Neben der physischen Fitneß gilt es, sich psychisch auf eine Reise nach Nepal vorzubereiten. Dazu gehört die Lektüre über Land und Leute, Religion und Tradition; die Auseinandersetzung mit der Sprache – aber auch der Kontakt mit Personen, die schon einmal dort waren. Beim Einkauf der Ausrüstung soll darauf geachtet werden, möglichst keine abfallintensiven Produkte mitzunehmen. Vermeiden Sie insbesondere Büchsen, Flaschen, Aluminium, Batterien, Plastik etc. Nehmen Sie nur wenig – oder noch besser: gar keine – Lebensmittel aus der Heimat mit und versuchen Sie, sich während ihres Aufenthaltes den Eßgewohnheiten der Einheimischen anzupassen. Bei Gruppentreks ist die Verwendung von Kerosin als Brennstoff ein absolutes Muß. Berücksichtigen Sie immer Lodges und Teestuben, in denen mit Kerosin oder elektrisch gekocht wird, um den Holzverbrauch wirkungsvoll einzudämmen. Lagerfeuer sind ein Frevel in Anbetracht der Holzknappheit dieses Landes.

In den engen Gassen von Marpha fühlt man sich wie ins Mittelalter versetzt.

Verpackung

Verpacken Sie ihre persönliche Habe, die Sie auf das Allernotwendigste begrenzen, in einen kleinen Rucksack von 35 bis 40 Litern Inhalt. Das restliche Material, falls Sie nicht alles selber tragen wollen, findet in einem Seesack Platz. Individualtrekker verwenden einen großen, dem Körper gut angepaßten Rucksack ohne Metallgestell, in dem alles verstaut werden kann. Zuviel Technik (Fotoapparate, Video, Radio, Walkman etc.) verhindert ein natürliches Auftreten und den Kontakt mit den Leuten. Beaufsichtigen Sie Ihre Habe dauernd, oder sorgen Sie dafür, daß die Sherpa dies während Ihrer Abwesenheit tun. Obwohl die Kriminalität in Nepal immer noch sehr gering ist, sollten Sie sie nicht provozieren. Gelegenheit macht Diebe! Ein vernünftiges Verhalten verhindert Schaden. Deshalb ist der Seesack auch immer abgeschlossen. Wichtige Dokumente (Paß, Trekkingpermit, Flugtickets, Kreditkarten, Geld, Schlüssel) trägt man an sich oder deponiert es im Hotelsafe in Kathmandu.

Personal und Lodgebesitzer

Mit dem Trekkingpersonal und den Lodgebesitzern gehen Sie freundschaftlich und zuvorkommend um. Vergessen Sie nie: Sie sind der Gast. Sie sind während des Treks verantwortlich für Ihre Sherpa und Träger. Prüfen Sie, ob vor Antritt des Treks alle gesund und munter sind. Kranke dürfen nicht mitgenommen werden. Prüfen Sie auch, ob Sherpa und Träger für den Trek genügend ausgerüstet sind, und ergänzen Sie fehlende Gegenstände vor dem Aufbruch. Wird unterwegs jemand krank, sorgen Sie sofort für Abhilfe. Das Personal muß den Eindruck gewinnen, ein Teil der

Die Hitze in den tiefen Flußtälern ist außerhalb des Winters oft beträchtlich.

Gruppe zu sein und deren Schutz zu genießen. Kreieren Sie eine Athmosphäre der Freundschaft und Rücksichtnahme. Aufgrund sprachlicher Hürden oder lokaler Traditionen, über die Sie nicht Bescheid wissen, kann es zu Mißverständnissen oder Meinungsverschiedenheiten kommen. Nachsicht und Toleranz sind dann wesentlich bessere Ratgeber als Sturheit und Besserwisserei.

Wenn Sie mit Freunden oder in einer Gruppe reisen, dann müssen Sie wissen, daß sich das Verhalten einzelner aufgrund der körperlichen und geistigen Strapazen verändern kann. Nirgendwo lernt man Leute so gut kennen wie auf einem Trek! Üben Sie auch hier Nachsicht und versuchen Sie, nett, zuvorkommend und auch motivierend zu bleiben. Konzentrieren Sie sich auf das Wesentliche: Ihr persönliches Erlebnis. Der persönliche Kontakt mit Ihren Sherpa wird Ihnen helfen, solche Situationen zu meistern. Sorgen Sie sich um das Wohl Ihrer Sherpa und Träger, verschenken Sie Kleidungsstücke, wenn sich deren Gebrauch aufdrängt, nicht vorher. Nepalesische Träger haben die Eigenart, erhaltene Ausrüstungsgegenstände zu versilbern, um später zu schlottern und zu frieren. Je besser es Ihren Leuten geht, desto besser wird es Ihnen gehen. Zahlen Sie prompt und zu ortsüblichen Tarifen. Der Vergleich mit der eigenen Währung hinkt, gibt doch der Wechselkurs nur eine Seite der lokalen Währung preis: ihren internationalen Wert. Beachten Sie unbedingt auch die Kaufkraft der Rupie im eigenen Land und das allgemeine Lohn- und Kostenniveau. Das Handeln und Verhandeln liegt den Nepali im Blut. Dabei erreicht man mit Freundlichkeit und Kompromißbereitschaft viel mehr als mit Arroganz und Unnachgiebigkeit.

Unterwegs

Unterwegs gilt es, die Landbevölkerung und ihre Traditionen zu respektieren. Natürlich möchten Sie einige Fotos von den Menschen machen. Tun Sie dies aber erst, wenn Sie sicher sind, deren Privatsphäre nicht zu verletzen. Die Sprache bildet einen sehr wichtigen Schlüssel zum Verständnis der Leute und ihrer Kultur. Bemühen Sie sich darum, wenigstens einige Worte Nepali zu lernen. Ihre Sherpa, Träger oder Ihre Wirtsleute in der Lodge werden Ihnen gerne dabei helfen. Wenn Sie in einer Gruppe reisen, werden Sie bald bemerken, daß sich der Kontakt innerhalb der Gruppe intensiver gestaltet als jener mit den Einheimischen. Die Gruppe reist um so kompakter und geschlossener herum, je größer sie ist. Wirken Sie dem entgegen, indem Sie sich mit Ihren Sherpa und Trägern so viel wie möglich abgeben. Es wird eine echte Bereicherung für Sie sein, ein wichtiger Teil des Erlebnisses. Meiden Sie übrigens Gruppen von mehr als zehn Personen, aus den erwähnten, aber auch aus Gründen des Landschaftsschutzes.

Zweckmäßig und korrekt gekleidet fühlt man sich am besten. Frauen sollten ihre Beine nicht entblößen und keine gewagte Kleidung tragen und die Nepali-Mütze *(topi)* nicht aufsetzen, die den Männern vorbehalten bleibt. Das Zeigen von Zärtlichkeiten in der Öffentlichkeit ist nicht gestattet, ebenso sollte man sich in Anwesenheit von Nepali nie entkleiden. Die orthodoxen Hindu erlauben das Betreten ihrer Schreine nicht. Besonders in Westnepal darf das Haus eines hochkastigen Hindu nicht betreten werden. Allerdings dürfen buddhistische Klöster in der Regel besucht werden, falls man den »Mann mit dem Schlüssel« findet. In der Regel müssen dabei die Schuhe ausgezogen werden. Die »Donation Box« darf man ruhig mit einigen Rupien füttern. Buddhistische Klöster, Gebetsmauern und *chörten* umgeht man immer im Uhrzeigersinn, geht also links daran vorbei. In der Lodge oder in Privathäusern verhält man sich diskret und aufgeschlossen. Geduld zu üben, sollte im Urlaub eigentlich kein Problem sein. Besonders in Lodges, wo Sie nicht der alleinige Gast sind, sollte dieser Grundsatz befolgt werden. Das Feuer hat für die Nepali eine besondere Bedeutung. Verunreinigen Sie es nicht, indem Sie achtlos Abfall hineinwerfen. Fragen Sie immer, bevor Sie etwas verbrennen möchten. Ihnen unbekannten Personen und Kindern dürfen Sie nichts schenken. Auch die Abgabe von Medikamenten an Unbekannte am Weg muß unterlassen werden. Verweisen Sie die Bittsteller an das nächste Spital oder an den »Health Post«. Grund: Sie können nicht kontrollieren, ob die Medizin richtig eingenommen wird und ob sie Wirkung zeigt, da Sie ja weitergehen. Zudem wird so das Bedürfnis für einen Sanitätsposten markanter. Jedoch ist die Verarztung des eigenen Personals oder die Hilfestellung bei Unfällen (Erste Hilfe) erwünscht, dies zusammen mit der Empfehlung, zur Nachbehandlung den »Health Post« aufzusuchen.

Schutz der Landschaft

Verpflichten Sie sich dem Schutz der Landschaft. Hinterlassen Sie deshalb nie Abfall oder Exkremente. Erstere führt man dem speziell dafür angefachten Feuer zu, letztere vergräbt man. Scheuen Sie sich auch nicht, den Abfall anderer Touristen zu beseitigen. Ihre Sherpa werden Ihnen bald unaufgefordert dabei helfen. Wenn jeder Fremde täglich nur eine Scherbe, ein

Die Yak-Kuh gibt nur zwei bis drei Liter Milch am Tag.

Papierchen oder eine Büchse »entsorgt«, und dabei selbst nichts wegwirft, wird Nepal binnen weniger Monate zu einem sehr sauberen Land. Machen Sie mit? Unterrichten Sie Ihr Personal und Ihre Wirtsleute über Ihre Erkenntnisse zu diesem Thema. Errichten Sie Ihr Camp an einem traditionellen Ort und verhindern Sie die Beschädigung von Flur und Wald. Allfällig notwendige Regenrinnen um die Zelte müssen vor dem Abmarsch wieder zugedeckt werden. Verlassen Sie Ihren Rastplatz und Ihr Camp in jedem Falle sauberer, als Sie ihn angetroffen haben. Verwenden Sie auf keinen Fall Holz für das Abkochen und verhindern Sie, daß Ihr Sirdar oder Ihr Koch Holz für diesen Zweck schlagen läßt oder sogar einkauft. Insistieren Sie auf dem Gebrauch des Kerosinkochers und erklären Sie Ihrem Personal die Vorteile: kein Rauch, kein Holzverbrauch. Im Zelt verwenden Sie mit Vorteil Kerzen und nicht die Taschenlampe. Erstere machen warm und verursachen keinen Abfall. Benutzen Sie als Gruppe ein WC-Zelt oder ein gemeinsames stilles Örtchen. In der Lodge benutzt man die hauseigene Toilette. Falls es die nicht gibt, ist es keine gute Lodge. Gehen Sie mit dem Trinkwasser sparsam um. Verzichten Sie auf eine warme Dusche in der Lodge, falls das Wasser mit Holzfeuerung erhitzt werden muß. Handeln Sie stets verantwortungsbewußt, versuchen Sie, nach diesen Grundsätzen zu leben, und ergänzen Sie diese mit eigenen Erkenntnissen.

Wie bleibe ich gesund?

Generell muß zu diesem Thema gesagt werden, daß die größten gesundheitlichen Risiken im Kathmandutal und in den dicht besiedelten Niederungen anzutreffen sind. Auf der Trekkingtour hingegen ist das Risiko durch Bakterien wesentlich geringer. Dort gilt es hingegen, der Höhenkrankheit mit vorsichtiger Prävention zu begegnen.

Impfungen Bei Herausgabe dieses Buches waren für Nepal keinerlei Impfungen vorgeschrieben. Gegen viele Krankheiten kann man sich jedoch impfen lassen, zum Beispiel: Wundstarrkrampf, Cholera, Typhus, Gelbsucht, Gehirnhautentzündung usw. Gegen andere bestehen mehr oder weniger effiziente Möglichkeiten der Vorbeugung, unter anderen gegen Malaria. Informieren Sie sich rechtzeitig vor Ihrer Reise bei einem Arzt oder bei einem Tropeninstitut über die Vorschriften und Empfehlungen für Nepal und die Impfintervalle. Da manche Impfungen mit Nebenwirkungen behaftet sein können, lohnt es sich, frühzeitig damit zu beginnen. Achten Sie darauf, daß Ihr Impfausweis immer lückenlos nachgeführt wird. Zu viele Impfungen können Ihre Leistungsfähigkeit beeinträchtigen, zu wenige bedeuten erhöhtes Risiko. Es gilt, einen vernünftigen Mittelweg zu finden.

Wasser Im Wein liegt die Wahrheit, im Bier die Kraft und im Wasser tummeln sich die Bazillen. Natürlich sind alkoholische Getränke keine Alternative zum Wasser. Besonders in großen Höhen sollte gänzlich auf Wein, Bier und Schnaps verzichtet werden, um Kreislaufproblemen, Kälteschäden durch Verengung der Blutgefäße und Gleichgewichtsstörungen vorzubeugen. Wasser kann jedoch mit Filtern und/oder durch simples Abkochen von Schädlingen aller Art befreit werden. In der Höhe sinkt der Siedepunkt, weshalb das Wasser länger abgekocht werden muß. Denken Sie daran, daß einige unfreundliche Keime erst nach 20 Minuten im kochenden Wasser abgetötet werden. Leider sind diese Keime in den dicht besiedelten Gebirgen Asiens bis an die Schneegrenze oder sogar darüber zu finden. Trinken Sie kein Wasser, von dem Sie nicht hundertprozentig sicher sind, daß es abgekocht oder gefiltert wurde. Benutzen Sie es auch nicht zum Zähneputzen. Auf Eis als Speise oder in Getränken muß aus den gleichen Gründen verzichtet werden. Außerdem gilt: wo immer Sie sind: Sparen Sie Trinkwasser, es ist für die Menschen in diesen Gebieten wichtiger und wertvoller als Gold.

Fleisch Einen weiteren akuten Gefahrenherd bildet das Fleisch. Werfen Sie nur einen Blick auf die Fleischauslagen in Kathmandu: Fliegen, Maden und Würmer sind noch sichtbar, aber daneben tummeln sich viele unsichtbare Tierchen. Ein kompletter Verzicht auf Fleisch ist dort die radikalste Methode. Bei einer Reise nach Nepal sollte man nicht vom Wunsch beseelt sein, dort Wienerschnitzel, Châteaubriand oder T-bone-Steaks zu essen. Die Nepali haben eine eigene Kultur und damit auch eine eigene, dem örtlichen Klima angepaßte Eßkultur. Ihre Speisen sollten Sie mit Vorliebe genießen, nicht zuletzt, um unangenehmen Überraschungen im Magen-Darm-Trakt vorzubeugen. Lang geschmorte Eintöpfe und Currys mit Fleischinhalt können meist ohne Bedenken genossen werden, falls Sie nicht vegetarisch leben möchten. Soya, Linsen, Bohnen und Erbsen bilden mit ihrem pflanzlichen Eiweiß eine echte Alternative. Obwohl gemäß unseren Ansichten Fisch kein Fleisch ist, muß er bezüglich der gesundheitlichen Gefahren ebenso kritisch beurteilt werden, am besten mit Verzicht.

Früchte Wie verlockend kann doch das Angebot bei den Südfrüchten sein: Papaya, Ananas, Datteln, Mango, Granatapfel, Feigen, Guava … Diese sollten Sie nicht verschmähen. Voraussetzungen für den Genuß bilden einwandfrei frische Waren, saubere Hände oder keimfreies Wasser, falls die Frucht nicht geschält wird. Schälbare Früchte sind ideal und zumeist gefahrlos zu genießen, falls Ihre Hände und das benutzte Messer vorher gründlich gereinigt werden. Einmal geöffnete Früchte müssen sofort verzehrt werden. Eine einzige auf dem Fruchtfleisch landende

Die Sherpa lagern ihre Kartoffeln in Erdlöchern (Mieten), die das Knollengewächs vor den Winterfrösten schützen.

Fliege kann schon zu Komplikationen führen. Salat muß noch heikler eingestuft werden. Dieser kann nur in erstklassigen Hotels gegessen werden, wo die Blätter vorher mit entkeimtem Wasser gewaschen wurden. Im Zweifel verzichtet man auf den Genuß. Die orthodoxe Regel lautet: Kochen, schälen – oder vergessen.

Kleine Unpäßlichkeiten Diese betreffen meistens Magen oder Darm. Schlafstörungen und Kopfweh können auch dazu gezählt werden. Oft werden solche momentanen Erscheinungen durch den Reisestreß, »Jet-lag«, Zeitunterschied und die Umstellung in der Ernährung verursacht. Häufigste Folgen sind Verstopfung oder Durchfall. Bevor Sie zur Chemie greifen, können Sie auch den Versuch machen, Ihrem Organismus ein wenig Zeit zu lassen, sich an die Veränderungen zu gewöhnen. Voraussetzung dafür ist jedoch eine flexible, nicht zu ambitiöse Reiseplanung, in der solche Akklimatisationsprozesse zeitlichen Raum haben. Sollten sich diese kleinen Unpäßlichkeiten zwei bis drei Tage nach ihrem Auftreten nicht von selbst regulieren, ist allerdings mehr Vorsicht geboten und gegebenenfalls eine medikamentöse Behandlung angezeigt. Oft stecken dann gewisse Mikroorganismen dahinter. Bleiben Sie auf jeden Fall ruhig, die Chance, daß Sie wirklich ernsthaft erkranken, ist nämlich immer noch sehr gering, falls Sie diese Regeln befolgen.

Bei Durchfall will der Körper etwas loswerden, was ihm nicht paßt. Ein zu früh verabreichter Medikamentenschub kann zwar die Symptome bekämpfen, jedoch nicht die Ursache. Es ist oft klüger, einem einfachen Durchfall zuerst 24 Stunden lang mit stark erhöhter Flüssigkeitszufuhr zu begegnen und erst Medikamente einzusetzen, wenn der Durchfall dann noch nicht abgeklungen ist. Meist verschwindet er von selbst. Die Nebenwirkungen starker Medikamente können zu weiteren Komplikationen und zu Akklimatisationsstörungen führen. Zu forsches Abblocken der Beschwerden mit Medikamenten verhindert manchmal den Aufbau natürlicher Abwehrstoffe, und die Unpäßlichkeit kann sich nach wenigen Tagen wiederholen.

Die kleinen Tierchen Während wir die Störenfriede des Magen-Darm-Trakts nie zu Gesicht bekommen, sind andere lästige Tierchen, die sich an der Haut und dem darunter fließenden Blut laben, eher sichtbar. Zecken, Läuse und Wanzen pflegen besonders in Häusern und Hütten den ahnungslosen Bergfreund anzufallen. Ein Insektenpulver reinigt die Haut, den Schlafsack und die Wäsche nachhaltig. Gegen Mücken helfen wieder andere Mittel oder ein Moskitonetz. Jegliche Stich- oder Bißwunden von kleinen Tierchen verdienen es, einwandfrei desinfiziert zu werden. Eine Salbe gegen Juckreiz ist dabei kein Luxus.

Trekker, die während des Monsuns oder kurz danach unterwegs sind, werden mit Blutegeln rechnen müssen. Einen sicheren Schutz gegen sie gibt es nicht. Um sie zu entfernen hilft Salz, *Yermang* oder Schnupftabak. Die Bißstellen sollten anschließend desinfiziert und gepflegt werden.

Mit der allgemeinen Körperhygiene hat der oder die Reisende oft Probleme. Lösen Sie sich von der Vorstellung, die gleichen Reinigungsintervalle und die gleiche Gründlichkeit wie zu Hause anzustreben. Dies ist auch meistens nicht möglich. Waschen Sie sich und Ihre Wäsche dann, wenn sich eine gute Gelegenheit dazu bietet, zum Beispiel an einem Bach, wenn die Sonne scheint, im Hotel, an Ruhetagen, im Basislager usw. Die Rücksicht auf die Natur gebietet die Verwendung von

Beding ist die einzige Sherpasiedlung im Rolwalingtal. Die Sherpa von Beding haben ein Rezept gegen „kleine Tierchen“: Sie stellen sich in den Rauch ihrer Feuer.

biologisch abbaubaren Seifen und Waschpulvern. Diese Produkte sollten auch dem Anspruch genügen, in sehr weichem (kalkarmen) Wasser verwendet werden zu können.

Trocken ist gesund Um Erkältungen, Fieber, Rheumatismus, Gelenkschmerzen, Unterkühlungen und Hexenschüssen vorzubeugen, lohnt es sich, nasse oder auch leicht verschwitzte Wäsche sofort zu wechseln, falls Sie eine längere Pause machen oder am Tagesziel angekommen sind. Trockene Wäsche und Socken schützen viel besser vor Kälte. Es ist deshalb vor allem in der Höhe wichtig, Reservewäsche dabei zu haben. Schützen Sie vor allem den Kopf, den Hals, die Nierengegend und die Gelenke vor Nässe und Auskühlung.

Die Sonne In der sauberen Luft der Berge ist die Sonneneinstrahlung stärker als in tiefen Lagen. Sie kann deshalb gefährlich werden. Zudem muß aufgrund jüngster Veränderungen im Ozonhaushalt der Erde mit einer beachtlich höheren UV-Strahlung gerechnet werden. Vor allem Kopf und Augen müssen unbedingt immer gut geschützt bleiben. Zu starke Sonnenexposition von Körperteilen ist ungesund. Schützen Sie sich mit langärmeligen Hemden oder Blusen, langen Beinkleidern und einem möglichst hellen Sonnenhut. Bei starkem Sonnenschein befindet sich eine gute Sonnenbrille auf der Nase, und die Ersatzbrille, in einem stoßsicheren Etui verpackt, ist griffbereit. Genügend Sonnencreme mit hohem Schutzfaktor und ein Schutzstift für die Lippen sind immer dabei. Ohren, Nase und Lippen gilt es besonders gut zu schützen, denn diese Körperteile sind am anfälligsten gegenüber zu starker Sonneneinstrahlung.

Verzichten Sie bei sehr großer Hitze auf zu große körperliche Aktivitäten, und verlegen Sie diese auf die kühlen Stunden des Tages. Trinken Sie regelmäßig, besonders bei großer Hitze in den Schneeregionen. Trinken Sie nicht erst, wenn der Durst sich meldet, sondern vorher – am besten Flüssigkeiten ohne Keime. Wenig oder dunkler Urin zeigt Ihnen an, daß Sie zu wenig trinken.

Die Höhenkrankheit Die gefährlichste Krankheit, die auf einer Trekkingtour in Nepal auftreten kann, ist die Höhenkrankheit, auch AMS (Acute Mountain Sickness) genannt. Sie kann auf Höhenlagen von 2500 Metern über dem Meeresspiegel und darüber auftreten. Man unterscheidet drei verschiedene Formen:

- die frühe Bergkrankheit
- das Lungenödem
- das Gehirnödem

Die **frühe Bergkrankheit** tritt normalerweise nach zwei oder drei Tagen in Höhen von 2500 Metern und darüber auf und ist als Warnung zu verstehen. Schenkt man den Symptomen nicht die nötige Aufmerksamkeit, kann die frühe Bergkrankheit sich zum Lungen- oder Gehirn-Ödem weiterentwickeln. Die frühe Bergkrankheit hat folgende Merkmale: Kopfschmerzen, Übelkeit, Appetitlosigkeit, Schlaflosigkeit, Körperschwellungen (sogenannte Peripherialödeme an den Händen und im Gesicht). Bei Auftreten dieser Merkmale darf die betreffende Person ihren Aufstieg nicht fortsetzen, bevor sie sich davon erholt hat.

Ödeme sind krankhafte Ansammlungen von Wasser im Gewebe oder in bestimmten Organen. Das **Lungenödem** erfordert große Aufmerksamkeit und sofortiges Handeln. Die Merkmale sind: Schwäche, Müdigkeit, verstärkter Puls und schneller Atem, trockener Husten, später Husten mit wäßrigem oder blutigem Auswurf, geräuschvolles oder stoßweises Atmen, »Rasseln« in der Lunge, Druckgefühl auf der Brust, dunkle Fingernägel und dunkle Lippen. Oft treten nicht alle Merkmale zusammen auf.

Ein Patient mit Verdacht auf Lungenödem muß ohne jeglichen Verzug mindestens 1000 Höhenmeter absteigen, auf Höhen unter 3500 Meter oder entsprechend tiefer. Dort kann eine Genesung innerhalb von 24 bis 48 Stunden eintreten. Danach darf bei Bedarf wieder langsam angestiegen werden.

Das **Gehirnödem** besteht aus einer Schwellung des Gehirns, das sich aufgrund der Begrenzung durch den Schädel nicht weiter ausdehnen kann. Es tritt oft in Kombination mit dem Lungenödem auf. Es hat folgende Symptome: extreme Müdigkeit, Brechreiz, starke Kopfschmerzen, Gleichgewichtsstörungen, ungleichmäßige Schritte, undeutliche Artikulation beim Sprechen, abnormales Benehmen, Halluzinationen visueller und akustischer Art, Schwindel, Bewußtlosigkeit. Auch hier treten nicht immer alle Symptome gemeinsam auf.

Bei Verdacht auf Gehirnödem hilft nur sofortiges Handeln. Der Patient muß unverzüglich in tiefe Lagen evakuiert werden. Der Trek ist für ihn beendet, denn der Patient darf nicht in größere Höhen zurückkehren. Sehr oft müssen Gehirn-

Buddhi Man Tamang röstet Mais, den die Nepali tagsüber als Zwischenverpflegung schätzen.

ödem-Kranke gegen ihren Willen abtransportiert werden, da sie nicht mehr in der Lage sind, korrekte Entscheidungen zu treffen. Sie müssen von gesunden Personen begleitet werden. Der Abtransport hat mit Trägern, Tragtieren oder mit dem Helikopter zu erfolgen. Es ist jedoch sinnlos, auf einen solchen zu warten. Reagieren Sie rasch und konsequent. Der Gehirnödem-Patient ist bettlägrig. Achten Sie darauf, daß sein Kopf immer hoch gelagert ist. Massieren und Bandagieren der Beine vermindert die Gefahr einer Thrombose oder einer Embolie.

Vorbeugung gegen die Höhenkrankheit Das große Geheimnis bei der AMS liegt in der Prävention. Durch eine vernünftige Anreise und Routenwahl und die kompromißlose Berücksichtigung der Akklimatisationsintervalle kann eine Höhenkrankheit weitgehend vermieden werden.

Trinken Sie beim Marsch in größere Höhen mehr als sonst üblich, und zwar regelmäßig und gleichmäßig. Passen Sie die Gehgeschwindigkeit den Verhältnissen an, und machen Sie entsprechende Pausen. Die Atmung durch die Nase verhindert das übermäßige Austrocknen der Schleimhäute und zwingt Sie zum langsamen Vorrükken. Auf 3400 und 4300 Meter Höhe müssen im Aufstieg Ruhetage zur Anpassung eingeschaltet werden, falls Sie in Höhen über 5000 Meter steigen möchten. Bleiben Sie dabei aktiv. Benutzen Sie den »Ruhetag« für Ausflüge in die Höhe, kehren Sie aber zur Nachtruhe zurück. Sie müssen die Tatsache akzeptieren, daß Sie nicht in größere Höhen vordringen können, wenn Sie nicht genug Zeit dazu haben. »Nicht zu schnell zu hoch!« lautet der einfache Leitsatz. Der Körper braucht zur Akklimatisation Zeit, diese müssen Sie ihm gönnen. Bei der Höhenkrankheit spielen Medikamente, künstlicher Sauerstoff oder auch technische Hilfsmittel, zum Beispiel der Drucksack, eine untergeordnete Rolle. Wichtig ist das Erkennen der Situation und das sofortige Handeln. Das Geheimnis liegt aber darin, die Krankheit zu vermeiden.

Materialcheckliste

Achten Sie beim Materialeinkauf auf strapazierfähige Ware mit geringem Gewicht und geringem Volumen. Die wichtigsten Ausrüstungsgegenstände sind die Schuhe und der Schlafsack. Generell wird immer zuviel mitgenommen. Packen Sie sehr kritisch ein, Sie werden überrascht sein, daß Sie immer noch zuviel bei sich haben. Hier die Checkliste:

- ❑ Wanderschuhe / Trekkingschuhe
- ❑ Socken / Strümpfe
- ❑ Unterwäsche (3fach)
- ❑ lange Unterhosen
- ❑ Hemden / Blusen (dick / dünn)
- ❑ T-Shirts*
- ❑ Shorts
- ❑ Badehose / Badeanzug
- ❑ lange Gehhose / Wanderhose
- ❑ ein dicker Pullover*
- ❑ Handtuch
- ❑ Seife, Shampoo*
- ❑ Zahnbürste, Zahnpasta*
- ❑ Rasierer mit Akku
- ❑ Waschpulver, Waschseife*
- ❑ zwei Sonnenbrillen mit Seitenschutz / Etui
- ❑ Sonnenschutz
- ❑ Lippenschutz
- ❑ Stirnlampe, Ersatzbirnen
- ❑ Taschenmesser mit Schere
- ❑ Rucksack (35–40 Liter)
- ❑ Seesack
- ❑ Fotoapparat, Ersatzbatterien
- ❑ Filme
- ❑ Thermosflasche
- ❑ Geld / Kreditkarte
- ❑ ein dünner Pullover
- ❑ Faserpelzjacke
- ❑ Daunenjacke**
- ❑ Wollhandschuhe
- ❑ Wollmütze
- ❑ Sonnenhut*
- ❑ Regenschutz
- ❑ Schirm*
- ❑ Trainingsanzug / Pyjama
- ❑ Daunenschlafsack**
- ❑ Travellers Checks
- ❑ Reisepaß mit Visa, mit Fotokopie
- ❑ Impfzeugnis
- ❑ Notizmaterial, Bleistift
- ❑ Spitzer
- ❑ Kerzen*
- ❑ Kerzenständer, Kerzenlaterne
- ❑ Nähmaterial
- ❑ Zündhölzer, Feuerzeug*
- ❑ Uhr
- ❑ Paßfotos für Permit
- ❑ Literatur, Karten

* = diese Artikel können in Kathmandu gekauft werden
** = diese Artikel können in Kathmandu gemietet werden

Junger Tamang aus Tibling.

- ❑ Routenbeschreibung
- ❑ kleine Geschenke für unterwegs
- ❑ Zelt, Matratze, Rollmatte**
- ❑ Wanderstöcke

Zusatzausrüstung für das Hochgebirge

- ❑ doppelte Bergschuhe
- ❑ Überhose
- ❑ Überhandschuhe
- ❑ Gamaschen**
- ❑ Eispickel**
- ❑ Steigeisen
- ❑ Klettergurt
- ❑ Seile
- ❑ Karabiner, Haken**
- ❑ Eisschrauben**
- ❑ Fernglas
- ❑ Höhenmesser
- ❑ Kompaß
- ❑ Biwaksack
- ❑ Rettungsdecke, Isoliermatte
- ❑ Karten

Die kleinen Geschenke für unterwegs können sein: Kleider, Schreibzeug, Schreibhefte, Taschenmesser, Gemüse- und Blumensamen.

Apotheke

Für folgende Eventualitäten sollten Sie gewappnet sein:

- ❑ Erste Hilfe
- ❑ Verstopfung
- ❑ Durchfall
- ❑ Fäulnisbildung (Lamblia)
- ❑ Wasserentkeimung
- ❑ Insektenpulver
- ❑ Juckreiz
- ❑ Sonnenbrand
- ❑ schwere Entzündungen (Antibiotika)
- ❑ Schwäche (Traubenzucker / Salzlösungen)
- ❑ Husten
- ❑ Schnupfen
- ❑ Fieber
- ❑ Augenentzündungen
- ❑ Kopfweh
- ❑ Schlafstörungen
- ❑ Gelenkschmerzen
- ❑ Muskelschmerzen
- ❑ Reisekrankheit
- ❑ Vitaminmangel
- ❑ Hautpilze

Geld – in welcher Form?

Die Nepal-Rupie ist weder frei konvertierbar, noch darf sie in Nepal selbst eingeführt oder von dort ausgeführt werden. Für die Bestreitung der Auslagen eignen sich Deutsche Mark, Schweizer Franken, Französische Franken, Holländische Gulden, Englische Pfund oder US-Dollar. Es gilt, eine vernünftige Mischung zwischen Bargeld und Travellers Checks zusammenzustellen, die den kurz- und längerfristigen Auslagen gerecht wird. Die Umwechslung erfolgt in Kathmandu bei einer der vielen Banken oder im Hotel. Die Umrechnungskurse werden täglich in der Zeitung »The Rising Nepal« publiziert.

Anfangs 1995 galten folgende gerundete Wechselkurse:

1 US-$	=	NRs 50.–	/	NRs 100.–	=	US-$	2.–
1 CHF	=	NRs 40.–	/	NRs 100.–	=	CHF	2.50
1 DM	=	NRs 33.–	/	NRs 100.–	=	DM	3.–

Viele gute Hotels und Geschäfte akzeptieren auch die gängigen Kreditkarten.

Der Metzger von Lho zerteilt die letzten Reste eines Yaks.

Touren ins Hochgebirge sind nur bei entsprechender Erfahrung und mit erprobter Ausrüstung zu empfehlen.

Tariftabelle für die Trekkingpermits*

Visumsgebühren

Für die Einreise nach Nepal ist ein Visum erforderlich. Dieses berechtigt für den Besuch von Kathmandu, Pokhara, die gesamte Mahabharath Lekh und die Siwalikberge sowie den Terai, inklusive Chitwan-Nationalpark. Ein solches Visum kann im Heimatland bei der Botschaft oder einem Konsulat des Königreichs Nepal beantragt werden. Es ist aber auch bei der Einreise am Tribhuvan Airport von Kathmandu oder einem Straßenzollamt erhältlich:

- Visum (gültig für 30 Tage):
  US-$ 40.– pro Paß;
- Visumsverlängerung für den 2. Monat:
  US-$ 2.– pro Tag;
- Visumsverlängerung für den 3. Monat:
  US-$ 3.– pro Tag;

* = Stand August 1995

Trekkingbewilligungen

1. **Kangchenjunga, Äußeres Dolpo**
   für die ersten 4 Wochen:
   US-$ 10.– pro Woche / Person;
   nach 4 Wochen:
   US-$ 20.– pro Woche / Person;
2. **Mustang, Inneres Dolpo**
   Grundgebühr für mindestens 10 Tage:
   US-$ 700.– pro Person;
   nach Ablauf von 10 Tagen:
   US-$ 70.– pro Tag / Person;
   dazu kommen die Kosten für den Verbindungsoffizier.
3. **Manaslu (Jagat – Sama – Thonje)**
   von September bis November:
   US-$ 90.– pro Woche / Person;
   von Dezember bis August:
   US-$ 75.– pro Woche / Person;
   dazu kommen die Kosten für den Verbindungsoffizier.

4. **Alle anderen Gebiete (Annapurna, Khumbu, Langtang etc.)**
für die ersten 4 Wochen:
US-$ 5.– pro Woche / Person;
nach 4 Wochen:
US-$ 10.– pro Woche / Person;

Eintrittsgebühren für Nationalpark und ACAP

Nepal besitzt über 11 000 km² Naturschutzgebiete, das sind 7,9% der Fläche. Die meisten bekannten Trekkingrouten enden in einem solchen Nationalpark oder im ACAP (Annapurna Conservation Area Project).

- Die Eintrittsgebühr beträgt einheitlich NR 650.– pro Trekkingpermit.

Bei Treks, für die mehrere Permits ausgestellt werden (z. B. Manaslu: 1. Permit Benighat – Jagat, 2. Permit Jagat-Thonje und 3. Permit Thonje – Bensisahar), muß unter Umständen die Eintrittsgebühr mehrmals, eben pro Permit, bezahlt werden, sofern die im Permit abgedeckten Strecken den Nationalpark oder das ACAP streifen. Dies ist beim Manaslu der Fall.

Hier die Namen der wichtigsten Nationalparks (von West nach Ost, die mit * bezeichneten Parks werden von unseren Routen berührt): Royal Shuklaphant, Khaptad, Royal Bardiya, Rara*, Shey-Phoksumdo*, Annapurna (ACAP)*, Royal Chitwan, Langtang*, Sagarmatha*, Makalu-Barun*, Koshi Tappu.

Gebühren für Trekkinggipfel

Für die Besteigung von Trekkinggipfeln müssen US-$ 300.– pro Berg an die Nepal Mountaineering Association entrichtet werden. Ein Trekkingpermit für Rolwaling kann nur mit einer Genehmigung für einen Trekkinggipfel gelöst werden.

Die Trekkingpermits, Nationalparkeintritte und Visumsverlängerungen werden bei einer Gruppenreise durch Ihre Agentur besorgt. Beim Individualtrek können diese Formalitäten bei folgender **Adresse** erledigt werden:
Ministry of Home Affairs
Department of Immigration (DOI)
Tridevi Marg, Thamel
Kathmandu
Öffnungszeiten:
Sonntag bis Donnerstag 10–17 Uhr,
Freitag 10–15 Uhr
Empfangsschalter 10–12 Uhr
Samstag und Feiertage geschlossen.

Das Rolwaling-Tal darf nur mit einer zusätzlichen Gipfelgenehmigung besucht werden.

Statistik und Vergleiche

	Nepal	Deutschland
Fläche	147 181 km²	356 854 km²
Einwohner (1995)	22 Mio.	81,3 Mio.
Bevölkerungsdichte	150 Ew/km²	228 Ew/km²
Lebenserwartung	54 Jahre	76 Jahre
Bevölkerungswachstum	2,6%	0,2%
Analphabeten	74%	1%
Bruttosozialprodukt je Ew.	$ 170.–	$ 23 030.–
Energieverbrauch (in Rohöleinheiten)	23 kg RöE/Ew.	4358 kg RöE/Ew.
Inflation	9,2%	2,7%

Einige Wirtschaftsdaten Nepals

Außenhandel
Import (Industriegüter, Maschinen, Energie) $ 687 Mio.
Export (Teppiche, Textilien, Landwirtschaft) $ 369 Mio.

Tourismus (seit 1950 möglich)

		Gesamt	davon Trekking
Anzahl der Touristen	1985	180 000	28 000
Anzahl der Touristen	1990	300 000	40 000
Anzahl der Touristen	1995	350 000	50 000

Trekkingtourismus / Aufteilung nach Gebieten

	Annapurna	Khumbu	Langtang	Restgebiete
1985	15 000	7 500	4 000	1500
1990	20 000	10 000	8000	2000
1995	23 000	13 000	10 000	4000

Quellen: Entwicklungsbericht der Weltbank, Statistische Länderberichte, Central Bureau of Statistics and Department of Immigration, Kathmandu

Die Zahlen zu Tourismus und Trekkingtourismus sind gerundet. Die Zahlen von 1995 sind eigene Schätzungen aufgrund der Entwicklungen von 1982 bis 1994.

Bibliographie

Anderson, Mary M.: The Festivals of Nepal, Calcutta 1988

Aran, Lydia: The Art of Nepal, Kathmandu 1978

Banerjee, Nil Ratan: Nepalese Architecture, Delhi 1980

Banzhaf, Bernhard Rudolf: Nepal – Schritt für Schritt, München 1988

Banzhaf, Bernhard Rudolf: Nepal – Trekkingführer, München 1991

Baumgartner, Ruedi: Trekking und Entwicklung im Himalaya, Diessenhofen 1980

Bernstein, Jeremy: The Wildest Dreams of Kew, London 1970

Bista Dor Bahadur: Fatalism and Development, Calcutta 1992

Bista Dor Bahadur: People of Nepal, Kathmandu 1980

Boon, Jan: Nepal, Buchenhain 1970

Brook, Elaine: The Windhorse, London 1986

David-Neel, Alexandra: Im Schatten des Himalaya, Wiesbaden 1953

Dyhrenfurth, Günter Oskar: Zum dritten Pol, Zürich 1952

Eiselin, Max: Erfolg am Dhaulagiri, Zürich 1960

Erni, Paul: Namaste, Luzern 1990

Fantin, Mario: I monasteri della regione del Khumbu, Firenze 1971

Fantin, Mario: Il Nepal, Firenze 1972

Fantin, Mario: Mani Rimdu, New Delhi 1976

Fantin, Mario: Sherpa – Himalaya – Nepal, Bologna 1971

Frank, Dietmar: Traumland Nepal, München 1974

Freshfield, Douglas William: Round Kangchenjunga, London 1903

von Führer-Haimendorf, Christoph: Exploratory Travels in Highland Nepal, Dehli 1991

von Fürer-Haimendorf, Christoph: Himalayan Barbary, London 1955

von Fürer-Haimendorf, Christoph: Himalayan Traders, London 1958

Gruber, Ulrich: In den Tälern des Nepal-Himalaja, München 1985

Gruber, Ulrich: Nepal, München 1991

Gruber, Ulrich: Pagoden, Yaks und Lamaklöster, Berlin 1970

Haas, Ernst: Im Himalaya, Düsseldorf 1978

Hagen, Toni u. a.: Mount Everest, Zürich 1959

Hagen, Toni: Nepal, Bern 1987

Hardie, Norman: Im höchsten Nepal, München 1959

Harrer, Heinrich: Tibeter-Teppiche, Innsbruck 1987

Herzog, Maurice: Annapurna – erster Achttausender, Wien 1952

Hillary, Edmund: Sagarmatha, Singapore 1991

Högger, Rudolf: Wasserschlange und Sonnenvogel, Frauenfeld 1993

Hunt, John: Everest – Kampf und Sieg, Wien 1954

Jest, Corneille: Dolpo, Paris 1975

Jonas, Rudolf: Ho, Pasang!, Wien 1954

Karki/Shrestha: Basis Course in Spoken Nepali, Kathmandu 1994

Kirch, Joelle: Himalaya, München 1986

Kleinert, Christian: Haus- und Siedlungsformen im Nepal Himalaya, Innsbruck 1973

Kleinert, Christian: Siedlung und Umwelt im Zentralen Himalaya, Wiesbaden 1983

Kopp, Hans: Sechsmal über den Himalaya, Freiburg i. Br. 1955

Maillart, Ella: The Land of the Sherpas, London 1955

Matthiessen, Peter: Auf der Suche nach dem Schneeleoparden, Bern 1980

Meerendonk, Martin: Basic Dictionary English – Gurkhali, Malaya 1958

Mierow/Shrestha: Himalayan Flowers and Trees, Kathmandu 1987

Mitcalfe, Ann: Trekking from Sikkim to Pakistan, Auckland 1987

Nairz, Wolfgang: Nepal durchwandern und erleben, Innsbruck 1984

Peissel, Michel: Das verbotene Königreich, Berlin 1968

Peissel, Michel: Tiger for Breakfast, London 1966 und Dehli 1990

Rowell, Galen: Many People Come, Looking, Looking, London 1980

Sakya, Karma: Dolpo – Hidden Paradise, Delhi 1991

Schweinfurth, Ulrich: Die horizontale und vertikale Verbreitung der Vegetation im Himalaya, Bonn 1957

Senft, Willi: Bergwandern in Nepal, Graz 1975

Smith, Thomas: Narrative of a Five Years Residence at Nepaul, London 1852

Snellgrove, David L.: Four Lamas of Dolpo, London 1967

Snellgrowe, David L.: Himalayan Pilgrimage, Shaftesbury 1989

Swift, Hugh: The Trekker's Guide to the Himalayas and Karakoram, London 1982

Das Sherpaland ist durch die Schneiderkarten gut abgedeckt. Hier sehen wir Thame und rechts am Hang die schöne Klosteranlage von Thame Gompa.

Tichy, Herbert: Himalaya, Wien 1958
Tichy, Herbert: Land der namenlosen Berge, Wien 1954
Tichy, Herbert: Menschenwege – Götterberge, Wien 1960
Tilman, Harold William: Nepal Himalaya, Cambridge 1952
Treichler, Robert: Nepal selbst entdecken, Zürich 1982
Uhlig, Helmut: Himalaya, Bergisch Gladbach 1987
Ullman, James Ramsey: Man of Everest: Tenzing, London 1955
Unsworth, Walt: Everest, London 1981
Valli, Eric: Dolpo – le pays chaché, Paris 1986
Valli/Summers: Aufbruch am Ende der Welt, Hamburg 1994
Varya Tank Vilas: Nepal Cultural Heritage, Kathmandu 1986
Vossmann, Gayaka: Nepali für Globetrotter, Bielefeld 1988
Warth, Dietlinde: Der lange Abschied, Rosenheim 1987
Warth, Hermann: Tiefe überall, Rosenheim 1986
Younghusband, Francis: Der Heldensang vom Mt. Everest, Basel 1928

Karten

Nepal allgemein
»Nepal« 1:500 000, Nelles München
Solu, Rolwaling
»Lapchi Kang« 1:50 000*
»Rolwaling Himal« 1:50 000*
»Tamba Kosi / Likhu Khola« 1:50 000*
Khumbu
»Shorong / Hinku« 1:50 000*
»Khumbu Himal« 1:50 000*
»Mt. Everest« 1:50 000, Schweiz. Stiftung f. Alpine Forschung
Helambu / Langtang
»Helambu / Langtang« 1:100 000*
Annapurna
»Annapurna« 1:100 000, ACAP Kathmandu
* = Arbeitsgemeinschaft für vergleichende Hochgebirgsforschung (»Schneiderkarten«)

Ferner sind zu den einzelnen Trekkinggebieten die sogenannten »MANDALA MAPS« der Nepal Police publiziert worden. Diese Blaupausen sind in Kathmandu erhältlich. Sie dienen aber kaum zur Orientierung im Gelände, da sie sehr ungenau sind und damit allerhöchstens eine Übersicht über das Gebiet geben können.

Glossar

ACAP – Annapurna Conservation Area Project, Naturschutzzone, die den gesamten Annapurna Himal umfaßt

Asan / Asantole – Zentrum der Basarstraßen in Kathmandu

Bahun – Kastengruppe der Priester, in Indien Brahmanen genannt. Führende soziale Schicht, praktisch in ganz Nepal bis 1500 Metern verbreitet. Sprache: Nepali, Religion: Hinduismus

Banyan – lat. *ficus bengalensis*, Schattenspender der Subtropen

Barbung – Bezirk im Äußeren Dolpo, Ursprung des Barbung Tsangpo, resp. Bheri

Bartflechte – lat. *usnea*, in feuchten Bergwäldern bis 3500 Meter häufig zu sehen

Berberitze – lat. *berberis asiatica*, typische Stachelbüsche in den trockenen Hochtälern

Bhanjyang – nep. = Paß

Bhotia – Sammelbegriff tibetischer Volksgruppen, von nep. *bhot* = Tibet

Blauschaf – lat. *pseudois nayaur*, steht zwischen Ziege und Schaf, im Inneren Himalaja zu sehen, bevorzugte Beute des Schneeleoparden

Bodhisattva – Wesen im Mahayana-Buddhismus, das Erleuchtung erreicht hat, aber auf den Eingang ins Nirvana verzichtet, um bei den Menschen Gutes zu tun

Bönpo – vorbuddhistische Religion in Tibet

Caragana – lat. *caragana brevispina*, Erbsenstrauch

Champa – der Buddha des kommenden Zeitalters (sanskrit Maitreya / der Liebende, Allgütige)

chang – nep. = Bier, üblicherweise aus Reis, Gerste, Mais, Hirse oder Weizen angesetzt

chapaati – Brotfladen

chautaara – Plattform bei Rastplätzen in Nepal

Chenrezig – Schutzpatron Tibets (sanskrit Avalokitesvara / der gütig herabschauende Herr)

Chhetri – Kastengruppe der Krieger, in Indien Kshatriya genannt. Hohe soziale Schicht, praktisch in ganz Nepal bis 1500 Meter verbreitet. Sprache: Nepali, Religion: Hinduismus

Chhu – tib. = Wasser, Bach

chiuraa – nep. = gestampfter Reis

chöba – tibet. Pauschalbezeichnung für die Lamaisten

chörten – tib. Bezeichnung für Stupa = Basis des Glaubens, lamaistisches Monument, meist Reliquien bedeutender Lama enthaltend

Damai – Kastengruppe der Schneider und Musikanten. Niedere soziale Schicht, in ganz Nepal in der Nähe der Bahun und Chhetri vertreten. Sprache: Nepali, Religion: Hinduismus

Dasain – großes hinduistisches Erntedankfest nach der Reisernte im Oktober

Deuthal – nep. = Heiligtum

dharma – nep. = Glaube, Weg der Tugend

Dolpo-pa – tib. = Dolpo-Volk, tibetischstämmige Bevölkerung von Dolpo

Doti – Indo-arischer Volkstamm in Nordindien (Uttar Pradesh), auch in Westnepal verbreitet. Sprache: Hindi und Dialekte, Religion: Hinduismus

Dumjee – religiöses Fest im Sherpaland, wird kurz vor der Regenzeit gefeiert

gaagri – traditionelles Wassergefäß aus Messing

Gelukpa – Gelbmützensekte im Lamaismus

ghot – nep. = Sommerhaus

Glanzfasan – lat. *lophophorus impejanus*, in den Hochtälern beheimatete Fasanenart mit glänzendem farbigem Gefieder, auch Monal genannt (nep. *danphe*)

Gompa – tib. = Kloster

Gonda – sherpa = Kloster

Großer Himalaja – Hauptkette des höchsten Gebirges der Welt, weist in Nepal 8 Gipfel über 8000 m auf

Guru Rimpoche – Gründer des Nyingmapa-Ordens (sanskrit Padmasambhava / der kostbare Lehrer)

Gurung – Mongolischer Volksstamm, Hauptsiedlungsgebiet südlich von Annapurna und Gurkha Himal. Sprache: Gurung (tibeto-birmanischer Dialekt) Religion: Hinduismus und Lamaismus

gyalpo – tib. = König

Hemlocktannen – lat. *tsuga dumosa*, wichtige Koniferenart in Höhen von 2000 bis 3500 m

Hügel – dem Großen Himalaja vorgelagerte Bergzone mit Nord-Süd verlaufenden Rücken. Wichtiges Siedlungsgebiet (engl. hills, nep. *pahar*, *lekh* oder *danda*)

Indrachowk Platz am Rande des Basarviertels in Kathmandu
Innerer Himalaja Hochtäler und Schluchten nördlich der Hauptkette
jhankri nep. = Schamane
Kami Kastengruppe der Eisenschmiede. Niederste soziale Schicht, in ganz Nepal als Berufskaste anzutreffen. Dorfgemeinschaften in Westnepal und im Äußeren Dolpo. Religion: Hinduismus, Sprache: Nepali
Kargyüpa Rotmützensekte im Lamaismus
kata tib. = weiße Glücksschärpe
kharka nep. = Sommerdorf
khasru nep. = Eiche, lat. *quercus semicarpifolia*
Kiranti urnepalesische Volksgruppe, umfaßt die Stämme der Rai und der Limbu. Mongolische Rasse mit ebenmäßigen Gesichtszügen. Hauptsiedlungsgebiete in Ostnepal (Rai zwischen Dudh Kosi und Arun, Limbu zwischen Arun und Sikkim). Sprache: Rai und Limbu (Kirant), starke lokale Dialektabweichungen. Religion: Hinduismus
Kumaon Indo-arischer Volksstamm in Nordindien (Uttar Pradesh), auch an der Westgrenze Nepals zu finden. Sprache: Hindi und Dialekte, Religion: Hinduismus
labtsa Steinhaufen auf Pässen in tibetisch-buddhistischen Gebieten
Lamaismus tibetische Form des Buddhismus
Lärche lat. *larix griffithii*, nur nördlich und westlich des Gurkha Himal und im Kangchenjunga Himal zu finden
lhakang tib. = Gotteshaus, religiöser Versammlungsraum im Kloster oder Privathaus
Limbu siehe Kiranti
Magar Mongolischer Volksstamm, Hauptsiedlungsgebiet in Westnepal zwischen Terai und dem Inneren Himalaja. Sprache: Magar, Nepali, tibet. Dialekt in Dolpo. Religion: Hinduismus, Lamaismus, Animismus
Mahabharat Lekh Ost-West verlaufende Bergkette im südlichen Drittel Nepals, bis 3000 m hoch
Mandala sanskrit = mystischer Kreis
Mani Rimdu lamaistisches Tanzfest, wird speziell in den Klöstern Tengpoche, Thame und Chiwong gepflegt
mani tib. = Gebetsstein, Gebetsmauer
Manjusri Bodhisattva (der glorreiche Sanftmütige)
Mantra Gebetsformel, Meditationshilfe
Naaike nep. = Trägerchef
nak sherpa = weibliches Yak (lat. *bos gruniens*)
Namaste / Namaskar nepalesische Grußformel
Newar urnepalesische Volksgruppe, Hauptsiedlungsgebiet: Kathmandutal und Basarorte in den nahen Flußtälern. Geschickte Handwerker und Händler. Sprache: Newar (tibeto-birmanischer Dialekt), Religion: Buddhismus, Hinduismus
Nyingmapa einer der großen Mönchsorden des Lamaismus
Om mani padme hum lamaistisches Mantra (sanskrit = Oh Du Juwel in der Lotusblüte)
Padmasambhava großer indischer Tantriker im 8. Jh. (unserer Zeitrechnung), Gründer des Nyingmapa-Ordens
pahaari nep. = Hügelbauer, in den Hügeln ansässiger Nepali
Panchayat parteiloses Regierungssystem in Nepal, das zwischen 1960 und 1990 an der Macht war. Große Königstreue
Parvati Partnerin des Hindu-Gottes Shiva mit verschiedenen Erscheinungsformen, so u. a. Kali, Annapurna
Pipal lat. *ficus religiosa*, beliebter Schattenspender in Nordindien und Nepal
Pokhari nep. = See, Tümpel
Rai siehe Kiranti
raksi nep. = Schnaps, meist aus Reis, Gerste, Mais, Hirse oder Weizen destilliert
Rangitam tibeto-birmanischer Dialekt, Stammessprache der Tamang
Rautye urnepalesische Volksgruppe, nomadisierende Waldbewohner in Westnepal. Sprache: tibeto-birmanischer Dialekt, Nepali; Religion: Animismus
Rhododendron weitverbreitete Art in Nepal mit vielen Formen von Zwergrhododendron bis zur Baumform (lat. *rhododendron arboreum*)
Roxburghkiefer lat. *pinus roxburghii*, in Höhenlagen von 1000 bis 3000 m zu finden
rupi weitverbreitete Starenart in Nepal, immer paarweise anzutreffen, bis 2500 m
Sakyamuni 563–483 v. u. Z., der historische Buddha, Religionsstifter (der Weise

aus dem Geschlecht der Sakya), sehr oft auf *thangkas* zu sehen, der irdische Buddha des jetzigen Zeitalters

Sakyapa – einer der großen Mönchsorden des Lamaismus

Sal – lat. *shorea robusta*, Hartholzart in den subtropischen Zonen bis ca. 1000 m

Sarki – Kastengruppe der Gerber und Schuhmacher. Niedere soziale Schicht, in ganz Nepal in der Nähe von Bahun und Chhetri anzutreffen. Sprache: Nepali, Religion: Hinduismus

shakpa – Eintopfgericht der Sherpa

Sherpa – tibeto-mongolischer Volksstamm, vor ca. 500 Jahren aus Osttibet eingewandert, deshalb der Name (von tib. shar = Osten, pa = Volk). Hauptsiedlungsgebiet: Solu, Pharag und Khumbu; Sprache: Sherpa (tibet. Dialekt); Religion: Lamaismus. Traditionell mit Expeditions- und Trekkingtourismus beschäftigt

Shiva – Hindu-Gott der Zerstörung

shomar sen – Sherpa-Gericht, Getreidepaste aus Buchweizen- und Hirsenmehl, dazu eine scharfe Sauce aus Buttermilch

Sirdar – nep. *sardar* = Anführer, Chef-Sherpa bei Expeditionen und Trekkings

Siwalik – Hügelkette unmittelbar nördlich des Terai, verläuft von Westen nach Osten und erreicht max. 1000 m Höhe, auch Churia genannt

Stecheiche – lat. *quercus semicarpifolia*, leider stark dezimierter Laubbaum im Himalaja, wird für Futterzwecke geschneitelt

Stupa – sanskrit = Basis des Glaubens, große symbolhaltige Monumente des Buddhismus, oft mit Reliquien großer Lama, tib. *chörten*

Sunar – Kastengruppe der Goldschmiede. Niedere soziale Schicht, oft in Basarorten und auf der Stör anzutreffen. Sprache: Nepali, Religion: Hinduismus

sunpaati – wohlriechende Zwergrhododendronart, in großen Höhen anzutreffen, von nep. *sun* = Gold, *paati* = Blatt

Sunwar – urnepalesische Volksgruppe. Hauptsiedlungsgebiet Ostnepal, spezialisiert auf die Verarbeitung von Bambus. Sprache: tibeto-birmanischer Dialekt, Nepali, Religion: Hinduismus

Tahr – lat. *hemitragus jemlahicus*, indische Bergziege, in den Hochtälern des Himalaja recht zahlreich

taal – nep. = See

Tamang – Mongolischer Volksstamm, vor ca. 800 Jahren aus Tibet eingewandert. Siedlungsgebiet: südlich des Ganesh Himal, auf den Hügeln rund um Kathmandu und Helambu. Sprache: Rangitam (tibeto-birmanischer Dialekt), Religion: Lamaismus

Tarap – Bezirk im Äußeren Dolpo

Terai – flacher Tieflandgürtel im Süden Nepals. Dicht bevölkert, viele Städte und einige Basisindustrien

Thakali – tibeto-mongolischer Volksstamm. Siedlungsgebiet Thak Khola (Kali Gandaki). Ehemals im Salzhandel aktiv. Sprache: Nepali und tibetobirmanischer Dialekt, Religion: Lamaismus, Bönpo

Thakuri – Königskaste innerhalb der Chhetri. Vor allem in Westnepal beheimatet. Sprache: Nepali, Religion: Hinduismus

thangka – tib. = Nachricht, religiöse Rollbilder, die nach strengen ikonographischen Gesetzen gemalt werden, alte Tradition

Tharu – urnepalesische Volksgruppe. Hauptsiedlungsgebiet im Terai. Ehemals Fischer und Jäger, gegen Malaria immun. Sprache: Tharu (tibeto-birmanischer Dialekt), Religion: Hinduismus, Animismus

Tichurung – südlichster Bezirk des Äußeren Dolpo

tikaa – Farbpunkt mit religiöser Bedeutung, der auf der Stirn angebracht wird

tongba – Hirsebier, das östlich des Arun bis hinein nach Bhutan getrunken wird

topi – traditionelle farbige Kopfbedeckung für Männer

Tränenkiefer – lat. *pinus excelsa*, weit verbreitete, schnellwachsende Art, in Höhen ab 1000 m bis 3500 m zu sehen, starke Harzbildung (Tränen)

tsangpo – tib. = Fluß

ulluk – Münzenspiel im tibetischen Kulturraum

Vishnu – Hindu-Gott der Erschaffung

Wacholder – lat. *juniperus*, verschiedene Arten in den Hochtälern zu finden

yermang – Kartoffelgewürz der Sherpa

Yak – lat. *bos gruniens*, Hochlandrind in Tibet und im nördlichen Nepal, kann unterhalb von 3000 m Höhe nicht leben

Zopkyo – männliche Hybride zwischen Rind und Yak, beliebtes Tragtier

Register

Geradestehende Ziffern verweisen auf Textstellen, *kursive* Ziffern auf Abbildungen.

Abrog La 217
ACAP 66, *69,* 73
ACAP-Gebühr 246
Adhikari 28
Aekle Bhatti *55*
Akklimatisation 241
Amai Dablang 96
Amphu Labtsa 187, 217
Anforderungen 43, 45 ff.
Annapurna Himal 48, *49, 52–53,* 54 ff., 68 ff., 212
Annapurna I 54, 66, 69
Annapurna II 60
Apotheke 243
Architektur 27
Arun-Barun 51, 182 ff., 223
Ausrüstung 242
Baidam 68
Banyan 166
Barun 51, 182 ff.
Barun La *185*
Beding 173 f., *239*
Bensisahar 54
Bergkrankheit 240
Bevölkerungsexplosion 46
Bewilligungstarife 245 f.
Bhojpur 224
Bibliographie 248 f.
Bista, Jigme Palbar 136, 137, 142, 145
Blutegel 238
Bönpo 65, 128
Boudhanath *31*
Braga 60, *212*
Buanethan Bhanjyang 197
Buddhismus 23 ff., 128
Buddhistische Klöster 235
Buri Gandaki 148
Chainpur 180
Chatra 224
chautaara 56
Checkposten 56
Chhayathan 219, 220
Chhukhung 99
Chhuling Khola 214
Chitwan *12–13*
Churia 14
Danpheko Lekh 119
dega 23, 25
Demokratie 28 ff.
Deorali 77
Dharan 224
Dhaulagiri 208
Dhaulagiri Himal 50, 208, 210
Dho 128
Dhorpatan 205, 210
Dolpo 50, 124 ff., 200, 205
Dudh Kosi 84, 91
Dudh Pokhari 214
Dungisor 199
Einkauf 233
Elefant *33*
Empfindung 34 ff.
Entwicklung 168 f.
Erkältungen 239
Erlebnis 34 ff.
Everestgebiet 50, 76, 86 ff., 216 ff.
Familienkultur 27, 161
Ferner Westen 50, 116, 198, 200
Feuer 235
Fleisch 237
Fortschritt 168 f.
French Col 209
Früchte 237
Ganesh Himal 51, 151 ff., 162 ff.
Gaurisankar 170
Gebirgsstöcke 14
Gefahren 43 ff., 48
Gehirn-Oedem 240
Geld 243
Geschichte 28
Gesundheitsregeln 236 ff.
Ghandrung 73
Ghorapani *69,* 70, 71, 72
Ghunsa 194
Globale Lage 36
Glossar 250
Gokyo 95
Gosainkund 109
Grosser Himalaja 14, 55
Guava 57, 237
Gurkha Himal 51, 146 ff., 162 ff., 214, *215*
Haku 155, *155*
Helambu 50, 102 ff.
Helikopterrettung 46
Hillary 94, 100
Himalajazeder *117,* 121, 122
Hinduismus 23 ff.
Hinduschreine 235
Hinku 217
Hiunchuli *70–71*
Hochgebirgsausrüstung 243
Höhenkrankheit 44, 46, 96, 240 ff.
Holz *27,* 46 f.
Hügelzone 16
Hunku 217
Hygiene 238
Impfungen 236
Innerer Himalaja 14
Iris *25*
Islam 25
Jalja La 205, 210
Jang La *207*
Jharkot *2–3 (4), 63,* 64
Jigme Palbar Bista 136, 137, 142, 145
Jiri 76, 77
Jomosom 64
Jorsale 91
Jumla 116, 198, 202, *202*
Jumla-Korridor 72, 119
Junbesi 82
Kala Pattar 98
Kali Gandaki 62, 64, 65, 67
Kalopani 66
Kälte 62
Kang La 135
Kangchenjunga Himal 51, 188
Karawanen-Trek 41
Karten 249
Kasten 22, 158
Katari 220
Kathmandu *15,* 18 ff., *19, 23, 35,* 43, 238
Kenja 78, 79
Kerosinkocher 236
Khumbu 50, 76, 86 ff., 216 ff.
Kilometerzahl 51
Kimalung *17,* 224
Kleidung 235
Kleine Tierchen 238
Klima 36 ff.
Klöster 235
Koirala 28
König 27
König von Mustang 136, 137, 142, 145
Körperhygiene 239
Kosenamen 106
Kristallkloster 133
Kultur 26 ff.
Kulturkreise 21, 26
Kutumsang 105
Kyangjing Gompa *107*
Lamaismus 23 ff.
Lamje 219
Lamjung Himal *58–59,* 212
Lamjura 78, *79,* 80, 81
Landrung 74
Landschaftsschutz 235 f.
Langtang 50, 102 ff.
Lapsang La 193 f.
Larkya La 146, 147, 152
Laurebina La 109
Lho Manthang 142
Lhonak 196
Liedgut 26

Literatur 26
Lodge 41 ff., 72, 73
Lodgebesitzer 233 f.
Luglha 85, 87, 89
Lumbasumba Himal 226
Lumding 217
Lumding La 217
Lungen-Oedem 240
Machhapuchhare *52–53,* 68
Magar 203
Mahabharat Lekh 16
Makalu *179*
Manang 61, *67*
Manang-bhot
Manedingma 83
Manimauer *129*
Marpha 64, 65, *233*
Marschtempo 46
Marschzeiten 51
Marsyangdi 56, 59
Materialcheckliste 242
Maultier 64, 66, 70, *99,* 139
Mayam Danda 224
Medikamente 235
Mera La 217
Mera Peak 217
Mittag 58
Mittelland 16
Monsun 36 ff., 66
Morgenessen 57
Moro La 217
Mt. Everest 86, *88–89,* 171, *179*
Muktinath *2–3 (4),* 63
Mustang 50, 136 ff.
Myagdi Khola 208
Namche Bazar 91, 92
Namun Bhanjyang 212
Nationalparkgebühr 246
Nepal Communist Party 28
Nepal Congress Party 28
Nepalganj 199
Nepali 21 f., 56
Okhaldhunga 218
Ostnepal 51, 176 ff.
Pagode 23, 25
Paldol Bhanjyang 156
Panchayat 26
Pangkongma La 222
Pangpema 197
Pangpoche 96
Pangsing Bhanjyang 157, *159*
Pathana 74
Personal 233
Phagune Duri *207*
Phakdingma 89
Phewa Tal 68
Phoksumdo Tsho *130–131,* 135
Phortse 96
Pipal 56, 166
Pisang 60
Planung 44, 232 f.
Pokhara 68, 69
Politik 27 ff.
Poon Hill 68, 71
Probleme 43 ff.
Problemkreis 48
Rai 222
Rana 28
Rara 116 ff., *118–119*
Rato Machhendranath *229*
Religion 23 f.
Rhododendron 72, *103*
Ringmo 135
Rolwaling 51, 170 ff.
Rucksack 233
Rumjatar 218
Rupie 234
Rupina La 214
Salleri *84–85,* 220 f.
Salpa La 222
Sama 151
Schnupftabak 238
Seesack 233
Shah 27
shakpa 82
Sherpa (Beruf) 41, 76 ff.
Sherpa (Volk) *24,* 76 ff., 86 ff., *94, 189, 237*
Sherpani Col 183 f., *183*
Shey Gompa 133
Shivalaya 77
Sirdar 41
Siwalik 14
Solu 51, 76, 218 f., 220 f.
Sommermonsun 36 ff.
Sonneneinstrahlung 239 f.
Sprache 21, 234
Städte 43
Statistik 247
Suli Gad 210
Sundarijal 104
Surkie La 222
Syabru 109, 110
Tangnag 217
Tarap 126
Tariftabelle 245 f.
Tatopani 67
Teehaus-Trek 41 ff.
Temperaturdifferenzen 62
Tengpoche *44–45,* 100
Teppichindustrie *29,* 30 ff., 194
Terai 14 f., *33*
Thak Khola 62, 64
Thakali 64
Thame 92, 93, *249*
Thang La 226
thangka 26, *42*
Thorong La *49,* 54, 62
Those 219
Ting-Kyu 129
Tolu Gompa 219
Tourismus 32
Tourismusdaten 247
Träger 34, 41, *39,* 112
Tragsindo La 83
Transportwesen 32
Trashi Labtsa 177
Trekking 34 ff.
Trekking-Permit 51
Trekkingarten 41 ff.
Trekkingbewilligung 245 f.
Trekkinggebiete 48
Trekkinggipfel 246
Trekkingpersonal 233 f.
Trekkingtourismus 247
Trekkingzeit 40
tsampa 129
Tsekang Dechen Laprang 134
Tserang *137,* 141
Tsho Rolpa 175, *246*
Tumlingtar *185,* 222, 226
Umweltprobleme 46
Unpässlichkeiten 238
Uttar Pradesh 14
Vergleiche 247
Verhalten 232 ff.
Verkehr 32, 47
Verpackung 233
Versorgung 30
Verwaltung 30
Visum 245
Visumsverlängerung 245
Volksgruppen 20, 21
Vorbereitung 232 f.
Wasser 236 f.
WC-Zelt 236
West Col 187
Westnepal 50, 116, 198, 200
Wetter 36 ff.
Wetterablauf 39
Wintermonsun 38
Wirtschaft 27 ff.
Wirtschaftsdaten 247
Yak *94,* 96, *107,* 114, 196, *235*
Yalung-Tal 192, *193*
yermang 80, 238
Zeit 56